情報新時代のコミュニケーション学

寺島　信義

北大路書房

まえがき

　情報通信技術の飛躍的な進歩により，コミュニケーションの形態が，おもに人と人が直接会って話し合うコミュニケーションの形態から，パソコンや携帯電話を使って，いわゆるサイバースペース（電子空間）上でコミュニケーションを行う形態に大きく変貌を遂げてきた。言い換えれば面談形式中心のコミュニケーションからサイバースペース中心のコミュニケーションへの移行である。

　面談形式中心のコミュニケーションを第1世代のコミュニケーションCom1.0とするなら，サイバースペース中心のコミュニケーションは第2世代のコミュニケーションCom2.0ということもできよう。このようなコミュニケーション形態の変遷にともない，われわれを取り巻く環境も大きく様変わりしている。ビジネスから教育，社会生活まで，インターネットなどの情報通信に依存する度合いは日に日に強まっている。インターネットを利用すれば，世界中にアクセスして，地球規模のビジネスや教育を行うことができる。このようにわれわれを取り巻くコミュニケーションの環境がグローバル化して，これに依存する度合いはますます増大の一途をたどっている。情報通信が便利になり，人びとが情報通信を使えば使うほど，他方では，その危険性も増大することになる。したがって情報通信システムやサービスの安心・安全が今まで以上に求められる。

　情報通信が，われわれに多くの恩恵をもたらしてくれているのは明らかだが，情報通信の負の側面をインターネットでみてみよう。それはインターネットの匿名性にあると指摘されている。ブログやメールは匿名で行われることが多い。匿名では，誰がブログを作ったのか，メールを誰が発信したのかもわからない。この匿名性を悪用して，行われている犯罪的行為も多く指摘されている。誹謗中傷の書き込みがインターネットの掲示板やブログに行われる。ブログを使って耳寄りの情報を交換して日常生活に役立てることも行われている一方で，このような悪意の情報発信が行われていることもまた事実である。つまり，功罪を併せもっているのが第2世代のコミュニケーションCom2.0ということもできよう。

　このような時代において，われわれはどのようなコミュニケーションのパラダイム（規範や利用法など）や環境を構築していけばいいのだろうか。そのためにはまず

■■■ まえがき

コミュニケーションについて知ることが第1であろう。そしてこのなかからコミュニケーションのあるべき姿を探索していくことが重要であろう。

本書ではこのような視点から，
・コミュニケーションとはそもそも何なのか
・コミュニケーションとニーズの関係は
・コミュニケーションの仕組みはどのようになっているのか
・言語コミュニケーションと非言語コミュニケーションとは
・対人コミュニケーションや集団のコミュニケーションは，どのようになっているのか
・子どもとコミュニケーションの関係はどのようになっているのか
・グローバル化する情報社会で円滑にコミュニケーションを行うにはどのようにすればよいか
・インターネットはコミュニケーションに対してどのようなインパクトを与えたか
などについて述べ，最後に第2世代のコミュニケーション Com2.0 を考えるヒントとして，情報社会におけるコミュニケーションはどのように展開していくのかについて，論述している。本書は一言で要約するなら，最新の情報を交えて，コミュニケーションの基礎事項を議論しているということである。本書はコミュニケーションに関心のある読者のためのものである。

これまでのコミュニケーションに関する書籍に比して，本書では，急成長を続ける情報通信がコミュニケーションにどのようなインパクトを与えるかという視点で記述している点に特徴がある。

本書が情報社会のコミュニケーションを考えるヒントになれば幸いである。

なお，本書の出版の機会を与えていただいた北大路書房関一明社長ならびに編集にご尽力いただいた木村健さんはじめ編集部のみなさまに深甚の謝意を表します。

目　次

まえがき　i

序　本書のねらいと構成　1

第1部　コミュニケーションとは何か　7

1章　コミュニケーションとは　9
1節　コミュニケーションの概念　9
2節　記号のはたらき　11
　(1)　記号の定義　11
　(2)　記号の役割　12
　(3)　記号の意味　12
　(4)　記号の解釈　13
3節　コミュニケーションの特徴　13
4節　第2世代のコミュニケーションCom2.0の特徴　17

2章　ニーズとコミュニケーション　22
1節　人間のニーズに関する諸説　22
　(1)　マズローの欲求階層説　22
　(2)　アルダーファーのE.R.G.理論　25
2節　ニーズとコミュニケーション　26
　(1)　生理的なニーズとコミュニケーション　26
　(2)　安心・安全のニーズとコミュニケーション　27
　(3)　愛情や所属のニーズとコミュニケーション　27
　(4)　他者から尊重されたり自尊心を満たしたいというニーズとコミュニケーション　28
　(5)　自己実現のニーズとコミュニケーション　29

3章　コミュニケーションのモデル　32
1節　シャノン・ウエーバーのモデル　32
2節　シュラムのフィードバック・モデル　34
3節　バーロのS-M-C-Rモデル　34
4節　汎用システム論的モデル　36
5節　シンボリック相互作用論的モデル　37
6節　心理学的モデル　40
7節　ロジャースの螺旋収束モデル　41
8節　寺島のモデル　41
9節　サモワールらのモデル　43

■■■目　次

第2部　コミュニケーションの諸相　　　　　　　　　　47

4章　言語コミュニケーションと非言語コミュニケーション　49
1節　言語コミュニケーション　49
　(1) 言語研究の歴史　49
　(2) 言語コミュニケーションの特徴　51
2節　言語コミュニケーションの解析　52
　(1) 統語論からの解析　52
　(2) 意味論からの解析　53
　(3) 語用論からのアプローチ　54
　(4) レトリックを用いた言語コミュニケーション　56
3節　非言語コミュニケーション　57
　(1) 音声非言語メッセージによるコミュニケーション　57
　(2) 非音声非言語メッセージによるコミュニケーション　58

5章　コミュニケーションの環境としての空間と時間　62
1節　空間　62
2節　時間　63
　(1) モノクロニック文化とポリクロニック文化　63
　(2) 時計時間，自然時間，出来事時間　65

6章　異文化コミュニケーション　69
1節　文化とは　69
2節　文化とコミュニケーション　71
　(1) 高コンテクスト・コミュニケーションと低コンテクスト・コミュニケーション　71
　(2) 高コンテクスト・コミュニケーションに重きをおく文化と低コンテクスト・コミュニケーションに重きをおく文化　73
　(3) 日本人のコミュニケーション行動　74
　(4) 外国人の視点からみた日本文化の特徴　78

7章　子どもとコミュニケーション　83
1節　人間の成長とコミュニケーション　83
　(1) 人間の成長過程　83
　(2) 子どもの成長とコミュニケーション　84
　(3) 発達の最近接領域　86
2節　コミュニケーションの質と子どもの発達　87
　(1) 友達との交流　87
　(2) 子どものまわりのコミュニケーション　88
　(3) 子どもの自立を促進する親と子のコミュニケーション　90
　(4) 制限コードによるコミュニケーションと精密コードによるコミュニケーション　92

8章　対人コミュニケーション　95
1節　対人コミュニケーションとは　95
2節　対人コミュニケーションの種類　97
　(1) 自己開示のコミュニケーション　97
　(2) 自己呈示のコミュニケーション　98

(3) 対人説得のコミュニケーション　99

9章　集団のコミュニケーション　105
　1節　集団内のコミュニケーション・ネットワーク　105
　　　(1) リービットの研究　105
　　　(2) ショーの研究　108
　　　(3) モレノの研究　109
　2節　集団の社会的影響　110
　　　(1) 多数派の力　110
　　　(2) 逸脱者がいるときのコミュニケーション行動　111
　　　(3) 少数派の影響　111
　3節　集団の意思決定における成極化現象　112

10章　マス・コミュニケーション　116
　1節　マス・コミュニケーションの特徴　116
　2節　マス・メディアの個人レベルと社会レベルにもたらす機能　117
　　　(1) 個人レベルにもたらす機能　117
　　　(2) 社会レベルにもたらす機能　118
　3節　マス・コミュニケーションの一般大衆への効果や影響に関する諸説　120
　　　(1) マスコミ強力説　120
　　　(2) コミュニケーションの2段階流通説　120
　　　(3) 沈黙螺旋理論　121
　　　(4) 課題設定理論　122
　4節　マス・コミュニケーションの問題と今後のあり方　123
　　　(1) 捏造・やらせ報道　123
　　　(2) 今後のあり方—共生するマス・コミュニケーションへ　125

11章　コミュニケーション・スキル　127
　1節　社会的スキルの定義とトレーニングの意義　127
　2節　社会的スキルの測定法　130
　　　(1) 周囲からの測定　130
　　　(2) 専門家による評定　131
　　　(3) 自己評定法　132
　3節　社会的スキルのトレーニング　133

第3部　将来のコミュニケーションに向けて　139

12章　インターネットとコミュニケーション　141
　1節　Web2.0　141
　2節　インターネット上の脅威　144
　　　(1) ウイルス　145
　　　(2) ワーム　145
　　　(3) なりすまし　146
　　　(4) 破壊　146
　　　(5) 否認　147
　　　(6) ハッカー　148

(7)　インターネット詐欺　149
　　(8)　インターネットを利用した新たな詐欺　150
　3節　安全なコミュニケーションの方策　152
　　(1)　暗号方式　152
　　(2)　デジタル署名　156
　　(3)　電子認証　158
　　(4)　安全な電子商取引　159
　　(5)　SSLによる安心・安全な情報通信　162

13章　情報社会におけるコミュニケーションの展開　166
　1節　社会の発展と情報社会　166
　2節　人とサイバースペースのインターフェースの展開　168
　　(1)　マルチメディアからインターメディアへ　168
　　(2)　面の情報から空間の情報へ　169
　　(3)　GUIから3次元のインターフェースへ　170
　　(4)　コミュニケーションが文字ベースからアバター・ベースへ　170
　　(5)　バーチャル・リアリティによるコミュニケーションのしやすさの増大　171
　3節　匿名性の排除の一方策　171
　4節　安心・安全なコミュニケーション環境構築のヒント　173
　　(1)　ハイパーリアリティの概念　175
　　(2)　ハイパーリアリティのイメージ　176
　　(3)　ハイパーリアリティの適用例　177
　5節　今後のコミュニケーションの発展シナリオ　183
　　(1)　平面ディスプレーを用いた安心・安全なコミュニケーション環境　183
　　(2)　家屋のインフラとして組み込まれたコミュニケーション環境　186
　　(3)　装着形のコミュニケーション環境　187

14章　第2世代のコミュニケーションCom2.0を支える情報インフラ　191
　1節　コミュニケーションのインフラストラクチャー　191
　2節　情報インフラの意義　192
　3節　情報インフラの進展　193
　4節　情報インフラのキーテクノロジー　194
　　(1)　ATM交換　195
　　(2)　LAN　195
　　(3)　インターネット　196
　　(4)　OSIプロトコル　197
　　(5)　TCP/IP通信　197
　　(6)　ユビキタス・ネットワーク　198

おわりに　201
事項索引・人名索引　202

序　本書のねらいと構成

　これまでのコミュニケーションの流れをみてみよう。2000年代に入り，インターネットが隆盛になってきた。ところでインターネットが隆盛になる前のコミュニケーションはどうだったであろうか。

　ビジネスのシーンで考えてみよう。事前に先方に電話連絡をとり，用件と日程を調整する。そして必要に応じて，ファックスで情報を交換する。そして面談して打ち合わせをする。家族や友達との私的な連絡なら，電話や直接会って行う。

　インターネットや携帯電話などの情報通信が一般に普及してきた2000年代以降のコミュニケーション事情は，それまでとは様変わりしてきた。インターネットに代表される情報通信技術の発達にともない，情報通信技術が経済，社会，教育，娯楽など，われわれの諸活動のなかに浸透して，われわれ人間に多くの利便をもたらしてきた。つまり情報通信技術はわれわれの生活から切り離せないほど，重要な役割を果たしている。情報通信技術の発達で，いつでも，どこでも，誰とでも，コミュニケーションできるようになってきた。世の中では，ユビキタス（ubiquitous）時代の到来といわれている。

　本書では2000年代以前のコミュニケーションを第1世代のコミュニケーションCom1.0，それ以後を第2世代のコミュニケーションCom2.0ということにしよう。この分け方の根拠として，本書ではインターネットに注目している。インターネットは1990年代から普及し始めてきた。ただし，1990年代は大学やオフィスでの利用がおもであった。ところが1999年2月に，NTTドコモがiモードという商品名で，携帯電話でインターネット・サービスを開始したことが引き金になり，2000年代に入り，iモードを通じて，インターネットが多くの人びとに利用されるようになってきたのである。

　したがって，第1世代のコミュニケーションCom1.0では，インターネットの利用はオフィスを中心にみられたものの，社会全体をみれば，電話やファックスなどを補助的手段とした面談中心のコミュニケーションであった。一方，第2世代のコミュニケーションCom2.0では，インターネットや携帯電話のiモードなどの情報通信サービスを用いたコミュニケーションに大きく移行してきている。しかもWebやblogに

■■■序　本書のねらいと構成

みられるように，インターネットの利用が高度化してきているというのは誰もが認めるところであろう。言い換えれば，面談のような現実空間で行われるコミュニケーションからWebメールやiモードなどのサイバースペースで行われるコミュニケーションが普及してきているということである。

ところで第2世代のコミュニケーションCom2.0にはどのような課題があるのであろうか。

ユビキタス時代の到来で，相手の顔を見ながら対話する代わりに，メールのやりとりや携帯電話のiモードを利用してコミュニケーションを行う機会がふえているのである。すなわち現実空間で行うコミュニケーションからスクリーンやモニター画面などのサイバースペースで行うコミュニケーションに推移してきている。サイバースペースでのコミュニケーションの特徴は，相手の顔を見ないでコミュニケーションできるということである。手軽に連絡がとれる反面，相手がどのような表情をしているかわからない。送られてきたメールから，相手の心理状態を推測するしか方法がない。直接会っていれば，相手が落ち込んでいれば，その表情から，それとすぐにわかる。そして相手に，そっと寄り添い，同情することだろう。相手が喜んでいれば，こちらもうれしい気持ちになるだろう。メールの内容や携帯電話のiモードからだけでは，面談のように，心の機微にふれるような交流はなかなかできないものだ。このようにネットの普及によって，面談のような喜怒哀楽を分かち合う機会が減少してきているのではとも指摘されているのである。

またインターネットでの商取引では，顧客と電子店舗の従業員が顔をつき合わせることはない。Webページの指示に従って商品名や数量，支払い方法などを入力すれば，商品が手に入る。商品の配送過程なども手に取るようにわかる。商品のキャンセルもネットで簡単にできる。店に出向いて店員に注文することもない。すべてはネットを通して行うことができる。これは顧客にとって便利であることは間違いない。このような便利さの反面，不都合なことも起こる。注文して代金を振り込んだのに商品がいつまでたっても届かない，架空のID，パスワード，住所，氏名などを使って注文して店を困らせる，他者の名義で注文するといった不正行為の数々が報告されている。これはまさに相手を確認できないことから起こっていることだ。現実の面談，対話では起こらない。現実の面談なら相手の顔やようすを確認できるし，初対面ならお互いに名刺を交換して自己紹介して初めて面談が行われる。疑問があるなら相手の会社に確認の電話を入れることもできよう。このようにお互いに納得したうえで商談や会議が行われる。ネットでの対話ではここまでできないのが現状である。しかし，「だから第1世代のコミュニケーションCom1.0に戻ろう」などと言ってみたところで始ま

らない。情報通信技術は今後も進歩をし続け，それに依存する度合いはますます大きくなっていくことを考えれば，ネットの課題を解決して，安心・安全で快適なコミュニケーションのパラダイムや環境を構築していくことこそ，今，まさに求められているのであろう。だからこそ，われわれ一人ひとりが「コミュニケーションとは何か」について基本に立ち返って考えるときであろう。そしてこのような考察のなかから，あるべきコミュニケーションの姿を追求していくことが求められている。

そこで本書では，コミュニケーションの基礎概念について，包括的に論述することにする。さらに安心・安全で快適なコミュニケーション環境構築のヒントについて言及する。

上述の趣旨をふまえて，本書では次のような項目について論じる。

①コミュニケーションとはいったい何なのか。その概念や特徴，さらに第2世代のコミュニケーション Com2.0 の特徴について（第1章）。

②われわれは，生きることから，目標や夢の実現に至るまで，種々のニーズをもってコミュニケーションを行っている。ニーズとコミュニケーションについて（第2章）。

③コミュニケーションの仕組み，すなわちコミュニケーションのモデルにはどのようなものがあるのか（第3章）。

④コミュニケーションの手段にはどのようなものがあるのか。言語によるコミュニケーションとしぐさや表情など非言語によるコミュニケーションについて（第4章）。

⑤コミュニケーションを行う物理的な距離・位置関係や時間も，コミュニケーションにかかわりがあるといわれる。コミュニケーションの環境としての空間や時間について（第5章）。

⑥インターネットの世界的な普及や経済・社会・産業・教育・レジャー活動などのグローバル化で，国境を超えて，人と人がコミュニケーションを行う機会が飛躍的に増大している。文化的背景を異にする人びとが，友好的にコミュニケーションを行うにはどのようにすればよいのか。このための異文化コミュニケーションについて（第6章）。

⑦われわれ人間は，この世に生まれたときから，コミュニケーションを行っている。ここでは子どもとコミュニケーションを取り上げ，特に，子どものまわりにいる親や家族とのコミュニケーションについて（第7章）。

⑧コミュニケーションの基本は人と人の1対1のコミュニケーションすなわち対人コミュニケーションである。このような対人コミュニケーションについて（第8章）。

⑨複数の人を対象としたコミュニケーションに集団のコミュニケーションがある。集団のなかでのコミュニケーションについて（第9章）。

⑩放送や新聞などのマスメディアと視聴者や購読者とのコミュニケーション，すなわちマス・コミュニケーションについて（第10章）。

⑪コミュニケーションを円滑に進めるために，コミュニケーションのスキルの向上は欠かすことができない。コミュニケーションのスキルとかかわりのある社会的スキルについて（第11章）。

⑫インターネットの広汎な普及にともなって，インターネットはコミュニケーションの欠かせない手段になってきている。インターネットとコミュニケーションのかかわりは何なのか。また，コミュニケーションがインターネットに依存するにつれて，インターネット上での妨害・迷惑行為は，コミュニケーションに重大な影響を及ぼす。注意すべきインターネットの脅威や攻撃には何があるのか，さらに対策のヒントについて（第12章）。

⑬情報社会の進展につれて，コミュニケーションの形態がどのように変貌を遂げるかについて。現実空間でのコミュニケーションからパソコンや携帯電話などのスクリーン（サイバースペースという）でのコミュニケーションへのシフトについて。さらには，第2世代のコミュニケーションCom2.0の課題を解決して，安心・安全で快適なコミュニケーション環境を構築するためのヒントについて（第13章）。

⑭第2世代のコミュニケーションCom2.0を支える情報インフラについて。コミュニケーションのインフラストラクチャー，情報インフラの意義・進展について，さらには情報インフラのキーテクノロジーについて（第14章）。

本書は，コミュニケーションに関心のある読者はもちろんのこと，学部学生や大学院学生にコミュニケーション学に興味をもってもらうための入門書としても使えるように構成してある。また大学のコミュニケーション学の半期の授業にも利用できるように構成してあるのも本書の特徴である。なおコミュニケーションに関心のある読者としては，ネットワーク設計者，ネットワーク・サービス・プロバイダーなどのネットワークの専門家，コミュニケーション学の専門家，ネットワークの利用者をはじめ，家庭や職場や学校などでコミュニケーションに関心があり，コミュニケーションのあり方のヒントを求めている一般の読者などを想定している。

ネットワークの専門家にとっては，コミュニケーションの概念を把握することで，よりよいシステムやサービスを設計するヒントを得ることができよう。

コミュニケーション学の専門家にとっては，コミュニケーション学の最新情報を得

ることができよう。
　ネットワークの利用者にとっては，コミュニケーションの概念を理解することによって，インターネットや携帯電話など，ネットワーク・サービス利用法のヒントを得ることができよう。
　一般の読者にとっては，コミュニケーションとは何かという基礎知識を得ることで，よりよいコミュニケーションのあり方，すなわちコミュニケーションを行うにあたって考慮すべき事項，コミュニケーションの仕方や注意事項など，いわゆるコミュニケーションのリテラシーといってもいいような事項についてのヒントを得ることができよう。
　このように本書は幅広い読者を対象にしている。したがって本書の執筆にあたっては，難解と思われる記述をできるだけ避け，平易で，わかりやすく，例示を加え，かつ図表を活用して解説してある。

第1部
コミュニケーションとは何か

1章 コミュニケーションとは

　われわれは，日常，何気なくコミュニケーションという言葉を口にする。そこでコミュニケーションとは何かと問うと，メールのやりとり，情報の交換や，意思の疎通・伝達などと人によってまちまちの返事が返ってくる。コミュニケーションというのは，家具や自動車のような具体的なものと違って目に見えない抽象的存在である。目に見える具体的なものなら，そのものをさして，「これだ」と言えば，みなが共通の認識をもつことができるが，抽象的なものは，人によってそれぞれとらえ方に違いがでてくる。

　そこで本章では，まずコミュニケーションとはそもそも何なのかについての認識を共有できるように，コミュニケーションの概念について整理しておこう。またコミュニケーションにおいて重要な役割をもつメッセージやシンボルのはたらきについて見ておこう。次にコミュニケーションの特徴について述べる。さらに本書で対象とする第2世代のコミュニケーション Com2.0 の特徴について述べる。

◀1節▶ コミュニケーションの概念

　「コミュニケーション」という語は，「共同参画」「共有」を意味するラテン語の単語 communis に由来する。すなわち，コミュニケーションとは，自分と相手とがあるトピックに関して共通項をもつということ，言い換えれば，トピックに関する情報を共有するということである。

　ところで，コミュニケーションはこれまでいろいろなとらえ方がされてきた。これらのいくつかを紹介しよう。なお詳細は第3章で述べるので，ここでは概要のみを記述することをお断りしておく。ここでの目的は，コミュニケーションの概要を把握することである。

　①送り手から受け手に通話路を通してどれだけの情報を送ることができるか，また

通話路でどれだけのノイズが発生するかというシャノン・ウエーバーのモデル（Shannon & Weaver, 1949）。このモデルは，コミュニケーションを物理的な情報伝送という視点でとらえている。

②送り手と受け手を情報処理機構ととらえ，送り手と受け手の間で情報のやりとりを繰り返すシュラムのフィードバック・モデル（Schramm, 1954）。このモデルは，コミュニケーションを送り手と受け手の情報のやりとりととらえている。

③送り手と受け手を一体としてとらえ，コミュニケーションがどのように行われているかを観察する汎用システム論的モデル（Watzlawick et al., 1967; Trenholm, 1986）。このモデルは，送り手と受け手の間の情報交換の流れに注目して，コミュニケーションがどのように行われているかを大局的に観察する立場をとっている。

④送り手と受け手の間で情報をどのように創造し，意味づけをし，共有するかというシンボリック相互作用論的モデル（Fisher, 1978; Blumer, 1969）。このモデルは，コミュニケーションを，受け手が送られてきた情報に意味づけをして，その意味を送り手と受け手が共有するプロセスととらえている。

⑤送り手から送られてきた情報を受け手がどのように受け取り，反応するかという心理学的モデル（Fisher, 1978）。このモデルは，コミュニケーションを，送られてきた情報が受け手の心理的背景を通して，どのように受け取られるかという視点でみている。

⑥コミュニケーションの参画者Aと参画者Bが情報を代わる代わる発出しながら，相互理解が得られるまで，情報交換を繰り返すロジャースの螺旋収束モデル（Rogers, 1986）。このモデルは，コミュニケーションを，送り手と受け手の間で情報のやりとりを繰り返し，情報の共有ができるまで情報交換を繰り返すプロセスとみている。

ここで，送り手と受け手の間でやりとりされる情報とは，メッセージまたはシンボル（シンボルととらえるのはシンボリック相互作用論的モデルである）のことである。メッセージやシンボルとは言葉やものや行為などをさす。「言葉」は説明するまでもなかろう。「もの」とは「制服」「学帽」「交通信号」や「標識」などである。「行為」とは「手招き」「手を差し出すこと」「握手」などである。たとえば制服は，それを着用している人が，警察官，消防士，スーパーの店員，中学生，あるいは高校生などであることを示している。学帽は，その生徒・学生がどこの学校に属しているかを示している。交通信号は，「青は進め」「赤は止まれ」「黄色は注意」を示している。一方通行の標識や進入禁止の標識は車の運転者に，そのことを示している。行為の手招き

は「手招きをしている人物に近づけ」ということを示し，握手は「どうぞよろしく」ということを相手に伝えている。このようにわれわれは言葉やものや行為に意味づけをして，それを共有しながら情報交換をして意思の疎通を図っているのである。

　さらに重要なことは，単にシンボルに意味づけをして，その意味の共有を行っているだけではなくて，日々新たなシンボルを生み出していることである。新しい言葉やものや新しい動作がつくられているのがその何よりの証左であろう。「ケータイ」という言葉が発明されたときには，多くの人はそれが何を意味するのか聞いただけではわからなかった。それを持っている友人や同僚から携帯電話を見せられたり，使い方を示されたりして，はじめて「ケータイ」とはどういうものかが理解できるようになった。つまり「ケータイ」という言葉が創造されたときには，多くの人がその意味するところを理解できなかったが，その意味を説明され実物を見せられて，初めて「ケータイ」の意味を共有できるようになったのである。

　次にシンボルやメッセージのはたらきについて考えてみよう。ここではシンボルやメッセージをまとめて記号ということにしよう。

2節　記号のはたらき

(1) 記号の定義

　われわれは，コミュニケーションにおいて，言語のほかに，しぐさ・表情などの非言語をやりとりし，それらを知覚する。知覚したものが意味をもっているときにそれを記号という。言語や，しぐさや表情などが外形・表現（signifiant）とするなら，その意図するところが意味（signifié）である。通常，記号の意味は一意に決まる場合が多いが，曖昧さが生ずる場合もある。曖昧性が生ずる事例を文節レベルでみてみよう。文節の曖昧性として，①意味の可能性がいくつか考えられる場合と，②意味の可能性が連続していて，どこで切っていいのかわからない場合がある。

①の例としては，「岡本太郎の絵」の意味として，「岡本太郎が描いた絵」「岡本太郎を描いた絵」「岡本太郎の所有する絵」の3つが考えられ，曖昧である。

②の例としては，「若い人」といったとき，20歳代の人をさすのか，30歳代まで含めるのか，いくつまでの年齢までが若い人なのかが曖昧である。

　一方，単語レベルの曖昧性があるとき，多義性があるといわれる（林，1988）。たとえば，「spring」には「春，ばね，泉」などの意味があり，多義である。なお文や文節レベルで多義を考える人もいるが，この場合に，曖昧性との差異がはっきりしな

くなる。上述の例で,「岡本太郎の絵」には,3つの意味がある。この言語表現はいずれか1つの意味をもっているはずであるが,文脈が短いために,これだけではわからないという立場が曖昧性の考え方であり,3つの意味をもっているという立場が多義性の考え方に近い(林,1988)。

(2) 記号の役割

言語と非言語からなる記号は,どのような役割をもっているのだろうか。1つは「情報の伝達」の役割であり,もう1つは「思索・思考の実質をなす道具」としての役割である。

コミュニケーションにおいて,意思を相手に伝えるための手段が記号である。ビジネスや学校でのコミュニケーションにとどまらず,家族などでのコミュニケーションにおいても,情報の伝達の手段としての記号が重要な役割をもっている。また,ものごとを考えるうえで,記号の存在は欠かすことができない。記号なしにはわれわれは考えをめぐらすことはできない。たとえば数学の問題を解くにしても,記号なしにはできない。小説を書くにしても記号なしにはできないことは明らかであろう。

(3) 記号の意味

ところで記号の「意味」は,どのようにとらえられてきたのだろうか。林(1988)は,「記号には明示的意味(denotation)と暗示的意味(connotation)があるといわれる。明示的意味とは,文字通りの意味である。一方,暗示的意味は意味の周辺的な部分を表す。言外の意味や含蓄といわれることもある」としている。たとえば水彩絵の具の明示的意味は,「水に溶ける画材で,水に溶かしながら画用紙に絵を描くもので,白,赤,緑,青,黒などの色彩からなる」ということになろう。暗示的意味は,「繊細な色使いができる。初心者も使いこなせる」といったことになる。このように明示的意味は多くの人の判断が一致することが多いが,暗示的意味は必ずしも判断が一致するとは限らないし,時代とともにその意味が変化することもある。たとえば「男性」の明示的意味は,「雄という性機能をもつ人間」ということになる。暗示的意味の一例としては,「雄雄しく,決断力があり,積極的な人」というのが考えられる。しかし最近ではこのようなタイプにあてはまらない男性もでてきている。

また数学や論理学では,外延,内包という概念で記号の意味をとらえている。外延は,記号によって表される対象のすべてを羅列することであり,内包は外延で表される対象に共通する特性の総体をさし示す。たとえば,人間の外延は,「地球上のすべての人の集合」であり,内包は「人は生きる,考える,行動する,学習する」などの

人間に共通する特性の総体である。大学といえば外延は「世界中にあるすべての大学の集合」であり，内包は「教育や研究を行う」などの特性の総体ということになる。

(4) 記号の解釈

送り手が，受け手に何か意図を伝えたくて，記号を発する。このようにコミュニケーションを行うには，言語や非言語などの記号を発して，それを受け手に伝達することから始まる。

受け手は送り手が送ってきた記号を解釈する。そのとき，記号には曖昧性や多義性がある点に注意が必要である。つまり，いかようにも受け取られる可能性があるということである。解釈にあたっては，受け手がもっている知識を総動員して行うことになる。

たとえば，記号に曖昧さのある事例を取り上げてみよう。証券マンが顧客から，「1万株お願い」と言われたら，今のマーケットの状況が売りの局面にあれば，株の買いと判断して，「わかりました。すぐ購入の手続きをしましょう。いいですね」と応答するだろう。しかし場合によっては，顧客は売りの局面が長い間，続いているので，売ることを考えて，言ったのかもしれない。そうすると証券マンは間違った解釈をしたことになってしまう。そして顧客から「売ってくださいよ」と念を押されるかもしれないのである。このように意思の伝達は，必ずしも容易ではない。

このような解釈の相違がでるのは，送り手の「1万株お願い」という発話に曖昧さがあるからである。曖昧さを解消するには，まずは送り手が「1万株を売ってください」と明示的に言ったり，送り手と受け手がコミュニケーションを繰り返して送り手の意図を解釈したり，現在の経済状況を斟酌したりして曖昧さを取り除く作業を行うことになる。

3節 コミュニケーションの特徴

われわれは社会の成員として，他者との関係や相互作用のなかで生活している。他者との関係の構築や相互作用を行うには，コミュニケーションが欠かせない。ここではコミュニケーションの特徴について述べる。

①コミュニケーションをしないわけにはいかない

朝起きてから寝るまでわれわれ人間はなんらかのコミュニケーションをしている。家庭にいれば家族と話をし，会社に行けば会議に参加したり，顧客と応対したり，同僚と日程の話をする。またパソコンに向かってメールを交換したり，パソコン会議を

したりする。昼休みになれば同僚と食事に行きそこで週末の旅行の話をしたりする。このようにコミュニケーションは人間が活動するいたるところで行われている。

「沈黙」もまたコミュニケーションである。ただ，その解釈には文化的背景によって違いがある。西洋ではコミュニケーションの総量において，他の国々に比べて言語的手段を使う比率が高い（Wood, 1999）。だから西洋では「沈黙」はその話題について知識が乏しいか，怒っているか，興味がないと解釈される。一方東洋では「沈黙」は思慮深く，相手を尊重してそういう態度をとっていると解釈されることが多い。

意図的にコミュニケーションしていようがいまいが，われわれはいつもコミュニケーションしているといえる。いやな相手から逃げようとする行為も，好きな相手に近づこうとする行為もコミュニケーションである。相手に見せる表情やしぐさもまた，みなコミュニケーションである。すなわちわれわれは社会の成員として，コミュニケーションから逃れることはできないのである。言い換えるならコミュニケーションはわれわれ人間が生きていくうえで，必要不可欠な行為の1つなのである。

②コミュニケーションを元にもどすことはできない

一度言ってしまったことはあとで打ち消しても受け手の脳裏に入ってしまっている。つまり後戻りはできないということである。だから慎重に発言しなければならないということだ。気心の知れたものどうしなら「冗談だ」とか，「さっきの話はないことにしてくれ」と言えばすむかもしれないが，初対面の人にはそういうわけにはいくまい。自分の印象を悪くしてしまう。言ってしまった後で，「しまった」という経験は誰にでもあるだろう。

メールでも同じようなことが起こる。自分に不利益なことや自分を誤解しているようなメールを受け取ったときに，平常心を失って，相手を傷つけるようなメールを返してしまうことがよくある。言ってしまった後で後悔して，それを打ち消すメールを送っても，時，既に遅しである。相手の心のなかには入ってしまっている。実際に会っている場合と違い，メールではお互いに表情を確認することはできない。表情を確認できれば，言っていることはきつくても表情がなごんでいて，言い方にとげがなければ，相手は，「本心で言っているのではない。冗談で言っているのだ」と思うだろう。しかしメールではそうはいかない。だからメールでのやりとりでは，注意深く言葉を選んでメッセージをつくることが大事である。表現をやわらげるために，絵文字などを文章の節目節目にはさむ場合もある。相手に好印象を与えようとする生活の知恵であろう。

③コミュニケーションの場面を再現することはできるが，最初の出会いのような感動を得ることはできない

外国の友人から招待されて訪ねていって、その友人から思いがけなく歓迎されたときの印象はけっして忘れることはできないだろう。人生の一ページを飾る出来事になるに違いない。しかし次の機会に同じ友人を訪ねていって、同じように歓迎されたとしても、最初の感激と同じ感激を得ることはできないこともよく経験するところである。2006年のトリノで行われた冬季オリンピックで荒川静香選手が見せた華麗でみごとな演技に感銘を受けた日本人は大勢いたに違いない。日本にとって、ただ1個の金メダルに輝いた荒川選手の演技は見る人の心を揺さぶったに違いない。しかしその演技を再度見せられたら、人は同じように感銘を受けるだろうか。オリンピックの印象は蘇るだろうが、あのオリンピックのときのような興奮に包まれることはないであろう。コミュニケーションとはそういうものだ。コミュニケーションの場面を同じように再現することは難しいということである。

④コミュニケーションはシンボルを介して行われ、そのシンボルに意味づけがなされる

送り手と受け手の間でコミュニケーションをするためには、その手段がなければならない。その手段が視覚、聴覚、触覚、嗅覚、味覚に訴えるものでなければ、人はそれを察知することができない。こうした手段には、言語的なものと非言語的なものがある。言語的な手段としては、書かれた文字や、音声としての言葉などがある。他方、非言語的な手段には手振りや身振り、外見やアイ・コンタクトなどがある。発話の際のイントネーションや声の高さ、速さ、声の大きさなどの非言語音声がある。また服装や帽子、アクセサリー、化粧、香水、文字の書かれていない標識なども非言語的な手段である。さらにコミュニケーションを行う環境としての時間や空間なども非言語に分類される。なお言語と非言語のコミュニケーションの手段の詳細は4章と5章で述べる。こうしたコミュニケーション手段を記号のほかにシンボル（symbol）ということもある。言い換えれば送り手と受け手の情報交換はシンボルを介して行われるということである（Fisher, 1978; Blumer, 1969）。この点が他の生物とは違う人間独特の特徴である（Wood, 1999）。そして重要なことは、そのシンボルに対して意味づけがなされることである。また、交換されるシンボル自体に意味があるわけではなく、そのシンボルに送り手と受け手がどのような解釈を与えるかが重要になってくる。

ここでは、状況によってシンボルの解釈の仕方が違ってくる一例をあげよう。たとえば、「いつもの君じゃないね」というシンボルは誰がどこで言ったかで解釈に違いがでてくる。①精神科医が患者の挙動を観察していて診察室で言ったのか、②先生が生徒に職員室で生徒の成績を見ながら言ったのか、③部屋で友達の傍若無人な行動を見て言ったのかなどによって意味づけは違ってくる。①では精神科医は患者の異常な

反応を見て思わず口ばしったかもしれない。②では先生が生徒の成績が今までに比べてあまりにも悪いので注意を喚起したのかもしれない。③ではあるいは友人に忠告しようと思って言ったのかもしれない。このように同じシンボルでも，誰が言ったか，そしてどこで言ったかでまったく違う解釈になるのである（Wood, 1999）。なお本書では，メッセージという用語もシンボルと同じ意味で使われている。

⑤メタコミュニケーションはコミュニケーションの意味づけに影響を与える

メタ（meta）とは，「について」（about）という意味である。したがってメタコミュニケーションとはコミュニケーションについてのコミュニケーションの意味である（Wood, 1999）。たとえばメタノリッジ（metaknowledge）といえば知識に関する知識という意味で人工知能の分野では使われる。なおメタ（meta-）の語源的な意味は，「後続」「超越」「高階層」などを表すギリシャ語由来の接頭語である。したがって，「メタコミュニケーション」とは「コミュニケーション」を扱うより高位の階層のコミュニケーションのことであるという解釈もできる。

たとえば，A君が見ているところで友人のB君が先生と，非常に緊張したようすで，声もうわずって話していたとしよう。A君があとでB君に「あのとき，君はずいぶん緊張していたね」と言ったとしよう。この一言は，まさにB君の非言語コミュニケーションに対する解釈すなわちメタコミュニケーションである。また顧客と営業マンが商談している。商談が終わって，営業マンが「今日の会合は非常にいい会合でしたね」と言ったとしよう。これはこの商談の感想を述懐している。これはこれまで行われたコミュニケーションのメタコミュニケーションである。

メタコミュニケーションは，このように言語で行われる場合もあるし，非言語的な手段を使って行われることもある。たとえば，C君が先生の話を，うなずいて聞いているとしよう。「うなずき」は先生の話を理解していることを示す非言語的なメッセージになっている。すなわち，これは，先生とのC君のコミュニケーションに関する非言語のメタコミュニケーションである。また，たとえば，D君とE君が話している際に，D君が「君とは二度と会うことはないだろう」と言って，その場を離れるとしよう。D君のその場を離れるという「ふるまい」は，2人の会話に対する反応であり，非言語のメタコミュニケーションになっている。

このようにメタコミュニケーションは今行われている，あるいは行われたコミュニケーションに意味を付与するコミュニケーション機能をもっている。「いい会合だったね」と言って，コミュニケーションの感想を述べることによって，「行われたコミュニケーションが有意義であった」という意味を付与するコミュニケーション行動がとられている。「緊張していたね」と言うことで，そのときの先生とB君のコミュニケー

ションが真剣な雰囲気で行われていたという意味を付与するコミュニケーションが行われている。C君が先生の話にうなずいて聞いているのは，先生とC君の意思の疎通がうまくいっているという意味づけをするコミュニケーションである。D君がE君との会話の後，その場を離れることで，一連のコミュニケーションでD君とE君の友人関係が破綻をきたしたという意味を付与しているのである。

　このようにメタコミュニケーションは，コミュニケーションを考えるうえで，重要な視点である。行われたコミュニケーションがどうだったのか，有意義だったのか，友好的だったのか，もう二度と会いたくないのか，近いうちにまた会いたいのか，対話の仕方に満足したのかなど，コミュニケーションのようすを分析することは，次の機会のコミュニケーションを考えるうえで，大切なことである。コミュニケーションが行われたら，それでおしまいということではなく，それを分析して次の機会に役立てる。このコミュニケーションがメタコミュニケーションである。コミュニケーションのようすを分析することで，次はこのようにコミュニケーションしようとか，こんな話題をもちだそうとか，新たな視点が生まれてくる。このようなメタコミュニケーションを行うことで，コミュニケーションの質が向上し，コミュニケーションをより有意義なものにすることができるのである。

　グローバル化する情報社会において，コミュニケーションの質の向上は，お互いの意思の疎通にとって，大切なことである。したがってメタコミュニケーションは情報社会においてますます重要な役割を果たしていくことが期待されている。今後この分野の研究はいっそう進展していくものと思われる。

◀4節▶ 第2世代のコミュニケーション Com2.0 の特徴

　これまでコミュニケーションの特徴について述べてきたが，本書で提案する第2世代のコミュニケーション Com2.0 とは，どのような特徴をもつのだろうか。ここで第2世代のコミュニケーション Com2.0 の特徴を明らかにしよう。特徴を次に述べる。

①現実空間のコミュニケーションからサイバースペースのコミュニケーションが主体になる

　第1世代のコミュニケーション Com1.0 が，電話やファックスなどを補助的手段としつつも，実際に会って現実空間で行うコミュニケーションであるのに対して，第2世代のコミュニケーション Com2.0 はインターネットや携帯電話のiモードを利用したサイバースペースで行うコミュニケーションが主要なコミュニケーション手段になってきている。

②人と人の対話から人とWebページやエージェントとの対話への移行

　第1世代のコミュニケーションCom1.0が電話やファックスを補助手段とするものの，人と人のコミュニケーションが中心なのに対して，第2世代のコミュニケーションCom2.0では，人と人のコミュニケーションから，人とWebページやエージェントとのコミュニケーションにシフトしてきている。買い物や商談をするのに，直接，店に出向かなくても，Webページにアクセスしてインターネット・ショッピングをメールを使って商談をすませることができる。預金の残高照会や振り込みも，直接，銀行の窓口やATMに行く代わりに，パソコンで銀行のWebページを開いて，指示に従ってすませることができる。パソコン・ソフトの使い方にしても，相談窓口に行ったり，電話したりして，直接，相談員に相談するやり方から，パソコン画面からソフトの指示に従って解決するやり方に変わってきている。たとえばヘルプ・エージェントの助けをかりて問題を解決することができる。つまり第1世代のコミュニケーションでは，ファックスや電話やATMなど補助的な手段はあるものの，基本的には，現実空間で人と人が会って行うコミュニケーションが基本であったものが，第2世代ではインターネットやiモードの普及によってパソコンや携帯電話からWebページにアクセスして，そこからコミュニケーションする形態が主流になってきつつあるということである。それからエージェントの導入も見逃せない徴候である。

③ポリクロニックからモノクロニックのコミュニケーションへ

　第1世代のコミュニケーションCom1.0のように，実際に会って話したり商談したりするコミュニケーションでは，会って単刀直入に用件を述べるようなことはまれで，まずは時候の挨拶に始まって，それからおもむろに用件に入るのが一般的なやり方といえる。また話の展開によっては，用件以外のこともついでにこなしてしまう。場合によっては用件以外のことが主題になってしまうこともある。このように，その場で思いついたことはついでにやってしまうのが特徴である。言い換えればこのコミュニケーションは1度に多くのことをこなすポリクロニック（polychronic）コミュニケーションということができる。

　これに対して第2世代のコミュニケーションCom2.0では，メールやWebアクセスによるコミュニケーションなので，挨拶などはなしに，直接用件に入ることが多い。そして通常，用件は1つだけである。言い換えれば1度に1つのことをこなすモノクロニック（monochronic）コミュニケーションということができる。もしいくつもやるべきことがあるときには，優先順位をつけて行うことになる。

④名を名乗るコミュニケーションから匿名のコミュニケーションへ

　第1世代のコミュニケーションCom1.0では，たとえば，顔見知りの場合には安心

して商談を進めることができる。初対面なら誰か相手の知り合いを帯同して商談に臨む。デパートで買い物を楽しむなら，店の雰囲気や店員の応対をみながら，信頼でき，ほしい商品があると判断すれば買い物を行うだろうし，そうでなければ買い物をせずに店を後にするだろう。

　買い物をオーダーして，カード払いなら，当然自分を名乗ることになる。必要なら，店は買い主が信頼できる客か，また支払い能力があるかどうかをカード会社に問い合わせて，問題がなければ商品を販売する。このような事例をみてもわかるように，コミュニケーションするものどうしがお互いに，相手が誰であるかをその場で確認しながらコミュニケーションを行うのが第1世代のコミュニケーションCom1.0の特徴である。言い換えれば，お互いに名を名乗って行うコミュニケーションということができよう。

　ところで第2世代のコミュニケーションCom2.0ではどうであろうか。もちろん第1世代のように，相手を確認しながら行うコミュニケーションもある。たとえば，銀行のWebページにアクセスして，振り込みをするときには，アクセスした人物が銀行のオンライン・システムの利用客であるかどうかがチェックされ，一連の認証処理に問題がなければ，振り込み処理を行うことができる。

　一方，このような名を名乗って行うコミュニケーションのほかに，第2世代のコミュニケーションCom2.0の特徴の1つは，匿名でのコミュニケーションを行うチャンスがふえてきていることである。例として，匿名でのメールの発信があげられる。ウェッブが提供しているメール・サービスでは，メール・アドレスを登録するときに，名前，住所，生年月日，職業などの入力を求められるが，事実と異なる入力をしても登録できてしまう。たしかに必要な情報は入力されていても，それが実在かどうかのチェックまではされない。したがって事実と異なる情報を使ってメールのやりとりができることになる。日々送り込まれる，嫌がらせのメール，出会い系サイトへの勧誘のメール，振り込め詐欺にかかわるようなメールなどは，このような匿名性を悪用したコミュニケーションの事例といえよう。

　また最近では，誰でも簡単にブログを作成して，インターネット上に開設できる。仮名で開設することもできる。誰がブログを開設しているのかもわからないブログに匿名や仮名を使って他者が書き込みをする。やりとりの内容をみていると，書き込みが，やりとりを繰り返すにつれて過激になってくるようすが間々みられる。このようにお互いに，いわば覆面をしてコミュニケーションができてしまう。これが第2世代のコミュニケーションCom2.0の特徴の1つであるといえよう。

　⑤ローカルからグローバルなコミュニケーションへ

■■■ 第1部　コミュニケーションとは何か

　第1世代のコミュニケーションCom1.0は面談主体のコミュニケーションである。しかし実際に会うとなると，世界中の人とそう簡単に会うことはできないのが実情であろう。もちろん必要なら商談のために，相手の国まで出張することになる。外国への移動は，時間的にも経済的にもそう簡単にできることではない。

　ところがインターネットなら世界中の誰とでも簡単にコミュニケーションできるし，必要に応じて頻繁に行うこともできる。たとえば，国際会議の論文の投稿，査読，承諾などの処理もインターネットで簡単にすませることができる。いちいちエアメールでやりとりする必要がない。時間的にも経済的にも効率がよい。国際会議は今，一堂に会して行われるケースが多いが，将来はインターネットなどの通信手段を使って行われる国際会議もふえてくることであろう。こうなればグローバルなコミュニケーションがいっそう進展することだろう。

引用文献

Blumer, H. 1969 *Symbolic interaction: perspective and method.* Englewood Cliffs, NJ: Prentice Hall.

Fisher, B. A. 1978 *Perspectives on Human Communication.* New York: Macmillan.

林　進（編）　1988　コミュニケーション論　有斐閣

Rogers, E. M. 1986 *Communication technology: the new media in society.* New York: Free Press. 安田寿明（訳）　1992　コミュニケーションの科学—マルチメディア社会の基礎理論　共立出版

Schramm, W. (Ed.) 1954 *The process and effects of mass communication.* Urbana: University of Illinois Press.

Shannon, C. E. & Weaver, W. 1949 *The mathematical Theory of Communication.* Urbana: University of Illinois Press.　長谷川　淳・井上光洋（訳）　1977　コミュニケーションの数学的理論—情報理論の基礎　第3版　明治図書出版

Trenholm, S. 1986 *Human Communication Theory.* Englewood Cliffs, NJ: Prentice-Hall.

Watzlawick, P., Beavin, J. H. & Jackson, D. D. 1967 *Pragmatics of human communication: A study of interactional patterns, pathologies, and paradoxes.* New York: W. W. Norton.

Wood, J. T. 1999 *Interpersonal Communication: everyday encounters* (2nd edition). Belmont, CA: Wadsworth/Thompson Learning.

参考文献

深田博己（編著）　1999　コミュニケーション心理学—心理学的コミュニケーション論への招待　北大路書房

船津　衛　1996　コミュニケーション・入門—心のなかからインターネットまで　有斐閣

Griffin, E. 2003 *A first look at communication theory* (5th edition). New York: McGraw Hill.

橋本満弘・畠山　均・丸山真純　2006　教養としてのコミュニケーション　北樹出版

境　忠宏（編）コミュニケーション教育教材作成チーム（著）　2005　共生のコミュニケーション

Wood, J. T. 1992 *Spinning the symbolic web: human communication as symbolic interaction.* Norwood, NJ: Ablex.

2章 ニーズとコミュニケーション

ところでわれわれは何のためにコミュニケーションをするのだろうか。コミュニケーションはわれわれ人間が種々のニーズを満たすための手段であるととらえられている（Wood, 1999；末田，2003）。ここでは人間のニーズを論じるときに引用されることが多いマズローの欲求階層説を取り上げる。次にマズローの欲求階層説を参照しながら、ニーズとコミュニケーションの関係について論じる。

1節 人間のニーズに関する諸説

マズロー（Maslow, 1954）は人間の欲求には、生きたいという欲求、安心・安全に暮らしたいという欲求、誰かに愛されたい、誰かを愛したいという欲求、どこかに所属したいという欲求、誰かに尊敬されたい、自尊心を満たしたいという欲求、自分の願望を実現したいという欲求などがあり、生きるという人間にとって基礎的な欲求から自己実現という高次の欲求まで階層的に構成されているとし、5段階の欲求階層説を唱えた。

その後アルダーファー（Alderfer, 1972）はマズローの欲求階層説をふまえ、人間の欲求を生存、関係、成長の3つのニーズにまとめ、E.R.G. 理論を展開した。これは本質的に違ったものではなくマズローの説が基本になっているといえる。

そこでここではまずマズローの欲求階層説とアルダーファーのE.R.G. 理論について解説する。次にマズローの欲求階層説をベースにして、人間のニーズとコミュニケーションの関係について述べる。

(1) マズローの欲求階層説

マズロー（Maslow, 1954）はアメリカの心理学者で、アメリカの心理学の二大潮流であった行動主義にも精神分析にも納得できなかった。その理由は次のようである。

ワトソン（Watson, 1930）の行動主義は動物実験の結果を人間の行動にあてはめようとする傾向があった。またフロイト（Freud, 1933）の精神分析は神経症患者の観測を人間の精神分析に活用する傾向があった（Goble, 1970）。そこでマズローはこのいずれとも違った第3の勢力（the third force）として人間性心理学を提唱したのである。マズローによれば，人間は「人類に普遍的で，明らかに不変で，発生的あるいは本能的な起源をもつ無数の基本的な欲求（ニーズ）によって動機づけられている」（Goble, 1970）。これがマズローの基本概念であり，ニーズは単に身体的なものではなくむしろ精神的なものである。ニーズは真に人類の内的な本性ではあるが，弱くて簡単に抑圧され学習や因習や習慣に負けてしまうという性質もある。このことはそれまで一般に信じられてきた「本能は強固で変化することがなく，しかも悪である」という従来の考えに挑戦する新しい考えでもあった。そして人間のニーズには生理的な低次のニーズから自己実現の高次なニーズまでの5つのニーズがあり，相互に関連があるとしたのである。

それぞれのニーズについて次に述べる（Goble, 1970）。

①生理的なニーズ

生理的なニーズは，人間にとって最も原初的で基本的なニーズであり，生命を維持するためには欠かすことができないニーズである。このニーズには食べ物，飲み物，睡眠や酸素などがある。仮に食べ物，愛情，所属，他人からの尊敬などを欲しているときにまず，いの一番に欲するのは食べ物であるということである。しかし生理的ニーズがあるからといって，ほかの高次のニーズは抑えられるかといえばそうではない。空腹で飢えていても，愛情のニーズや人間関係のニーズを同時に感じることもありえることである。食べ物がないときに，空腹のニーズを満たそうとして，喫煙したり，音楽を聴いたりといったことでまぎらわせようとすることもありえることである。このようにあらゆる人間のニーズは相互に関連しているといえるのである。ところでマズローは「人間は胃が満たされると即座にほかのニーズが現れ支配的になる。そしてそれが満たされるとさらに高次のニーズが現れる。これらのニーズは階層的になっている。このように人間はあるニーズが満たされると，次のニーズが現れ，とどまることはない欠乏動物である」とも言っているのである（Goble, 1970）。

②安心・安全のニーズ

マズローは神経症患者を例にとり，彼らは常に秩序や不変性に対する強いニーズをもっているという。つまり新しいことや予期しないことが起こることを徹底的に忌み嫌う。健康な人間もこのような安定性を求めるが，神経症患者のように病的ではなく新しいことや変化も求める。このように指摘して安心・安全のニーズを表現した。安

心・安全のニーズとして，次のようなものがある。安心・安全に暮らすための住まいがほしい。環境に危険なところがあればそれを安心・安全な環境に改善したい。安心・安全な食べ物を得たい。これらは物質的な安心・安全のニーズである。

一方人間関係の安心・安全のニーズとして，家族や友人，職場の人間関係が良好でありたい，そして安心しておつきあいしたいといったものがある。

③愛情や所属のニーズ

生理的ニーズと安全のニーズが満たされると愛情や所属のニーズが現れる。ここで愛とは「深く理解され深く受け入れられることである」(Maslow, 1954)。愛の欠如は成長と可能性を阻害することもマズローは指摘している。マズローによれば「愛とは2人の人間の間の信頼で結ばれた関係で愛情あふれた関係を含んでいる」という。愛情のニーズは与える愛と受け取る愛の両方を含んでいる。愛を理解し合えなければ世界は敵意と疑惑のなかで滅びるであろうとも指摘している。

ところで，幸せであったり，生活を楽しんだり，仕事で満足したり，経験を豊かなものにするには他人の協力が欠かせない。協力を得るのは同じ目的をもった人たちがどこかに所属してそれを実現する。これが所属のニーズである。

④他者から尊敬・承認されたいというニーズ

マズローによれば，「他者からの尊敬，承認は名声，表彰，受容，注目，地位，評判，そして理解などの概念を含んでいる。自尊心は自信，能力，熟練，有能，達成，自律そして自由などの概念を含んでいる。十分な自尊心をもっている人間は，より自信があり，有能で生産的である。一方，自尊心が不足していると，人間は劣等感をもったり，無力感をもつことになる」として他者からの尊敬・承認のニーズを説明している。「最も安定した自尊心は外見上の地位や名声だけではなく，周囲からの尊敬に基づいている」として，自尊心が他者からの尊敬と密接に関連していることも説明している(Maslow, 1954)。

具体的な例をあげよう。会社で上司や同僚が自分の仕事ぶりを認めてくれる。他人が自分のことを尊敬してくれる。自分の成果が評価される。子どもが学校で先生にほめられたり成績優秀により表彰されたりすることで自信がつく。このように他人に認められることで自尊心を満足させることができる。

⑤自己実現のニーズ

マズローは「人間は，なれる可能性のあるものになる必要がある」といって自己実現のニーズを表現している。そしてマズローは自己実現のニーズを「人間がなろうとするものにますますなろうとするニーズ，人間がなれるものならなんでもなろうとするニーズ」であると述べている。またマズローは自己実現のニーズは通常，愛情のニー

ズや承認のニーズが適度に満たされたあとに，発生するということも見いだしている。自己実現のニーズをいくつかあげておこう。自分の才能や能力を最大限に磨いて，自分の願望を実現したい。そのためにはこれまで培ってきた才能にいっそう磨きをかけて，さらなる目標に挑戦する。自分の能力を最大限発揮するには常に努力し，成長し，挑戦していくのだという意欲をもつことも重要である。友人や同僚や教師が「やればできるのだ」と勇気づけてくれることも自己実現には欠かせない。

(2) アルダーファーのE.R.G. 理論

アルダーファーはマズローの欲求階層説をふまえ，欲求を3つに分類してE.R.G. 理論を提案した（Alderfer, 1972）。

アルダーファーの3つの欲求とは，生存のニーズ，関係のニーズと成長のニーズである。アルダーファーはマズローの欲求階層説で提案されている5つのニーズを7つに分類しなおした。すなわち，安心・安全のニーズを物質的な部分と人間関係の部分に分けた。他者から尊重されたり自尊心を満たしたいニーズを他者から尊重されるニーズと自尊心のニーズに分けた。そのうえで，①生理的なニーズと安心・安全のニーズの物質的な部分を1つにして生存のニーズ（existence needs）に，②安心・安全のニーズのうち人間関係の部分と愛情と所属のニーズと他者から尊重されたいニーズを関係のニーズ（relatedness needs）に，③自尊心を満たしたいニーズと自己実現のニーズを成長のニーズ（growth needs）に分類したのである。アルダーファーはE.G.R. 理論の特徴として，生存，関係，成長の3つのニーズは明確に分離できる，これらのニーズが独立に現れたり，あるニーズが充足されないとほかのニーズが活性化される，これらのニーズはバランスをとりながら充足されている，これらのニーズは実証されていることなどをあげている。一方，マズローは臨床実験に基づいて，人間には生理的なニーズから自己実現のニーズまで5つの基本的なニーズがあり，生理的ニーズや安心・安全のニーズなどの低次のニーズが満たされるとき高次のニーズが現れる，高次のニーズほど実現は難しいことなどを導いている。E.R.G. 理論が提唱されたことで，マズローの欲求階層説がとってかわられたかというとそうではない。コミュニケーション学の専門家は，おもに上記のいずれかの説をよりどころにニーズとコミュニケーションの関係を論述しているのが実情である。このことからニーズとコミュニケーションを論じるときにはいずれの説も意味をもっているということがいえる。マズローとアルダファーの理論の関係を図2.1に示す。

マズローの欲求階層	アルダーファーの E.R.G.
生理的ニーズ	生存ニーズ
安全・安心のニーズ 　物質的な部分	
安全・安心のニーズ 　人間関係の部分	関係ニーズ
愛情や所属のニーズ	
他者から尊重されるニーズ	
自尊心を満たしたいというニーズ	成長ニーズ
自己実現のニーズ	

図 2.1　マズローの欲求階層とアルダーファーの E.R.G. の対応

2節　ニーズとコミュニケーション

　ニーズとコミュニケーションを論じるときにマズローの欲求階層説やアルダーファーの E.R.G. 理論を取り上げて論じる立場がある。ここではコミュニケーション学の第一人者であり，米国における教育研究の分野で顕著な業績をあげた教育研究者に授与される CASE（Council of Advancement and Support of Teaching）賞を 1998 年に受賞し，ノースカロライナの年間最優秀教授（Professor of the Year for North Carolina）に指名され，2006 年には抜きんでた教育活動に対して与えられる Donald C. Ecroyd Award を受賞したウッド教授（ノースカロライナ大学）の主張（Wood, 1999）にならって，マズローの欲求階層説を取り上げて，ニーズとコミュニケーションの関係について述べる。この主張は，多くのコミュニケーション科学者に支持されている。

(1) 生理的なニーズとコミュニケーション

　われわれ人間は生きるために，水や空気や食料を手に入れたいというニーズをもっている。これが生理的なニーズである。コミュニケーションはこのニーズを満たすのに必要である。赤ちゃんはお腹が空いたり，どこかに痛いところがあれば泣くことでそれを親に知らせる。大人は食べていくために，働きに出て賃金を得る。よりよい賃金や労働条件を求めて会社側や経営者と交渉する。ここでコミュニケーションの能力が問われる。

　また他者と日々のコミュニケーションを図ることが健康の維持に役立つという報告

もある。お年寄りが毎日病院に出向いてまわりの人たちとおしゃべりすることが健康によいということはよく耳にする話である。

(2) 安心・安全のニーズとコミュニケーション

われわれはコミュニケーションをとおして，安心・安全のニーズを充足する。とたえば，借家で雨漏りしたり立て付けが悪ければ，家主に話して修繕してもらうよう依頼する。車両通行止めの通学路に車両が進入することが多ければ，警察署や交番に行って車両が進入しないように交渉する。食品が健康を害する可能性があるとわかったときには，食品メーカーやニュース・メディアが消費者にそのことを知らせる。消費者とメーカーはこれを契機として消費者の安心・安全のニーズが満たされるまで，食品の取り扱いなどのコミュニケーションを行う。自動車メーカーは自社の自動車に不具合が発見されたときには，顧客にリコールの通知を出す。顧客は自動車のディーラーと自動車の取り扱いについての情報交換を行い，安全・安心な自動車が入手できるようコミュニケーションを行う。安全を脅かす労働環境が発見されたら，労働者が会社や経営者に改善要求して交渉する。住環境の近くに健康被害をもたらすような廃棄物が発見されたら行政に話をして，廃棄物を取り除くように交渉する。これらの交渉にはいずれもコミュニケーション能力が求められる。

親しい友人をつくったり，家族となかよくし，安心して暮らしたいといった人間関係に関する安心・安全のニーズもある。

(3) 愛情や所属のニーズとコミュニケーション

誰かに愛されたいという欲求や，恋人がほしい，愛する人がほしいというニーズが愛情のニーズである。また，どこかの組織に所属したい，会社や同好会，クラブ，学校などに所属したいという欲求が所属のニーズである。愛情や所属のニーズを満たすためにもコミュニケーションが必要である。これらのニーズを満たすことは，自分1人でできるわけではない。他者とのコミュニケーションが欠かせない。たとえば他者と親しくつきあいたい，他者を愛したい，他者から愛してもらいたい，愛する人と結婚したいといったニーズが愛情のニーズである。このニーズを満たすためには相手に自分のことをわかってもらい，また相手のことも知ることが大事である。このためには不断のコミュニケーションが必要である。あるいは，会社に所属したいと思っても自分1人ではできない。まず会社の情報を入手して自分に合った会社を選ばなければならない。選んだあとに会社の入社試験を受けて合格しなければその会社に所属することはできない。入社試験ではコミュニケーション能力をフルに活用して，自分を売

り込まなければならない。同好会やクラブに所属するにも，自分を同好会やクラブの成員にわかってもらわなければならない。そのためには他者とコミュニケーションを行うことが必要である。

われわれは社会のグループの一員であることを願い，公式であれ非公式であれコミュニケーションのリンクをもちたいと願っている。

長い間にわたって社会的交流をもてない状態におかれると，社会的な交流をもっている人に比べて2～3倍も早死にするという研究報告もある（Narem, 1980）。友人が少ないことと，精神的不安や疲労感に襲われることには強い相関があるというレポートもある（Hojat, 1982; Jones & Moore, 1989）。この事実からもわれわれにとって所属や愛情のニーズを満たすことがいかに重要であるかがわかる。

また，長期にわたって人との交流ができない状態に置かれると，幻覚の症状が現われたり，心理的な協調関係を構築できず，人間としての自己を確立できなくなるというレポートもある（Wilson et al., 1974）。その例として，野生で育てられた狼少年（wolf boy）の話がある（Shattuck, 1994）。狼少年は人と接触することなく育ったので，自分が人間であるという自覚がない。自分が人間であるという自覚は人と接触することで芽生えてくるものだ。

もう1つの事例はアンとイザベルの2人の少女の物語である（Davis, 1940, 1947）。アンとイザベルは生まれてから6年間，暗い屋根裏部屋で暮らした。アンはこの間，人とのまともな接触はなかった。一方イザベルは母親と接していたが，母親は目も見えず，言葉もしゃべれなかった。アンは発見された後に，人と接触させたり，ケアを施したが，進歩はなかった。そして4年後に死亡した。一方イザベルは発見されたとき，動物の鳴き声のような声を発したり，動物のような身振りをした。2年ほど人としての教育を行ううちに，人間としてのコミュニケーションの能力をもつようになった。イザベルは母親と言葉の交流はなかったが，母親の愛情を受けていた。このことが人間として再生できる力となったと考えられている。

これらのことが示唆しているのは，人は他者と接していくこと，言い換えれば他者とのコミュニケーションがなければ，人間として生きていくことは困難だということであろう。

(4) 他者から尊重されたり自尊心を満たしたいというニーズとコミュニケーション

会社で昇進したり，社会的な地位が向上することで，われわれは自尊心を満たすことができる。また他者から認められたい，他者から尊敬されたいという願望ももっている。

子どもは，親や先生によくみられたいと思っている。だから親にほめられれば喜び，怒られれば泣き叫ぶ。学校に入れば，先生にほめられたいと思う。先生にほめられようとして，勉強したり，率先して後片づけをしたりするようになる。子どもにとって，先生にほめられれば何よりもうれしい。このために子どもは先生の目を気にしたり，先生の何気ない一言に耳をそば立てる。そして先生に気に入ってもらえるように行動したりコミュニケーションする。また，成績がよくなれば，親に「成績がよくなったよ」といって報告し，ほめてもらおうとする。ほめられればうれしくなる。子どもの自尊心が満たされる瞬間である。

大人になれば，会社から評価されるように仕事に励む。昇進したり，昇給したり，社内表彰されたりすることで，自尊心を満足させる。このためには上司や同僚，部下とのコミュニケーションを行い自分の行動を点検することが求められる。他者とコミュニケーションすることで，自分が他者からどのようにみられているかを知ろうとする。そして他者からよくみられていれば満足し，悪くみられていれば，よくみられるように努力する。逆に自分をよくみない他者からは遠ざかる行動にでることもある。対人コミュニケーションがへただと，その分野のトップにのぼり詰めることができずに，自尊心を満たすことも難しくなるという説もある。

要するに，他者から尊重されたり自尊心を満たしたいというニーズを実現するためには，他者との関係が必要不可欠である。他者と不断のコミュニケーションを行い，自分が他者からどのようにみられているかをチェックして，自分が尊重され，また尊敬される人間になるように成長しようと努める。そして他者から認められることで自尊心も満たされるのである。

(5) 自己実現のニーズとコミュニケーション

マズロー（Maslow, 1954）は「自己実現とは，自分だけにしかない才能（talents），能力（capacities），可能性・潜在能力（potentialities）を用いたり，これらの能力を開発すること」と定義している。人間は，学習したり，経験したりして潜在能力を高めようとする。われわれは人間として，生き延びたい，安全に安心して暮らしたい，会社に勤め，いい同僚や上司に恵まれたい，他者に尊敬されたいというニーズをもっていることはすでに述べた。しかしわれわれはそれ以上のものを求める。それが自己実現のニーズである。自己実現のニーズとは，自己の願望や目標を実現したいというニーズである。

具体的には，医師になって人の命を救いたい，教師になって子どもの教育に従事したい，研究者になって未知の課題に取り組みたい，小説家になって人に感動を与えら

れるような小説を書きたいというようなニーズである。これを実現するには本人の能力や努力はさることながら，まわりの他者とのコミュニケーションも見逃すことができない。他者との出会いが自己実現のきっかけになることもある。先生や親，会社の上司や同僚や仲間などの，他者のちょっとした一言が自分の人生を変えることもある。それまでは自分では数学はそれほど得意ではないと思っていたが，先生から「君は数学が得意だね」と言われて，数学に興味をもって勉強して数学者をめざすこともある。他者が自分とは違った考え方を示唆してくれることもある。目標や挑戦について他者と意見を交換することで，自分の目標がより明確になることもある。このように自己実現のニーズを実現するには他者とのコミュニケーションが重要であるといえる。

　マズローは，人は低次の欲求が満たされると次に高次の欲求を満たそうとする性質をもっていると分析している。

　「衣食足りて礼節を知る」のことわざのように，人は，まずは衣食住を満たすことに努力する。これらが満たされて，はじめて礼節を知るようになるのだと言い換えることもできよう。このような欲求を満たすために，人はコミュニケーションをするといえる。

引用文献

Alderfer, C. P. 1972 *Existence, relatedness and growth: human needs in organizational settings.* New York: Free Press.

Davis, K. 1940 Extreme isolation of child. *American Journal of Sociology,* **45**, 544-565.

Davis, K. 1947 A final note on a case of extreme isolation. *American Journal of Sociology,* **52**, 432-437.

Freud, S. 1933 *New Introductory Lectures on Psychoanalysis.* New York: W. W. Norton & Company.

Goble, F. G. 1970 *The third force: the Psychology of Abraham Maslow.* New York: Grossman publishers.

Hojat, M. 1982 Loneliness as a function of selected personality variables. *Journal of Clinical Psychology,* **38**, 136-141.

Jones, W. H. & Moore, L. 1989 Loneliness and social support. In M. Hojat & R. Crandall (Eds.), *Loneliness: Theory, research and applications.* Newbury Park, CA: Sage. Pp. 145-156.

Maslow, A. 1954 *Motivation and personality.* New York: Harper. 小口忠彦（訳）　1987　人間性の心理学―モチベーションとパーソナリティ　改訂新版　産業能率大学出版部　＜本書は原著の2nd.(1970) の全訳＞

Narem, T. R. 1980 Try a little TLC. *Science,* **80**, 15.

Shattuck, R. 1994 *The forbidden experiment: the story of the Wild Boy of Aveyron.* New York: Farrar, Straus & Giroux. 生月雅子（訳）　1982　アヴェロンの野生児―禁じられた実験　家政教育社　＜本書は Secker & Warburg, 1980, London 版の翻訳＞

末田清子・福田浩子　2003　コミュニケーション学―その展望と視点　松柏社

Watson, J. B. 1930 *Behaviorism*. Chicago, IL: University of Chicago Press.

Wilson, J. A. R., Robeck, M. C. & Michael, W. B. 1974 *Psychological foundations of learning and teaching* (2nd edition). New York: McGraw-Hill.

Wood, J. T. 1999 *Interpersonal communication: Everyday encounters* (2nd edition). Belmont, CA: Wadsworth/Thompson Learning.

参考文献

Maslow, A. 1968 *Toward a psychology of being*. Princeton, NJ: Van Norstrand Reinhold. 上田吉一（訳）1998　完全なる人間―魂のめざすもの　誠信書房　＜本書は原著の2nd.(1968) の翻訳＞

渋谷昌三・小野寺敦子　2006　手にとるように心理学がわかる本　かんき出版

3章 コミュニケーションのモデル

　コミュニケーションのしくみはどのようになっているのであろうか。コミュニケーションのしくみを理解することで，コミュニケーションの本質がみえてくる。コミュニケーションのしくみは，コミュニケーションのモデルとして研究されている。
　これまでの研究史のなかで提案されたコミュニケーションのおもなモデルについてみてみよう。これらのなかには，シャノン・ウエーバーのモデル，シュラムの送り手と受け手が双方向でサイクリックにメッセージのやりとりをするフィードバック・モデル，シャノン・ウエーバーのモデルを参考にして提案されたバーロのS-M-C-R（発信者－メッセージ－チャンネル－受信者）のモデル，汎用システム論的モデル，心理学的モデル，シンボリック相互作用論的モデル，ロジャースの螺旋収束モデル，寺島のモデル，サモワールのモデルなどがある。これらについて解説する。

1節　シャノン・ウエーバーのモデル

　このモデル（Shannon & Weaver, 1949）はコミュニケーション研究のなかで最も原初的なコミュニケーション・モデルである。
　このモデルは図3.1に示すように，情報源(information source)，送信機(transmitter)，チャンネル(channel)，雑音源(noise source)，受信機(receiver)，あて先(destination)からなる。さらに通信路を流れる情報にはメッセージ（message）と信号（signal）

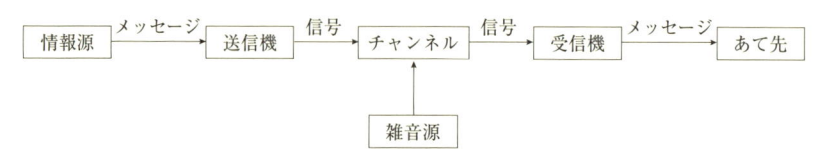

図3.1　シャノン・ウエーバーのコミュニケーション・モデル（Shannon & Weaver, 1949）

がある。またノイズ（noise）が雑音源（noise source）からチャンネルに混入してくる。

処理の概要は次のようである。

①情報源からメッセージが送信機に送られる。
②送信機で受け取ったメッセージを信号に変換してチャンネルに送る。
③チャンネルを信号が流れ，受信機に送られる。
④受信機では受け取った信号をメッセージに変換してあて先に渡す。

　信号にはチャンネルを伝送している間に，雑音源から出てきたノイズが混入してくる。ここでメッセージは，情報源である人間が発出するあて先に伝えるべき言語や非言語の情報である。次に送信機でメッセージはチャンネルを伝送するに適した音波，電気信号，電波，光波などの信号に変換される。チャンネルは信号を受信機に送る通路である。送られてきた信号は受信機で元のメッセージに変換されてあて先に届けられる。ところでチャンネルに混入してくるノイズのレベルが信号のレベルを超えてしまうと信号がかき消されて，あて先にメッセージが伝わらない事態になる。したがってノイズの混入ができるだけ起こらないように通信システムの設計をしなければならない。

　このモデルでの命題はチャンネルを通じてどれだけの信号を送ることができるか，またどれだけのノイズが混入してくるか，混入したときの信号とノイズの関係がどうなるかなどを理論的に求めることである。最終的な目標はどれだけ多くのメッセージを情報源からあて先に送ることができるかであり，これを求めることができるのがこのモデルの特徴である。このモデルは，このように通信媒体，言い換えれば通信チャネルの違いによって，通信できる情報にどのような違いがでてくるのかに注目している。また送っている過程でどれだけエラーが混入してくるかを理論的に研究するのもこのモデルである。このモデルはシャノン・ウエーバーの理論（Shannon & Weaver, 1949）を根拠としている。このモデルはもともとシャノンが情報・機械論に基づいて提案したモデルであったが，ウエーバーがこれを一般化して，ヒューマン・コミュニケーションにも拡大したものである。

　人間でいえば脳が情報源，そこで発せられた情報が口（送信機に相当）で音波に変換され，空中（チャンネルに相当）を伝播する。そしてその音波をあて先の人間が耳（受信機に相当）で聞いて，それを情報に変換して脳に伝える。空中を伝播する過程で，音波が雑踏の雑音や工場の騒音にかき消されることもある。

2節　シュラムのフィードバック・モデル

シャノン・ウエーバーのモデルは情報源からあて先への1方向のコミュニケーション・モデルであったが，シュラム（Schramm, 1954）は，これを双方向のモデルにして，メッセージが円環的に行われるように改良を加えた。

このモデルでは，図3.2に示すように，発信者と受信者をメッセージの符号機，解釈機，復号機を備えた情報処理機能をもった主体ととらえる。フィードバックのサイクルは次のように行われる。

① 発信者は自己の解釈機で受信者に送るべき情報内容を生成し，符号機で符号化してメッセージを受信者に発信する。
② 受信者は送られてきたメッセージを受け取り，自己の復号機で情報内容に復号して，その意味を自己の解釈機で解釈する。
③ 次に受信者は復読した情報に対するレスポンスの内容を生成して，符号機で符号化して，メッセージを発信者に返す。
④ 発信者はそのメッセージを受けとり，情報内容に復号化の後，それを解読する。そして①に戻る。

このようにしてコミュニケーションのサイクルが実行される。

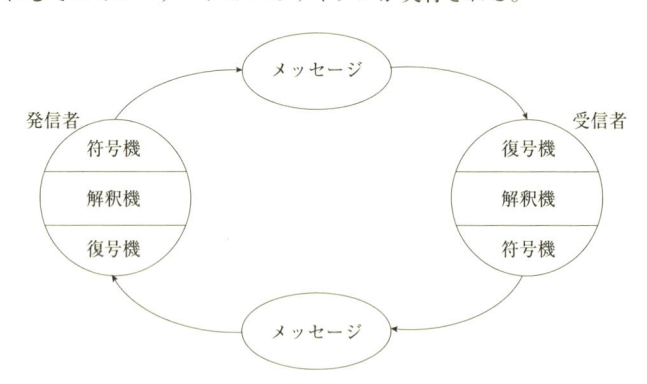

図3.2　シュラムのコミュニケーション・モデル（Schramm, 1954）

3節　バーロのS-M-C-Rモデル

シャノン・ウエーバーのモデルを参考に提案されたモデルに，バーロ（Berlo, 1960）のS-M-C-Rモデルがある。バーロは人と人のコミュニケーションを念頭に，コ

S （発信者）	M （メッセージ）	C （チャンネル）	R （受信者）
コミュニケーション スキル	要素　　構造 内容　処置　コード	視覚	コミュニケーション スキル
態度		聴覚	態度
知識		触覚	知識
社会的立場		嗅覚	社会的立場
文化的背景		味覚	文化的背景

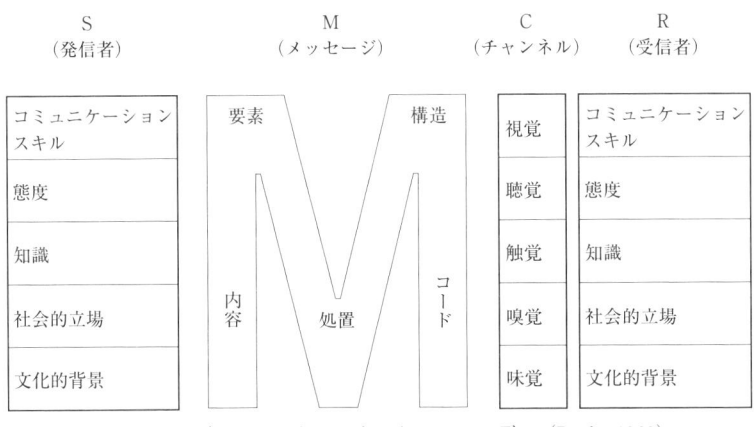

図 3.3　バーロのコミュニケーション・モデル（Berlo, 1960）

ミュニケーションを発信者（Sender）→メッセージ（Message）→チャンネル（Channel）→受信者（Receiver）の順序で行われるとするS-M-C-Rモデルを提案した。発信者と受信者の特性にコミュニケーション・スキル，態度，知識，社会的立場，文化的背景が含まれるとした。図3.3にバーロのモデルを示す。

　コミュニケーション・スキルには，言語コミュニケーションの5つのスキルと非言語コミュニケーションのスキルがある。言語コミュニケーションのスキルのうち2つは，話すことと書くことという送信に関するスキル，2つは聞くことと読むことという受信に関するスキル，もう1つは送信者にも受信者にも重要な思考をしたり，推論したりするスキルである。さらに非言語コミュニケーションのスキルが言語コミュニケーションに言外の意味を付与する。たとえば「はい」と返事しても，いやいや言ったのか微笑んで言ったのかで「はい」のニュアンスに違いがでてくる。

　態度については，たとえば発信者が受信者に友好的な態度を示していれば，受信者は発信者がこのコミュニケーションを信頼していると感じ，逆に友好的な態度でなければ，コミュニケーションになんらかの不満や不信感をもっているのではと感じる。

　また，話題に対する態度によってもコミュニケーションの仕方に違いがでてくる。たとえば企業誘致の話題に積極的であれば，コミュニケーションの仕方としては，誘致のいい面を強調し，不都合な点があっても，それについては，あまり話題にしないような対応をする。

　知識のレベルもコミュニケーションの円滑さを左右する要因である。発信者と受信者が話題に対して同じような知識レベルにあればコミュニケーションは円滑に進むで

あろうが，どちらか一方の知識レベルが低ければコミュニケーションはスムーズにいかない場合もある。

社会的立場の違いもコミュニケーションに影響する。会社の上司に対するコミュニケーションと部下に対するのとではコミュニケーションに違いが出る。

文化的背景もコミュニケーションに影響する。同じ文化的背景をもっていれば，比較的コミュニケーションは円滑に進むが，文化的背景に違いがあると，コミュニケーションには難しい面がでてくる。

次にメッセージについて説明する。メッセージは図に示すように，内容，要素，処置，構造，コードからなる。内容は伝達されるメッセージの意味内容，コードはメッセージの意味内容が表現される形式で，言語のほかにジェスチャー，外見，表情などの非言語で構成される。

内容とコードには，要素と構造がある。処置は内容とコードについて，必要な要素を選択して，それをどのような構造に配置するかを決める。チャンネルは人間の五感に対応する感覚チャンネルのことである。面談なら，聴覚と視覚，触覚が，印刷物なら視覚が，電子メディアなら聴覚，視覚がおもに活用される。受信者は送られてきたメッセージを解釈して，それにどのように対応するか決める立場にある。コミュニケーションのゴールは発信者のメッセージを受信者が解釈して，発信者の意図を理解することである。

◀4節▶ 汎用システム論的モデル

このモデルでは送り手と受け手のコミュニケーションの全体の流れをとらえて，コミュニケーションがどのように行われているかを把握する。このモデルの考え方は，全体は部分より大きいとする汎用システム理論（General Systems Theory）の影響を強く受けている。すなわちコミュニケーションの1回1回のやりとりに注目するのではなく，コミュニケーションの全体に注目して流れの特徴を把握することが，このモデルの特徴である（Watzlawick et al., 1969; Trenholm, 1986）。

仮に，2人の会話が堂々巡りになっているようなら，このモデルを使えば，全体のコミュニケーションの流れをみているので，堂々巡りを把握することができる。そのとき，もし必要があれば第三者が間に入って，そのコミュニケーションの堂々巡りをやめさせ，コミュニケーションのループから抜け出すことを手助けすることができる。これはコミュニケーションの全体の流れを外からみているからできることである。たとえばお互いが自分の主張を曲げずに，同じようなことを何度も繰り返す場面を想像

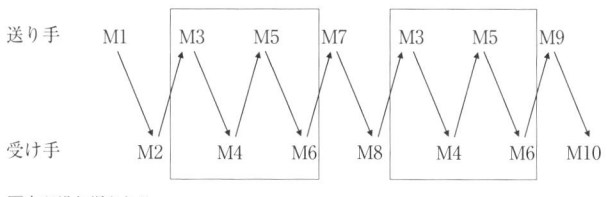

```
送り手  M1    M3   M5   M7    M3   M5   M9
         ↘  ↗  ↘ ↗  ↘ ↗  ↘  ↗  ↘ ↗  ↘ ↗
受け手       M2    M4   M6   M8   M4   M6   M10
```

□内が繰り返される

図 3.4　汎用システム論的モデル（Trenholm, 1986）

しよう。これではいつまでたってもお互いに満足のいく結論に到達することができない。このような場面はわれわれの日常生活のなかでたびたび経験することである。このようなときに，第三者が間に入り何かヒントを与えることで堂々巡りの議論から抜け出すことができる場合もある。このとき1つひとつの主張に注目しているだけでは，それぞれの主張はもっともに聞こえる。しかしその主張の連鎖を観察するとき，つまり全体の流れをみることで，お互いの主張がぶつかり合って繰り返されているとわかる。1つひとつをみているだけではそのことはわからない。これがこのモデルの特徴である。この意味でこのモデルはプラグマティック（Pragmatic）ともよばれる。つまり現実的なアプローチというわけである。

　汎用システム論的モデルを図 3.4 に示す（Trenholm, 1986）。

　送り手がメッセージ1（M1）を受け手に送る。受け手がそれに対して，メッセージ2（M2）を返す。送り手がそれを受けて，メッセージ3（M3）を返す。このようにして送り手と受け手の間でメッセージの交換が行われる。この一連のメッセージの流れをみると，「メッセージ3（M3）→メッセージ4（M4）→メッセージ5（M5）→メッセージ6（M6）」が繰り返されているようすがわかる。このようにメッセージのやりとりが繰り返されているようすを見つけることができるのが汎用システム論的モデルの特徴である。そしてこの繰り返しを送り手と受け手ではない第三者が見つけて，送り手と受け手に的確なアドバイスをすることもできるのである。

5節　シンボリック相互作用論的モデル

　シンボリック相互作用論はクーリー（Cooley, 1922）やブルーマー（Blumer, 1969）やミード（Mead, 1981）らにより研究が行われた。フィッシャー（Fisher, 1978）がこの理論をベースとして，1つのコミュニケーションのモデルを提案した。

　このモデルは，言葉や表情，動作などのメッセージをシンボルと定義し，このシン

ボルをどのように創造し，それに意味づけをし，共有するかという送り手と受け手の間の相互作用の視点からコミュニケーションをとらえている。

　世の中では日々，新しいキーワード，商品，キャッチフレーズ，概念などが次々に生み出されている。このようなものが生み出されても，コミュニケーションを行う人たちがそれらの意味を共有できなければ，それらの共通認識がもてないだけではなく，コミュニケーションにも支障をきたす。だから新しい言葉や商品を創造したら，それらに意味づけをして共有できるようにする作業が必要になる。たとえば「ワンセグ」という言葉を初めて聞いたときには，その言葉の意味がわからない。そしてその言葉の意味を知りたくて友達や同僚に「ワンセグって，何？」と聞くであろう。もし相手がその言葉を知っていれば，その言葉の意味を説明してくれるだろう。このようにしてお互いにその言葉の意味を共有したところで，支障なくその言葉を使うことができるようになるのである。これがこのモデルの骨子である。ちなみにワンセグとは地上波デジタル放送のサービスの1つであり，携帯電話向けのサービスである。地上波デジタル放送の6メガヘルツの帯域を13のセグメントに分割してその1セグメントを使って携帯電話向けに放送するサービスである。

　また大事な点は，このモデルでは自己は他者や社会との交流なしには成り立たないと考えていることである。自分が他者や社会からどのようにみられているかに注意して，自分を調整していくのである。自分からみた自分と他者からみた自分とは必ずしも一致しない。他者から自分の特徴を指摘され，初めて自分の特徴に気がつくということがある。そして必要があれば自分を調整していく。

　さらにもう1つ大事な点は，コミュニケーションは他者や社会との役割分担のなかで行われるというのが，このモデルの立場である。親と子，先生と生徒，上司と部下，医者と患者などそれぞれの役割分担のなかでコミュニケーションが行われる。このように，それぞれの役割をわきまえたコミュニケーションが行われることは日ごろ経験するところである。このような機能を簡潔に表現しているのが，フィッシャーのモデル（Fisher, 1978）である。このモデルは，コミュニケーションの当事者であるコミュニケーター（Communicator）が，自己（Self）と他者（Other）という立場で話題（topic）について情報交換する。そのときに重要なことは，それぞれの文化的・社会的背景，知識（Cultural context）をベースにして，コミュニケーションを行うことである。コミュニケーターがコミュニケーションをするにあたっては，自己と他者の役割分担を明確にする。そして自己から他者に言語や非言語のシンボル（Symbol）を介してはたらきかける。そのときお互いの文化的・社会的背景，知識のもとに行う。お互いの意思疎通のためには，話題，シンボルや文化的・社会的背景や知識をお互い

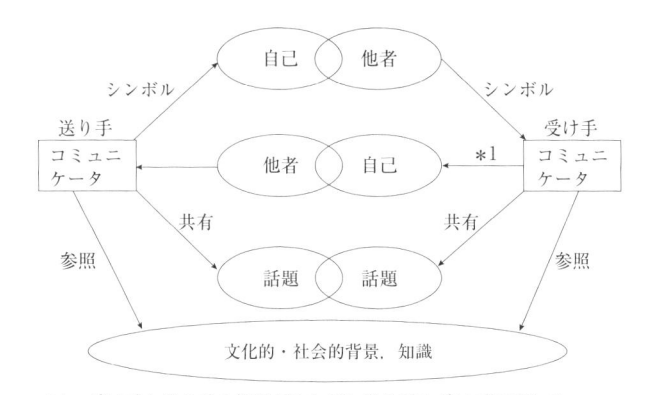

*1 受け手と送り手の役割がそれぞれ送り手と受け手に変わる
図 3.5 シンボリック相互作用論的モデル（Fisher, 1978 を改変）

に共有（Sharedness）していなければならない。共有部分が皆無なら意思疎通はできない。シンボリック相互作用論的モデル（Fisher, 1978）を図 3.5 に示す。

シンボリック相互作用論では，自己を他者あるいは社会との関係でとらえる。人間の自我を社会的な存在として論じたのがクーリー（Cooley, 1922）である。クーリーは，人間の自我はあくまでも，他の人間と共にある社会的自我であるとし，自我の社会性を鏡に映った自我（looking-glass self）として表現している。つまり人間の自我は他者を鏡として，鏡としての他者を通して知ることができると主張したのである。

シンボリック相互作用論の命名者であるブルーマー（Blumer, 1969）は次のように述べて，自分と他者との相互作用のほかに，自分自身との相互作用の重要性を指摘した。人間は自我をもつ存在として，他者や事物を対象化するだけでなく，自分自身をも対象化する。そこから自分を認識し，自分の観念をもち，自分とコミュニケーションし，自分にはたらきかけることができるのである。この自分との相互作用は他者との相互作用を内在化したものである。

クーリーによって指摘された社会的自我をより具体的に論じたのが，ミード（Mead, 1981）である。ミードは，社会は自我に常に先行して存在し，自我は社会から生まれ，社会的経験と社会的活動の過程から生み出されるものであると主張した。

自我は社会的な役割を取得しながら形成されていく。子どもは親の「このように成長してほしい」という期待を肌で感じながら，その期待に添うように行動する。学生は先生からの期待を感じて，それに向けた努力をする。このような相互作用をとおして社会的自我が形成されていくというのである。これらの考え方は，自己と他者のかかわりのなかから自我が形成されていくという，相互作用論の視点に立ったものとい

えよう。この考え方をコミュニケーションに適用したのが、このモデルである。

6節 心理学的モデル

心理学的モデル（Fisher, 1978）では、コミュニケータ（communicator）である送り手と受け手の間でやりとりされる言葉や表情、動作などのメッセージを刺激（stimuli）という心理的要素ととらえ、受け手がこれをどのように受け取り、反応（response）するかという心理学的視点でとらえるモデルである。このモデルの構成要素は、刺激（stimuli）や反応（response）のほかに、刺激を授受する主体である送り手や受け手のコミュニケータおよび概念フィルター（conceptual filter）からなる。このモデルでは、刺激を受け取るのは人間であり、受け取り方はその人の考えや、そのときの心理状態や信念などで違ってくると説く。刺激の受け取り方に深くかかわってくるのが概念フィルターである。フィッシャーによれば概念フィルターは個人の内的状態で、態度、信念、動機、気力、イメージなどが含まれるとしている。その刺激がその人の信念にそぐわなければ、否定的に受け取ったり、受け取りを拒否したりするであろう。逆にその刺激が自分の考えや信念に合致していたり、近いものであったりすればそれを肯定的に受けとめるであろう。またそのとき落ち込んだ状態であるならば、どんな刺激も否定的に受け取られるであろう。あるいはそのときとても楽しいことがあったなら、多少自分に不都合なことでも「まあ、いいや」と許してしまうであろう。図3.6に心理学的モデルを示す。

つまりこのモデルは刺激の送り手ではなく刺激を主体的に受け入れる受け手の心理状態に注目しているのに対して、先に述べたバーロのモデルでは、コミュニケーション・スキル、知識、社会的な立場、文化的背景、態度に注目してコミュニケーショ

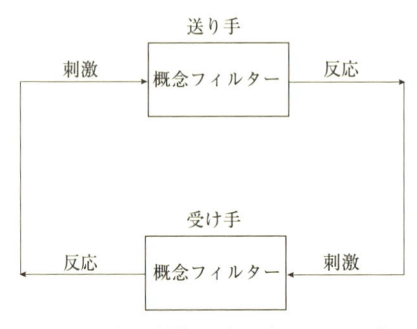

図3.6 心理学的モデル（Fisher, 1978）

をとらえている。心理学的モデルでは，外からの刺激をその刺激を受け取る人の心理的な概念フィルターをとおして，刺激に反応するという立場をとっている。

たとえば図の上の送り手であるコミュニケータが刺激を発する。この刺激を下の受け手であるコミュニケータが自己の概念フィルターを通して受け取る。そして受け手である下のコミュニケータがその刺激に反応する。そしてこの反応が刺激となって発せられる。この刺激を上のコミュニケータが受け取る。このようにしてコミュニケーションが実行される。

7節　ロジャースの螺旋収束モデル

螺旋収束モデル（Rogers, 1986）では，参画者Aと参画者Bがいる。参画者Aがあるトピックに関する自分の考えI_1を表現する。参画者BがI_1を知覚して，認識する。そしてBはAと共有できる情報I_2を創造して表現する。Aはそれを知覚して認識する。そしてBと共有できる情報I_3を表現する。BはI_3を知覚して認識する。そしてAと共有できる情報I_4を表現する。このようにしてお互いにそのトピックについて，相互理解の満足感が得られるまで，すなわち収束するまで螺旋状の軌跡を描いてコミュニケーションが繰り返される。これを図3.7に示す。

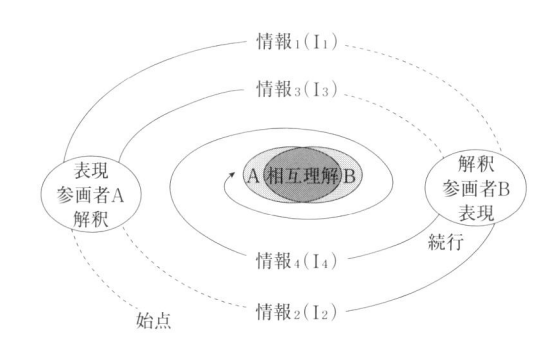

図3.7　コミュニケーションの螺旋収束モデル（Rogers, 1986）

8節　寺島のモデル

寺島は，コミュニケーションを送信元（送り手）とあて先（受け手）の間でメッセージを交換することととらえた（寺島，1997）。この考えに，新たにメッセージの意味の共有，メッセージの意味を解釈するための知識を加えて，コミュニケーションを，

次の式で表現するモデルを提案している。

コミュニケーション＝{送り手，受け手，メッセージ，メッセージの意味の共有，知識}

ここに S={a,b,c} の意味は，S は要素 a，b，c からなるという数学の集合論で用いられる記法である。すなわちコミュニケーションは送り手，受け手，メッセージとメッセージの意味の共有，知識の5組（5-tuple）で構成される。どれかが欠けても，コミュニケーションは成り立たない。つまりは，5つの項目が揃っていなければコミュニケーションは成り立たないということである。

この式の意味をもう少し詳しく説明しよう。この式の意味は，「送り手が，メッセージを受け手に送る。そしてそのメッセージの意味を，知識を利用して，送り手と受け手が共有する」ということである。ここでいう知識とは，専門的な知識のほかに，文化・社会・経済などの知識，常識などの知識の総体である。また，メッセージを送っても，送り手と受け手の間でそのメッセージの意味が共有できなければ，コミュニケーションは成り立たない。メッセージの意味を解釈するには，知識が必要である。

たとえば，「法隆寺に行かない？」と友達から誘われたときに，法隆寺とはどんなところか，どこにあるのかなどの知識がなければ，「いいよ」とも「いやだ」とも返事のしようがない。法隆寺は日本の歴史的建造物であり，奈良斑鳩にある学問寺である。近世の高僧，佐伯定胤が再興した寺院である，ということが理解できれば，行ってみたいと思うであろう。つまり返答するには法隆寺に関する知識が必要ということである。「法隆寺に行かない？」と言って誘ってきた友達は，法隆寺がすばらしいお寺であり，一度一緒に行ってみたいと思ったから誘ったのに違いない。誘われた友達は，法隆寺の知識があれば，誘ってきた友達の真意がわかり，誘ってくれてありがたいと思うだろう。このようにしてお互いに「法隆寺に行かない？」というメッセージの意味の共有ができるのである。もし誘われた友達が法隆寺に関する知識がなければ，誘ってきた友達に「法隆寺ってどんなところ？　どこにあるの？」といった質問をして，法隆寺に関する知識を吸収しようと努めるであろう。そして法隆寺に関する知識が得られたところで，行くか行かないかを答えるであろう。

またこの5組のなかで，仮に送り手がなければ，コミュニケーションは成り立たないし，受け手がなくてもコミュニケーションは成立しないということである。前述したように5組の要素がすべて揃ってはじめてコミュニケーションが成り立つのである。またメッセージは言語メッセージと非言語メッセージからなる。

9節 サモワールらのモデル

　サモワールら（Samovar et al., 2006）は異文化コミュニケーションの立場から，コミュニケーションを理解するためには，包括的で明確な定義が多くの読者の利益に役立つとして，グリフィンの次のような定義を参照している。「コミュニケーションとは，意味を創造することを目的としたメッセージの管理・運用である」（Griffin, 2003）。
　この定義をわかりやすく説明しよう。送り手が送信したメッセージを受け手が受け取る。ここで重要なことは受け手が送られてきたメッセージに「意味づけ」をして，送り手の意図を理解するということである。たとえば，証券会社の営業マンが顧客から「今日は1万株お願い」と言われたとしよう。営業マンはその顧客はA社の株の売り買いをしていること，A社の株は反落の局面にあることから，A社の株を1万株購入したいのだと「意味づけ」をする。そして顧客に「A社の株の買いですね」と念を押す。それに対して顧客は「はい，よろしく」と答える。このように営業マンが単に「今日は1万株お願い」というメッセージを受け取るだけでは，コミュニケーションは成り立たない。営業マンがこのメッセージに「顧客はA社の株1万株の買いを指示している」という「意味づけ」をして，はじめてコミュニケーションは成立するのである。
　サモワールらは，メッセージに意味づけをすることを重要なコミュニケーションの役割としたうえで，次の8つの項目を，コミュニケーションを構成する要素とした。
　①送り手（sender）
　②メッセージ（message）
　③チャンネル（channel）
　④受け手（receiver）
　⑤レスポンス（response）
　⑥フィードバック（feedback）
　⑦環境（environment）
　⑧ノイズ（noise）
　次にそれぞれの意味を説明しよう。最初の最も明らかな要素は，メッセージをつくりだす送り手（sender）である。送り手とは，他者とインタラクト（やりとり）するために，そのニーズや願望をもっている人，社会の構成員であり（social），職業に関係しており（occupational），情報で動機づけられる人（information driven）であることとしている。そしてメッセージ（message）を構築して，それを受け手に伝送する。

メッセージは送り手が受け手に理解してほしい情報からなる。メッセージは受け手が意味を創造するために用いられるものである。メッセージは言語形式であったり非言語形式であったりする。非言語形式とは，図表や絵，ジェスチャー，表情など言語形式以外の形式すべてである。

メッセージは符号化され，チャンネル（channel）をとおして受け手に伝送される。チャンネルはメッセージを送り手から受け手に伝送するパスを提供するあらゆる媒体である。たとえば口語音声は音波で，携帯電話なら電波で空間を介して受け手に伝送される。

受け手はメッセージの受信者であり，意味を創造する中心的存在である。受け手はメッセージを受け取り，それから意味を創造する。しかし時として送り手の意図が受け手に誤解されて解釈されるということも起こりうる。たとえば送り手は授業の前にコーヒー・ショップで会おうと思って受け手に連絡したつもりだったのに，受け手は授業が終わってからコーヒー・ショップにきた。これは受け手が意味を誤解して創造してしまった事例である。このような意味づけの食い違いがないように意思疎通を行うことが望まれる。さて受け手はメッセージを解釈して意味づけをし，返事（response）をつくり，応答する。しかし応答をせずに無視したり，逆に，暴力的行為に及ぶような場合もある。フィードバック（feedback）は応答に関係したり，しなかったりするが，重要なコミュニケーションの要素である。フィードバックとはメッセージの効果に質的評価を与えることである。たとえばメッセージを解釈してほほえんだり，まゆをよせたりする。このようなフィードバックは，メッセージがどのように解釈されたのか，また送り手の行動をどのように修正すればよいかの手がかり（clue）を与えてくれる。そしてメッセージをちょっと変えてみたり，もう少し明確に表現したりするなど，メッセージを手直しするきっかけを与えてくれる。ただしちょっとした仕草や表情は文化的背景で違いがあるので注意深い観察が必要である。

またコミュニケーションは物理的またはコンテクスチャル（contextual）な環境（environment）のなかで行われる。物理的な環境とはコミュニケーションが行われる場所──教室，図書館，オフィス，レストランなどである。コンテクスチャル環境とはもう少し抽象的であり，コミュニケーションのスタイルに影響を及ぼす。「学生ローンに関する相談」での対話，友達との会話，教授との会話，時間に遅れたことを謝るときなどでコミュニケーションのスタイルは変わってくる。これがコンテクスチャルな環境である。最後の要素はノイズ（noise）である。種々のノイズがある。教室での学生のおしゃべり，キャンパスで聞こえるスケートボードの騒音，町の工事現場の騒音などである。

サモワールのモデルは，異文化コミュニケーションを念頭においたモデルである。受け手が受け取ったメッセージの意味の解釈にあたっては，送り手の文化的背景を考慮することが重要であると述べている。またフィードバックの仕方についても相手の文化的背景を理解したうえで行うことが大切であるとも述べている。

本章では，これまでに提案されてきたコミュニケーションのモデルのおもなものを取り上げ，解説した。シャノン・ウエーバーのモデルはコミュニケーションのしくみを初めて定式化したもので，コミュニケーション・モデルの先駆けとなった。その後，このモデルをベースとして種々のモデルが提案されてきた。そのなかにシュラムのフィードバック・モデルやバーロのS-M-C-Rモデルがある。シュラムのモデルは，シャノン・ウエーバーのモデルが情報源からあて先への1方向の流れであったものを双方向に改良したものである。バーロのモデルはコミュニケーションを人と人のコミュニケーションととらえ，送り手と受け手の属性として，コミュニケーション・スキル，知識，社会的な立場，文化的背景，態度を取り上げ，これらの属性をベースとしてコミュニケーションが行われるとした。汎用システム論的モデルは，メッセージの1つ1つに注目するのではなく，全体に注目して，どのようなやりとりが行われるかを観察する視点からコミュニケーションをみている。したがってコミュニケーションに繰り返しが起こっているような場合には，それを検出して，その繰り返しを指摘することができる。シンボリック相互作用論的モデルはコミュニケーションをシンボルに意味づけをするプロセスととらえた。またコミュニケーションは自己と他者の相互作用として行われ，それぞれが役割分担をもっているとした。心理学的モデルはコミュニケーションでやりとりされるメッセージを刺激ととらえ，この刺激をどのように受け取るかは受け手の心理状態に依存するとした。その心理状態を表すモデルとして，概念フィルターを提案した。螺旋収束モデルは送り手と受け手の間で情報が共有されるまで，コミュニケーションを繰り返すという視点でコミュニケーションをとらえた。寺島のモデルは，種々の知識を活用して，メッセージを解釈して，意味の共有を行うという視点からコミュニケーションをとらえた。サモワールらのモデルはコミュニケーションにおいて，メッセージに対する受け手の側の意味の創造が重要であるとした。意味の創造が不適切だとコミュニケーションは円滑に行われない。特に異文化コミュニケーションでは，適切な意味の創造が大事であると述べている。

引用文献

Berlo, D. K. 1960 *The process of communication: An introduction to theory and practice.* San Francisco: Rinehart Press. 布留武郎・阿久津喜弘（訳）1972 コミュニケーション・プロセス―社会行動の基礎理論 協同出版

Blumer, H. 1969 *Symbolic interaction: perspective and method.* Englewood Cliffs, NJ: Prentice Hall.

Cooley, C. H. 1922 *Human nature and the social order.* New York: Charles Scribner's Sons. 納 武津（訳）1921 社會と我―人間性と社會秩序 日本評論社

Fisher, B. A. 1978 *Perspectives on Human Communication.* New York: Macmillan.

De Fleur, M. L. 1966 *Theories of mass communication.* New York: David McKay. 柳井道夫・谷藤悦史（訳）1994 マス・コミュニケーションの理論 敬文堂＜本書は原著の 5th (Longman, 1989) の全訳＞

Griffin, E. 2003 *A first look at communication theory* (5th edition). Boston: McGraw-Hill.

Mead, G. H. 1981 In A. J. Reck (Ed.), *Selected Writing.* Illinois: University of Chicago Press.

Rogers, E. M. 1986 *Communication technology: the new media in society.* New York: Free Press. 安田寿明（訳）1992 コミュニケーションの科学―マルチメディア社会の基礎理論 共立出版

Samovar, L. A., Porter, R. E. & McDaniel, E. R. 2006 *Intercultural communication: a reader.* Belmont, CA: Thomson/Wadsworth.

Schramm, W. (Ed.) 1954 *The process and effects of mass communication.* Urbana: University of Illinois Press.

Shannon, C. E. & Weaver, W. 1949 *The mathematical Theory of Communication.* Urbana: University of Illinois Press. 長谷川 淳・井上光洋（訳）1977 コミュニケーションの数学的理論―情報理論の基礎 第3版 明治図書出版

寺島信義 1997 知的通信システム―ヒューマンフレンドリーな通信環境の構築 電気通信協会

Trenholm, S. 1986 *Human Communication Theory.* Englewood Cliffs, NJ: Prentice-Hall.

Watzlawick, P., Beavin, J. H. & Jackson, D. D. 1967 *Pragmatics of human communication: A study of interactional patterns, pathologies, and paradoxes.* New York: W. W. Norton.

参考文献

ミード, G. H.（著）／船津 衛・徳川直人（編訳）1991 社会的自我 恒星社厚生閣

境 忠宏（編）コミュニケーション教育教材作成チーム（著）2005 共生のコミュニケーション学 研成社

船津 衛 1996 コミュニケーション・入門―心のなかからインターネットまで 有斐閣

第2部

コミュニケーションの諸相

4章 言語コミュニケーションと非言語コミュニケーション

　コミュニケーションは言語コミュニケーションと非言語コミュニケーションに分類することができる。この分類については，メラービアン（Mehrabian, 1967）やバードウイステル（Birdwhistell, 1970）などの文献を参照のこと。

　言語コミュニケーションには，音声言語コミュニケーションと非音声言語コミュニケーションとがある。音声言語コミュニケーションの範疇には，おしゃべり，スピーチ，講演など，音声を使った言語シンボルを使うものが入る。非音声言語コミュニケーションの範疇には，紙媒体を用いた文書のほか，電子メール，手話など，非音声の言語シンボルを使うものが入る。

　まずは言語コミュニケーションについて述べよう。

1節　言語コミュニケーション

(1) 言語研究の歴史

　言語コミュニケーションを考えるうえで，そもそも言語とは何かについてみてみよう。

　まず辞書的な定義をみてみる。『広辞苑』（新村，1998）によれば，「言語」は1つの意味として，「人間が音声または文字を用いて思想・感情・意志などを伝達したり，理解したりするために用いる記号体系。また，それを用いる行為。ことば」と述べている。2つめの意味として，「ある特定の集団が用いる個別の言語体系。日本語・英語の類」と述べている。3番めの意味として「ソシュールの用語で，ラングの訳語」と述べている。これが辞書的な定義であるが，言語とは何かについて，これまで言語学者により多くの議論がなされてきた。代表的な言語研究の歴史をみてみよう。

　19世紀のドイツの言語哲学者フンボルト（Humboldt & Heath, 1988）は，言語は思

考を形成していく器官（organ）であると述べ，さらに，知的活動と言語は一体であり，切り離すことはできないとも述べている。これに関連して林（1988）は，言語は人間の行動，思考，経験の基本的な枠組みになっていると述べている。また言語は心のなかに想起した内的イメージを表象する役割ももっている。言語で内的イメージを表現することで，心のなかのイメージが明確になる。そしてそれを言語の形でコミュニケーションすることで他者に伝達することもできる。伝達された情報は他者のもつアイデアや内的イメージと融合されて，新しい情報に生まれ変わることもある。言語で内的イメージを表現することで次世代に継承することもできる。このように言語は内的イメージの表象や情報伝達，次世代への継承などに利用することができる。

　ソシュール（Saussure, 1972, 1977）は言語共同体の成員すべてがもつ社会的合意のある言語体系をラング（langue），言語体系にのっとって生成される発話をパロール（parole）とし，ラングをもとにパロールを発話することをランガージュ（langage）と定義して，言語学のおもな研究対象をラングであるとした。コミュニケーション学でも，パラダイム（paradigm）とシンターム（syntagm）がラングとパロールに対応する意味で使われている。すなわち前者は可能性，後者は実用の意味で使われている。

　この後言語研究が盛んになり，多くの研究がなされるようになった。1924年にはアメリカ言語学会（Linguistic Society of America）が設立されて構造言語学が盛んになった。

　1950年代に入り，チョムスキー（Chomsky, 1986）が変形生成文法（Transformational Generative Grammar）や普遍文法（Universal Grammar）を提案した。生成文法は方法のうえでもそれまでの構造言語学とは違う。構造言語学は既存言語を分析して文の構造を解析する。これに対して，チョムスキーは，実際に使われている言語は言語の一部であり，言語の本質を解明はできないという立場をとった。そこで，チョムスキーは，言語現象をすべて解析して言語のモデルをつくるのではなく，一部の言語現象からモデルをつくり，そこから普遍的なモデルに仕上げるという方法をとった。チョムスキーは文法のモデルとして，深層構造（意味のレベル）－変形規則（受け身化規則など）－表層構造（実際の文）という3階層モデルを提案し，意味と構造の関係をとらえることを提唱した。これが変形生成文法である。チョムスキーによれば，深層構造とは言語の普遍的なモデルであり，実際にわれわれが読んだり，書いたり，話したり，聞いたりすることができる文の背後に仮定された抽象的な構造である。一方，表層構造は深層構造に文法的な変形（変形規則という）を加えて，生成されたものである，としている。たとえば，文の表層構造には，能動文と受動文があり，違う構造をしているが，もともとは1つの深層構造が変形規則によって変形された文であると解

釈される。

またチョムスキーは，人は誰でもみな生まれながらにして言語獲得装置（language acquisition device）が備わっているし，環境や教育の違いがあっても言語を獲得できるという仮説を立てた。そして後にこれを普遍文法とよんだ。普遍文法はあらゆる言語に共通な原理群と個別の言語に依存する可変のパラメーター群から構成されるとした。そして個別の言語は環境から入ってくる種々のデータをパラメーターにセットすることで得られるとした。

またチョムスキーによれば，言語とは「有限長の文からなっている。生成される文は有限個あるいは無限個の集合からなる。そして文は有限個の要素からつくられる」（Chomsky, 1986）と定義される。すなわち有限の言語要素から，有限個あるいは無限個の文が生成されるというのである。チョムスキーの仮説はそれまで文法構造の解析などが中心であった研究から言語獲得のメカニズムの解明，ひいては認知科学，脳科学の研究にシフトしていくきっかけともなったのである。

(2) 言語コミュニケーションの特徴

言語コミュニケーションの特徴を次に整理して示す。
①言語コミュニケーションには曖昧さがある。
以前にも取り上げたが，たとえば「これは岡本太郎の絵です」という発話がなされたとしよう。この発話は次のような解釈がありうる。
・岡本太郎が描いた絵
・岡本太郎が所有する絵
・岡本太郎を描いた絵
これを聞いた聞き手はこのような曖昧さを解消するために，たとえば「岡本太郎が描いた絵のことですね」といって確認することになる。
②言語コミュニケーションは言語外の知識，環境や状況との関連をもつ。
コーヒー店で常連客が店員に「いつものお願いね」と言ったとしよう。この言葉だけでは，第三者には何のことやらわからない。しかし店員はこの客はカプチーノをいつも注文しているという知識をもっているので，「カプチーノですね」あるいは「はい，承知しました。しばらくお待ちください」と返答できる。このように言語コミュニケーションには発話以外の知識，発話された環境や状況などが関連をもっているので，これらを総動員して発話の意図の解釈が行われる。
③言語コミュニケーションは非言語コミュニケーションと密接に関連する場合がある。

「よく来たね」という言い方は文字通り解釈すれば，来訪者を歓迎しているようにみえる。しかしにこりともせず言ったとすれば，来訪者にとっては，必ずしも歓迎されていないように受け取られることもある。笑みを浮かべて手を差し伸べて「よく来たね」と言えば，来訪者は来てよかったと思うだろう。このように発話だけでは，発話者の真意を汲み取れない場合もある。

④言語コミュニケーションは，言いたいことを何通りにも表現できる。

言語は文字や句読点などの言語要素からなるデジタルな情報から構成される。したがって言語要素を組み合わせることで幾通りもの表現ができる。

⑤新しいアイデア，概念，サービスなどを言語で表現してコミュニケーションできる。

言語は④で述べたようにデジタル情報である。言語要素の組み合わせやつなぎ合わせで新しい言葉を定義し，相手に伝えることができる。

⑥言語コミュニケーションは，コミュニケーションを内省する契機を与える。

「あのときの君のやりとりは見事だったよ」と同僚に言われれば，あのときのコミュニケーションは有効であったとわかる。逆に「あのときの君は自己中心的な発言が目に付いたよ」と言われれば，それを反省材料にしてコミュニケーションの改善に役立てることができる。

◀2節▶ 言語コミュニケーションの解析

(1) 統語論からの解析

統語論（Syntactics）は言語を解析して，その構造を明らかにすることを主たる目的としている。文は句あるいはフレーズからなる。句は単語からなる。単語は文字からなる。

意味のある最小の単位は単語であり，日本語では，名詞（N: Noun），代名詞，動詞（V: Verb），副詞（AD: Adverb），形容詞（ADJ: Adjective），形容動詞（日本語特有な品詞で「きれいだ」「静かな」など名詞に「な」や「だ」が付いて形容詞と同じはたらきをする），助詞，助動詞，接続詞，感動詞からなる。単語が1個あるいは複数個集まって句を構成する。句は名詞句（NP: Noun Phrase），動詞句（VP: Verb Phrase），副詞句（ADP: Adverb Pharase），形容詞句（ADP: Adjective Phrase）からなる。「光が」のように名詞に助詞「が」がついた名詞句をNPgaと表記する。文の構造を解析して，その文の文法的な意味を明らかにするのが統語論である。統語論の解析の例を次に示そう。

「とても明るい光が射した」という文を解析して，その構造を次のように表記する。

[VP[NPga[NP[ADP とても明るい][N 光]] が][V[NPga] 射した]]

さてこれにより文の構造と名詞や動詞などの文法的な意味が明らかになった。

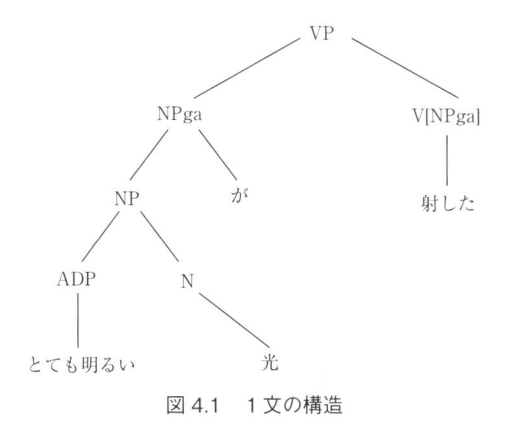

```
                    VP
                   /  \
               NPga    V[NPga]
               /  \        |
             NP    が     射した
            /  \
          ADP   N
           |    |
       とても明るい 光
```

図 4.1　1 文の構造

(2) 意味論からの解析

(1)で解析した文の意味を考えよう。意味の解析法としては，言語と対象世界との関係から意味を解き明かす方法と使用場面や文脈から意味を解き明かす方法がある。前者は意味論の立場であり，後者は語用論の立場である。

(1)で解析した文を意味論の立場から解析した結果を，意味ネットワークを用いて示すと図 4.2 のようになる。図 4.2 の意味は次のようである。

「射した」という動作の主体が「光」である。「光」は「とても明るい」という属性をもっている。○は節（ノード）で動作，物，状態をさし，→は枝（ブランチ）でそれらの間の関係を示している。「とても明るい」は光の特徴や属性を示している。属性は破線で示してある。このように意味論では，文の解析結果に基づいて世界との関係を明らかにする。

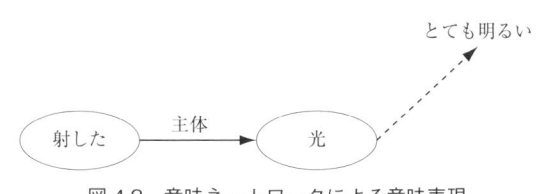

```
   射した ──主体──▶ 光 ┄┄┄▶ とても明るい
```

図 4.2　意味ネットワークによる意味表現

(3) 語用論からのアプローチ

　語用論の立場からのアプローチは文が現れた文脈や場面などの言語外の要素を考慮して意味の解析を行う。
　次に例を示そう。たとえば「僕はきつねだ」という文があるとしよう。自分はきつねだといっている。人間がきつねだというのは単純に考えれば理解しがたい。理解するには、この文がどのような状況で発話されているかによって意味が異なってくることを考慮に入れなければならない。
（ケース1）うどん屋で発話された。
　友達どうしでうどん屋に行ってメニューを注文している場面を想像しよう。誰かが「僕はきつねだ」と言えば、「きつねうどん」を注文しているようすがみえてくる。
（ケース2）演劇で役割を決めている場面。
　学芸会で演ずる役割を何人かで相談しているシーンを思い浮かべよう。誰かが「僕はきつねだ」と言えば、発話者はきつねの役を志願しているようすがわかる。
　このように、発話された状況によって、同じ文でもまったく違った意味になってしまうのである。このように状況によって発話された文の意味を明らかにする学問を語用論（Pragmatics）という。辞書的あるいは文法的な意味は正しいけれども、その文の意味がわからないような場合の例をもう1つ示そう。
　「1点リードしてますよ」と発話されたとき、文法的には正しいし、1点勝っているということもわかる。しかし何が何をリードしているのかがわからない。もしこれがサッカー・チームの浦和レッズとガンバ大阪の試合で、ガンバのサポーターが、今しがたサッカー場にきた友人に言っているとしたら、「ガンバがレッズに1点リード」と解釈するのが妥当であろう。なお語用論に関連する学問分野にバーワイズら（Barwise & Perry, 1998）の状況意味論や自然言語理解などがある。
　さらに語用論レベルで意味を理解する際に、手がかりとなるクローネンら（Cronen et al., 1988）が提案したCMM（Coordinated management of memory）モデルを取り上げよう。このモデルでは、その場の発話を的確に理解するにあたって、次の7階層のモデルが重要であるとしている。

　レベル1：聞き手が発話を聞き取った生のデータ（Raw sensory data）
　レベル2：発話の言語的な意味（Content: what is actually said or done?）
　レベル3：発話者の意図。その発話で何を言おうとしたか（Speech act: what is the sender trying to do?）
　レベル4：発話者と聞き手が今どのような状況にあり、何をしているか（Episode:

what activities are we engaged in?）
レベル5：発話者と聞き手の人間関係はどのようなものか（Relationship: who are we to one together?）
レベル6：発話者は誰か。そして状況から期待される言動は何か（Life script: who am I?）
レベル7：発話者と聞き手はどのような文化的背景をもっているか（Cultural pattern: what group do I identify with?）

このモデルのはたらきを次の例でみてみよう。

発話者が「夫唱婦随だね」と言ったとしよう。聞き手が「ふしょうふずい　だね」という音声を受け取った（レベル1）。その音声を言語として認識し，その意味は「夫が言ったら妻はそれに従う」だとわかった（レベル2）。

ところで発話者は，どのような意図（レベル3）をもって，この言葉を発話したかがわからなければ，聞き手はその正確な意味を理解することはできない。その言葉を発話者が，自分の生活経験の感想を述べているのか，聞き手へのアドバイスのつもりなのか，あるいは日本の伝統的な夫婦像を言ったのかがわからない。この意味を理解するには，この発話がどのような状況で言われたか（レベル4）を知らねばならない。家庭での会話なのか，講演会でのひとこまなのか，外国人の友人から「日本の国では家庭の支配権は夫がもっているのか，妻がもっているのか」と聞かれたときの返答かなど，発話の状況がいろいろ考えられる。家庭での会話であるということがわかっても，発話者と聞き手の人間関係がわからなければ，その発話の本当の意味はわからない。結婚した娘が訪ねてきて，「うちの人，何でも自分の言ったようにならないと気がすまないのよ」と言ったときに，父親が娘にアドバイスした言葉である（レベル5）ということがわかった。日本の伝統的な父親は娘にどのようなアドバイスをすることを期待されているか（レベル6）わからなければその発話の意味を理解できない。ここでは，夫の言うことを聞きなさいということが期待されているものとしよう。そしてこの発話が日本の国の一家庭でのひとこまとわかって，なるほど伝統的な日本の家庭（レベル7）では父親ならこのようにアドバイスするだろうということが理解できるのである。

このように1つの発話であっても，誰が誰に言ったのか，どこで言ったのか，発話者と聞き手の人間関係はどのような関係にあるのか，このような人間関係にあるときに発話者はどのような発話が期待されているのか，そしてその発話がどのような文化的背景のもとで行われたかなどを総合的に考慮して理解しなければ，発話の的確な理解はできないということをこのモデルは示唆しているといえよう。

(4) レトリックを用いた言語コミュニケーション

次に言語コミュニケーションとして，レトリックを用いる方法についてみてみよう。コミュニケーション能力の研究，特に言語コミュニケーション能力の研究はレトリック（修辞学）の領域に端を発したといわれている（末田・福田, 2003）。米国ではコミュニケーション学は修辞学，対人コミュニケーション，異文化コミュニケーションなどの領域に分けられている。レトリックは相手を説得して，相手に行動変容を起こさせることができるかという言語活動である。これは生まれつき人に備わっている能力ではなく，レトリックを操る能力は訓練や修練によって獲得できる能力であると考えられている。

この能力を涵養するには，相手に何を説得するのか（説得の内容：invention），説得の内容をどのように配置するか（説得内容の配置：arrangement），これを「比喩」「反語」「倒置」などの豊かな言語表現を使って文を修辞するか（修辞：style）を考え，修辞された内容を記憶（memory）にとどめ，そしてそれを魅力的に相手に発表しなければならない（所作：delivery）。そして発表内容は相手に対して必要十分な内容が盛り込まれており（informative），それを聞いた相手を納得させ，行動に移したり，態度の変化を起こすようなもの（persuasive）でなければならないのである（Lucas, 1986）。

説得するためには感情的な訴えのほかに理性的な訴えが大切である。特に理性的な訴えの訓練法として使われているのが，ステファン・トールミン（Toulmin, 1969）のモデルである。このモデルを使った説得のシーンを考えてみよう。

母親が心配して，予備校の受験の担当者に自分の子どもがA大学に合格できるかどうか聞きに行った場面を想定しよう。受験担当者は母親に「お宅のお子さんは合格します」と言った（claim）とき，母親が怪訝そうに「どうしてですか」と聞いた。そこで担当者は彼の偏差値（data）とこれまでの偏差値と合格実績のデータ（warrant）などを母親に示しその根拠を説明した。その際に，このデータは当社で長年にわたり集積したもので信頼できること，他社もこのデータを利用しているとデータの信頼性を強調した（backing）。ただしこれはあくまでも可能性であって，試験の当日，彼が風邪をひいたり，体調が万全でなければ，どうかわからないと説明した（rebuttal）。その説明を聞いて母親は胸をなでおろした。

このようなシーンは日常生活でよくみられる光景である。もしここで担当者がただ根拠も示さずに，「彼は大丈夫，合格できます」といってみても母親は納得しなかったであろう。担当者がきちんと根拠を示して説得したから，母親は納得できたのである。

このように説得するには結論を裏づける根拠となるデータ（data）が必要である。そして結論とデータを結びつける，理由づけ（warrant）がいる。さらに理由づけをバックアップする事実（backing）があればなおよい。ただし「以上のことは予想される結論だが，全ての場合に必ずしも結論とおりになるとは限らない」という保留の条件（rebuttal）を付加するのがよい。

以上のことを整理しよう。

主張A（claim）：彼はB大学に合格する。

データ（data）：彼の模擬試験の偏差値が70である。

理由づけ（warrant）：偏差値が67以上ならB大学に合格する。

理由づけをバックアップする事項（backing）：偏差値と合格の関係のデータは99％間違いなく信頼できる。偏差値を出しているのは実績がある予備校である。多くの受験機関がこのデータを利用している。

結論（claim）：たぶん，彼はB大学に間違いなく合格するだろう。

保留条件（rebuttal）：彼が入学試験のときに風邪などで，いつもの力が発揮できない。

保留条件の意味は次のようである。彼が入学試験のときに風邪などでいつもの力が発揮できないということがなければ（unless），たぶん，彼はB大学に間違いなく合格するだろうということになる。

コミュニケーションには，たわいない気晴らしの会話もあるが，相手を説得して相手にこちらが予期したような行動を起こさせ，態度を変容させるのもコミュニケーションの目的の1つである。そのためには上述したような説得の方法がある。ここでは言語コミュニケーションが重要な役割を果たすが，トールミンの提案するモデルに従って説得をすることが1つの方法であろう。

◀3節▶ 非言語コミュニケーション

非言語コミュニケーションには，音声非言語と非音声非言語メッセージを使って行うコミュニケーションがある。

(1) 音声非言語メッセージによるコミュニケーション

音声非言語メッセージには，音の高さ，強勢，ストレス，速さ，リズムなどの韻律素性と，声の質（かすれ声やキーキー声），高さ（頭から突き抜けるような声，腹から出る図太い声），音量（大きな声，小声），声の調子（流暢な声，おどおどしたしゃべり方，とぎれとぎれのしゃべり方）や間の取り方などの周辺言語がある。周辺言語

は内容にかかわるものではなく，話し手の感情の表出に関係している。周辺言語から話し手の心理状態を読み取ることができる。また間の取り方は周辺言語の一部と考えられる。発話に間が空きすぎるとスムーズな会話ができず，何か気まずくなってしまう。適当な間の取り方はスムーズな会話を促し，話しているものどうし，快適に対話することができる。何も発せずに間をとるよりも，適当に「えーと」と言って発話と発話をつなぐほうが会話はスムーズに進行する場合が多い。韻律素性や周辺言語を扱う分野が音調学（vocalics）といわれる学問分野である。音声言語と音声非言語をまとめて音声コミュニケーションということもある。

(2) 非音声非言語メッセージによるコミュニケーション

非音声非言語メッセージには，外見的特徴，身体接触，身体動作，匂いや，空間，時間などがある。このうち外見，身体の接触，身体の動作，匂いは身体に関する非音声非言語メッセージである。一方，空間や時間は，コミュニケーションを行う人間の環境に関する非音声非言語メッセージである（末田・福田，2003）。ここでは身体に関する非音声非言語メッセージについて述べ，人間の環境に関する非音声非言語メッセージである空間と時間については5章で述べる。

① 外見的特徴

外見的特徴には体つき，肌の色，髪型，衣服，アクセサリーやスカーフなどの体につける付加物，化粧などがある。地肌により人種がわかる。化粧をして素顔とはちがう自分を演出する。独特の化粧をして人びとをあっといわせる。髪型を日本風にしてしとやかさを演出する。子どもが制服を着て通学する。制服を見ればおおむね小学生か，中学生か，高校生かがわかる。消防士の制服を着ていれば消防士とわかる。警察官の制服を見れば警察官とわかる。アクセサリーやスカーフをつけておしゃれをする。体つき，肌の色，髪の色，衣服などがコミュニケーションにどう影響するかを研究する学問分野を対物学（objectics）という。

② 身体接触

身体の接触には次のようなものがある。握手をする。恋人が手をつないで街中を歩く。母親が赤ちゃんを抱きかかえて授乳する。泣いている赤ちゃんを母親が抱いてあやす。西洋人が会ったときにお互いに肩に手を回して抱き合って親愛の情を示す。この分野の学問を接触学（haptics）という。

③ 身体動作

身体動作は，表情，ジェスチャー，アイ・コンタクトといった切り口で考えることができる。

表情は人の心を映す鏡といわれる。表情を見れば喜怒哀楽などの心理状態がわかる。表情は喜び，悲しみ，怒り，驚き，嫌悪などの感情，眠たさ，「うきうき」とした楽しさなどの気分など，人の心を映し出す。

ジェスチャーには表象，例示，感情表示，発話調整，適応表示などのシンボルがある。表象は言葉の代わりをするもので，外国人が親指と小指を立てて挨拶することなどである。例示は言葉で説明することをより補強するもので，「このくらいの大きさだよ」と言って，両手で大きさを示すことなどである。感情表示は，驚いたときにびっくりした表情とようすを示すことなどである。表情は，心の動きを手にとるように示すものである。ようすとは，がっかりしたり，失意のときに肩を落としてそのことを示したりすることである。また親しい友達に久しぶりに会ったとき，両手を広げて喜びを示すこともある。発話調節には次のようなことがある。相手の話に「うんうん」とうなずいたり，自分の思っていることを相手に言われたときに「そうそう」と言って相槌を打つ。自分の話が終わったら，相手を見て相手が話すのを促す。自分の思っていることと違ったことを相手に言われたら「いやいや」と言って首を横に振る。いうまでもなく「うんうん」「そうそう」や「いやいや」は言語コミュニケーションで，うなずいたり，相槌を打ったり，首を横に振る動作が非言語コミュニケーションである。適応表示には次のようなものがある。話しているときに自分の肉体的，心理的な欲求を満たすために，顔に手をやったり，頭をかいたり，もみ手をしたりすることである。これが高じると相手に不快な印象を与えることもある。

このような身体の動作が，ある場合には対話を円滑にし，場合によっては妨げになることもあるのである。

アイ・コンタクトは視線を利用したコミュニケーションである。西洋人は相手の目を見ながら対話する。相手から視線をそらして話をすると「何かうそをついているのではないか」と誤解されることもある。日本人どうしでは視線を合わせて話をすると，かつては失礼だと言われたこともあったが，今や日本人もお互いに目を見ながら話をするようになってきた。これもグローバルの波が押し寄せてきたことの影響であろうか。したがって視線の置き方は会話の場合に非常に大きなウエートをもってきている。相手の目を見なくても，目のあたりを見ていれば相手は自分を見ていると認識する。このように相手の目ではなく，その近くや顔を見ることを face gaze といい，相手の目を見ることを eye gaze といって区別することもある。相手の目を見ながら会話することをアイ・コンタクトという。

アイ・コンタクトにはいろいろな役割がある。相手とアイ・コンタクトしながら話をする。そして話が終わったら，目をそらす。そうすると相手は，話が終わり，自分

が話す番だと認識する。このようにアイ・コンタクトしたり，そらしたりすることで，話がスムーズに進むことになる。しかしあまり極端に相手を凝視すると，かえって相手に不快感を与えることもあるので注意が必要である。話しているときに相手が自分を見ていれば，相手は自分の話を聞いていると認識する。こちらが話しているのにきょろきょろしていれば，相手は自分の話に興味がないか，他のことに注意を向けているか，早く話を終わってほしいと思っているという合図になる。じっと話に聞き入っていれば，話に興味があったり，話を理解しようとしていたり，自分が次に話す内容について考えていることなどを示す。相手が話し終わって，こちらをじっと見つめていたら，こちらに話をするのを促すサインを送っていると解釈される。会社の上司と部下との関係で話をしているときは，部下はかしこまって話をし，上司は部下に命令口調で対話する場合が多いだろう。上司は部下の目を見て指示をするであろうが，部下は上司をじっと見ることは控えるだろう。このように表情，ジェスチャー，アイ・コンタクトなどを扱う学問分野が動作学（kinetics）である。

④ 匂い

匂いは人をひきつけたり，逆にいやな印象を与えることもある。会社に来て，香水をぷんぷん匂わせていたら，まわりの同僚にいやな印象を与えるだろう。ほのかな香水の匂いは，まわりの人に心地よい印象を与える場合もあろう。時と場合を考慮した配慮が必要であろう。このような匂いやデオドラントを扱う分野が嗅覚学（olfactics）である。

このようにコミュニケーションを円滑に進めるために，人は音声言語コミュニケーション，非音声言語コミュニケーション，音声非言語コミュニケーション，非音声非言語コミュニケーションを巧みに操っているのである。バードウィステル（Birdwistell, 1970）は，日常のコミュニケーションのうち，言語（音声言語と非音声言語）の占める割合は30～35％に過ぎないと指摘している。

一方，メラービアン（Mehrabian, 1967）は，態度認知の実験から，知覚される態度のうち，言語（音声言語を除く）が7％，音声（音声言語，音声非言語を含む）が38％，表情が55％を占めるという結論を得ている。このことからわかるように，コミュニケーションにおいて言語が占める割合はわずかなのに対して，音声や表情などが重要な役割を果たしているのである。

引用文献

Barwise, J. & Perry, J. 1998 *Situations and Attitudes* (The David Hume Series: Philosophy and Cognitive Science Reissues). Stanford University Center for the Study.

Birdwhistell, R. L. 1970 *Kinesics & context: essays on body motion communication.* Philadelphia: Unversity of Pennsylvania Press.

Chomsky, N. 1986 *Knowledge of language: Its nature, origin and use.* New York: Praeger.

Cronen, V. E., Chen, V. & Pearce, W. B. 1988 Cordinated management of meaning: a critical theory. In Y. Y. Kim, & W. B. Gudykunst (Eds.), *Theories in intercultural communication.* Newbury Park, Ca: Sage publications.

林　進（編）1988　コミュニケーション論　有斐閣

Humboldt, W. V. & Heath, P. L. 1988 *On Language: The Diversity of Human Language-Structure and Its Influence on Mental Development of Mankind* (Texts in German Philosophy). UK: Cambridge University Press. Cambridge,

Lucas, S. E. 1986 *The art of public speaking* (2nd edition). New York: Random House.

Mehrabian, A. 1967 Communication without words. *Psychological Today,* **2**, 53-55.

Saussure, F, 1977 (trans) W. Baskin. *Course in general linguistics,* Grasgow: Fontana/Collins.

Saussure, F／小林英夫（訳）　1972　一般言語学講義　岩波書店

新村　出（編）　1998　広辞苑　第5版　岩波書店

末田清子・福田浩子　2003　コミュニケーション学—その展望と視点　松柏社

Toulmin, S. 1969 *The uses of argument.* Cambridge, U.K.: Cambridge Univesity Press.

参考文献

黒川利明（監修）　東条　敏　1988　自然言語処理入門　近代科学社

長尾　真（編）　1996　自然言語処理　岩波書店

斎藤洋典・喜多壮太郎　2002　ジェスチャー・行為・意味　共立出版

斎藤純男　2006　日本語音声学入門　改訂版　三省堂

境　忠宏（編）コミュニケーション教育教材作成チーム（著）　2003　共生のコミュニケーション学　研成社

Saussure, F. de 1974 *Course in General Linguistics.* London: Fontana/Collins.

田中穂積（監修）　1999　自然言語処理—基礎と応用　電子情報通信学会

5章 コミュニケーションの環境としての空間と時間

　ここでは，非言語非音声メッセージであり，コミュニケーションを行う人間の環境である空間と時間について述べる。

　空間に関する事項には，相手とどの程度の物理的距離をおいてコミュニケーションを行うかという対人距離，どのような空間を使ってコミュニケーションを行うかという空間利用，相手とどう向き合うかという空間角度などがある。これらを取り扱う学問が近接学（proxemics）で，コミュニケーション学のなかで議論されている。

　時間に関する事項には，時間の概念をどのようにとらえるか，時間をどのように管理するか，コミュニケーションを行うまでに，どのくらいの時間を必要とするかなどがある。これらを取り扱う学問が時間学（chronemics）で，これもコミュニケーション学のなかで論じられる。時間には，時計時間のほかに，自然時間と出来事時間がある。

1節　空間

　空間とコミュニケーションの関係をみてみよう。この学問分野を近接学という。古くはホール（Hall, 1966, 1983）がコミュニケーションを行うときの対人距離に言及し，その後コミュニケーションを行う2人の間には見えない空間の泡（invisible bubble of space）（Hall & Hall, 1990）が存在しており，2人の親密さの度合いや心理状態や文化的背景によって，その距離が変化すると述べている。ホールによれば，この見えない空間の泡は国によっても違いがあり，ヨーロッパでは北に行くほど見えない空間の泡は大きくなり，南に行くと小さくなるという。またラテン・アメリカやアラブ諸国も小さいという。

　ヤント（Jandt, 1998）は，対人距離に関する音声的特徴とメッセージの内容を次のように分析している。

　密接距離（0～0.5m）では，当事者どうしでしか話題にならないような個人的な

ことを，ひそひそと会話する。親密な間柄で行われるコミュニケーションで，恋人や母娘によくみられる風景である。

個人的距離（0.5～1.2m）では，大勢のいる会合やバンケットなどの公式の場で親密な関係にあるものどうしが，周囲の人にあまり関係のない話をすることが多く，小声で話す。

社会的距離（1.2～3.5m）では，商店や飲食店で店員とお客が話したり，会社の同僚などと公式の話をしたりする。お互いに聞き取れるように，比較的大きな声で話す。

公的距離（3.5m以上）では，教室での授業や講堂での演説など公の会合で全員に聴き取れるように大きな声で話す。

以上より，親密になればなるほど二者間の距離は小さくなり，公的になるほど二者間の距離は大きくなる傾向があることがわかる。このようにコミュニケーションの距離を観察することで，コミュニケーションの親密度や種類がわかる。

空間の利用法もコミュニケーションに関係がある。日本の会社や役所ではオフィスは大部屋が一般的である。課長や場合によっては部長まで一般社員と同じ部屋で仕事をする。これは管理上の配慮もあるがコミュニケーションをとりやすくするねらいもある。しかし最近はプライバシーを保ち，仕事がはかどるように，お互いをパーティションで仕切るケースも多くみられるようである。

また会議をするとき，テーブルに座る位置によってもコミュニケーションのねらいが変わってくる。会議を主導する場合には，全員がテーブルを囲んで席に座ったとき，その中心に座ることが多い。すなわち四角のテーブルなら4辺のいずれかの中心の位置，2人で共同作業をするときには四角いテーブルの1つの角をはさんで座る。かしこまった話をするときには対面して座る。お互いに干渉せずに仕事をするときには，四角のテーブルの対角線に座る。このように座る位置を変えることで効率的にそれぞれの目的を達することができるといわれている。

2節 時間

人のコミュニケーションの環境の1つに時間がある。特に民族によって時間の感覚に違いがみられる。コミュニケーション環境と時間の関係を考える学問分野は時間学といわれる。

(1) モノクロニック文化とポリクロニック文化

ホールら（Hall & Hall, 1990）によれば，時間に関する認識がモノクロニック

表5.1　モノクロニックとポリクロニックの比較（Hall & Hall, 1990）

モノクロニック	ポリクロニック
時間に厳密	時間に厳密でない
1度に1つのことに集中する	同時に複数のことをこなす
仕事に集中するので，干渉を好まない	仕事の途中で干渉があってもそれを喜んで受け入れる
仕事の期限を守る	仕事の期限よりも，人間関係を重視する
計画を守る	計画の変更をいとわない
他人に干渉せず，お互いのプライバシーを守る	プライバシーよりも人との関係を重視する
他人の財産を守る	貸し借りを平気でする
短期の関係を重視する	短期より生涯のよき関係の構築に努める

（monochronic：単彩，単一色）文化とポリクロニック（polychronic：多色）文化で違いがあるという。時間の管理も含めたモノクロニック文化における人間の行動とポリクロニック文化における人間の行動の違いを表5.1に示す。

　ホールによれば，人間はもともとポリクロニックであったのに，産業革命で生産性が重視されたために，効率重視，短期成果重視のモノクロニックな文化への移行を余儀なくされたのだという（Hall, 1983）。ホールは，モノクロニックな文化に分類される国として，米国，カナダ，スイス，ドイツ，スカンジナビア3国などをあげている。一方ポリクロニックな文化に分類される国として，サウジアラビア，エジプト，メキシコ，フィリピンなどをあげている。産業革命以前は時間の流れるままに比較的のんびりと生活していたのが，産業革命を契機として大量生産の時代に入り，時間を重視するような精神風土が形成されてきたと考えられている。時間に追われる生き方になってきたということもできよう。このようにわれわれ現代人は時計が刻む時間に従って生きているといってもいいであろう。これもまた産業革命以降の効率化重視の行動様式がなせる技であろう。これ以前には自然時間とか出来事時間といわれる生活があったし，今でもこのような時間に沿って生きている民族もいると聞く。自然時間や出来事時間については後述する。

　海外に行くと，時間についてわれわれ日本人とは違った考え方，生活様式をもっている人びとに出会うことがある。数年前に国際会議でブラジルに行く機会があった。ブラジルでは，時間のとらえ方がまるで違う。時間はあってなきが如くの経験をすることがある。面会を申し込んでその時間に行っても，相手は一向に姿を見せない。30分はおろか1時間も待たされてしまうこともある。遅れてきた相手は申し訳ないと謝るどころか，次の会議に出るのが遅れてしまっているからといってそそくさと退散し

てしまう有様である。さすがに参加した国際会議では，日程やプログラムを変更することはなかったが，時間に対してそれほど守らなければいけないという意識はないようにみえる。

このように時間の認識は国によってまちまちである。このことを念頭においてコミュニケーションをすることが大事だということだろう。たとえば上述の例は極端な例かもしれない。しかしこうした国民性であるということを頭の片隅においておけば，腹を立てて帰ってしまわずに今しばらく待ってみようということで，コミュニケーションができるというものである。

織田（2002）は『「時」の国際バトル』のなかで次のような趣旨のことを述べている。パーティーへの到着時間で，時間前に来るのは日本人，時間通りに来るのがドイツ人，少し遅れてくるのがアメリカ人，小一時間遅れるのがフランス人，2時間近く遅れるのがイタリア人，まだベットにいるのがスペイン人であると指摘して，時間に対する国民性の違いを強調している。このような国民性の違いを認識しておくこともコミュニケーションを円滑に進めるうえで必要なことである。

(2) 時計時間，自然時間，出来事時間

ところで世界中を見渡すと，日の出から日の入りまで太陽の動きを見て生活する自然時間に沿って生きている人たちや，獲物や魚の収穫時期に合わせて生活する出来事時間に沿って生きている人びともいる。このような文明とはかけ離れた祖先から受け継いできた生活様式をとっている人たちも，この世の中にはまだ存在しているということである。

ここでは時間との関連で，自然時間と出来事時間について概観し，文明社会がおもに依存している時計時間との違いをみてみよう。

① 自然時間と出来事時間

時間に対する感覚は民族により千差万別といえよう。まだ工業化，近代化が進んでいない国では，時間に対する意識は低いであろう。工業化，近代化前の社会は農業，漁業が生産の中心であり，このような社会では日の出とともに働き，日の入りとともに家に帰り，休息する生活を送っていたといってよいであろう。日の出が朝であり，寝床から起きて朝食をとり，戸外に働きにでて，太陽が真上に来たら昼，沈んだら夜になるといういわゆる自然時間である。このような社会では時計時間は必要ないのだ。

また出来事時間というものもある（丸山，2005）。砂時計で時間を計るのは出来事時間の典型例であろう。砂が細い穴からすべて下に落ちた時を時間の単位とするのは1つの知恵であろう。

アフリカのナイル川流域のヌアー族は牛時計に頼っているということだ（丸山，2005）。牛舎から家畜囲いに牛を連れ出す，搾乳した後，牛を牧草地に連れて行く，そして牛舎や家畜囲いの清掃をして，牛を牛舎にもどす，などを1日の時刻の節目にしている例もある。これは1日の時刻だが，1年を単位としたときには，カナダ・ラブラドル地方には，魚やアザラシの漁，狐やイタチの猟を季節の節目としている民族もいる。4月から5月はアザラシ漁，6月から7月はタラ漁，8月はドッグフィッシュが来て，タラ漁は終わり，9月にはニシン漁，10月は犬ぞりで薪拾い，12月から3月は狐とイタチの猟と，1年の行事を出来事時間に結びつけている。このように1年の出来事で季節を肌で感じたり，1日の行事で時刻を感じたりといった時間のとらえ方をして暮らしている民族もいるのである。これらは自然との密接な関係で時間をとらえている。

②　**時計時間と自然時間，出来事時間の違い**

時計時間は過去から未来へと広がりをもっているとみることができる。過去を過ぎ去った時，現在は今，未来は将来来るであろう時であるととらえると，これは過去から未来に伸びる無限の直線とみることもできる。この見方は，未来はきっとすばらしい展望を開いてくれるのではという淡い希望をいだかせる可能性を内包している。今よりきっとわれわれの暮らしはよくなるだろう，技術も進歩するだろう，人びとのモラル意識も向上して，住みやすい未来が訪れるだろうというように。一方ではこのような楽観的な見方とは裏腹に，このままではグローバル・ウォーミング（global warming）が進み，人類に大きな脅威をもたらすのではといった懸念や，民族対立が深刻化してテロが人類に危機をもたらすのでは，といった悲観論への可能性をも内包している。このように時計時間は直線的性質をもっているのに対して，自然時間，出来事時間はまったく違った性質，特徴をもっている点に注意が必要である。

漁の時期でおおよその月をとらえる習慣や牛の飼育で1日をとらえる習慣は，月日は繰り返すという見方である。すなわち時間は直線ではなく円環であるということだ。言い換えれば人類は太古から近代に至るまで時間を円環でとらえていたということである。それが産業革命以降，時間のとらえ方は直線になったといえる。月日の移ろいに依存して，毎年，同じような生活を繰り返し送ってきたのに，効率重視，生産性向上の旗印のもとでわれわれの生活は時間を基軸にした生活に変わってきたのである。われわれのように現代の生活に慣れてしまった人間には，時間に従って生きるのはあたりまえという意識がある。自然時間や出来事時間をみれば，時計時間の生き方だけが，生き方ではないのではと考えさせられる。

以上をまとめると，自然時間，出来事時間は1年の自然の移ろい，日が昇り，日が

沈むという1日の動き，農漁業の収穫時期や家畜の世話のタイミングなどに依存しながらゆっくりと時間が進んでいくのに対して，時計時間は機械的，普遍的，抽象的に時が刻まれていく。自然時間，出来事時間は自然の移ろいや天体の動きに依存しているので，時間のとらえ方は人によって感じ方が違うのに対して，時計時間では誰にでも共通している。自然時間，出来事時間は農漁業の収穫時期などの自然の出来事に密接に結びついているのに対して，時計時間は機械的で自然の出来事との結びつきは弱い。自然時間，出来事時間はスケジュール表に縛られることはなく，1つのことに集中しなければならないということはないのに対して，時計時間はスケジュールに沿って仕事が進む。自然時間，出来事時間は自然のなかで自然に依存して生活するので自然の移ろいや天体の動きに寄り添って生活するのに対して，時計時間では自然や天体は捨象して，時計時間に沿った効率優先の生活様式を特徴とする。よって自然とは独立しているということができる。自然時間，出来事時間は自然や天体に寄り添って生活することから，年月が繰り返すように生活も繰り返す。時間の感覚は円環である。一方，時計時間は過去，現在，未来と時間は直線に伸びているとみる。

③ **時計時間の特徴**

先にも述べたように文明社会では時計時間によってわれわれの生活は回っており，自然現象とは一線を画している。時計時間の世界では，われわれの環境，すなわち自然とは切り離されたところで時間は動いている。われわれ人間も自然とは切り離されて，時計時間にコントロールされて活動しているのが現状といっていいであろう。日常，われわれは，「今は時間がない」「時間がたっぷりあるから，じっくり検討しなさい」といった言い方をすることがある。これは時間を資源としてとらえている言い方である。また「1時間以内にこの仕事をやってね」「あと30秒で10時だ」というように時間を数量化してもいる。時間は食料や燃料のように形も大きさも重さもないのに，物としてみたり，数量化している。ここに時計時間の特徴がある。

一方で，出来事時間や自然時間は数量化せずに，季節や魚や獲物の獲れる時期にあわせて時間をとらえている。このように出来事時間や自然時間は，自然現象に依存している。

引用文献

Hall, E. T. 1983 *The dance of life: the other dimension of time.* New York: Doubleday. 宇波 彰（訳） 1983 文化としての時間 TBSブリタニカ

Hall, E. T. 1966 *The hidden dimensions.* New York: Doubleday.

Hall, E. T. & Hall, M. R. 1990 *Understanding cultural differences*. Yarmouth, ME: Intercultural Press.
Jandt, F. E. 1998 *Intercultural Communication: an introduction*. Thousand Oaks, Ca: Sage Publcations.
丸山真純　2005　近代と時間―その文化性と歴史性　*Human Communication Studies,* **32**, 45-68.
織田一朗　2002　「時」の国際バトル　文藝春秋　p. 120.

参考文献

橋本満弘・畠山　均・丸山真純　2006　教養としてのコミュニケーション　北樹出版
渋谷昌三・小野寺敦子　2006　手にとるように心理学がわかる本　かんき出版
末田清子・福田浩子　2003　コミュニケーション学―その展望と視点　松柏社

6章 異文化コミュニケーション

　サモワール（Samovar et al., 2006）は異文化コミュニケーションは，ある文化で生成されたメッセージが別の文化で処理されるときにいつでも起きることであると述べている。船津（1996）は異文化コミュニケーションとは，異なる文化に所属する人びとが言葉や身振りなどのシンボルを用いてコミュニケーションを行い，相互の理解を通じて，新しいコミュニティを形成していくことであるとしている。小坂（2007）は，異文化コミュニケーションとは，言葉をはじめとした異なる文化的背景をもつ人どうしのかかわり方としている。このように種々のとらえ方があるが，ここでは異文化コミュニケーションを異なる文化的背景をもつ人どうしのコミュニケーションと考えよう。この章では，文化とは何か，さらに文化とコミュニケーションについて述べる。

1節　文化とは

　まず文化とは何かについてみてみよう。
　タイラー（Tylor, 1970）は，文化または文明とは民族誌学の視点から「知識，信仰，芸術，道徳，法律，慣習，そのほか社会の構成員としての人間によって習得された能力や習慣の複合されたすべてのものである」と定義している。
　フェラーロ（Ferraro, 2002）はタイラーなどの定義をふまえつつ，「文化とは，人びとが社会の構成員として所有し，思考し，そして行動するあらゆることである」と定義している。すなわち所有し，思考し，行動することが，文化を構成する3要素ととらえている。言い換えれば文化には物質文化，精神文化，行動文化の3つがあるということである。重要なことは「社会の構成員として」という部分である。したがって孤島にひとりぼっちでいたり，社会から隔離されているような状況では，文化は成立しえないということである。
　サモワールら（Samovar et al., 2006）は文化の特徴として，次の①から⑦までの諸

点をあげている。

①文化は学ばれるものである。

われわれは生まれたときは，社会で行動するための多くの文化的規範についての知識はないが，その後，急速にこれらの情報を吸収していく。他者と対話したり，他者の行動を観察したり，真似たりして，自分で考えたり，行動したりする適切な方法を学び取っていく。フォークや箸で食事することを教えられて，基本的なことから文化的な行動を学んでいく。キリスト教のミサに参加したり，モスクの礼拝に参加して文化的行動や価値観を学ぶ。アートやことわざや歴史などからも文化を学ぶことができる。このような文化の吸収は，われわれの文化的風土のなかで，意識的であれ，あるいは無意識的であれ，適切にふるまうことに役立つのである。

②文化は世代を超えて継承される。

文化は人びとに学習され，繰り返されることによってのみ存在する。文化は家族や教師や同僚や書籍や自分の観察や他のいろいろな情報源から学び取られる。行動の適切な方法や表現の仕方や価値判断などは同世代の成員の間でやりとりされる。そしてこれらが次の世代に引き継がれていく。

③文化はメッセージにより仲介される。

メッセージのほかにシンボルという言い方をする場合もある。言葉やジェスチャーやイメージといったものが文化を伝達するメッセージである。文化を構築したり，伝達するための社会的な交流を行うためには，メッセージは欠かすことができない。われわれのメッセージをつくりだす能力が，人から人へ，集団から集団へ，世代から世代へ文化を伝達することを可能にしている。メッセージのポータビリティが文化にとって重要な情報の保存を可能にしている。文化を保存することで，次世代が困難に直面したときに，その文化が道しるべとなりライブラリーとなる。

④文化は動的である。

文化の枠組みのなかで，新しいアイデアや発明が世の中に変化をもたらす。技術革新や新しいアイデアが文化に大きな影響力をもつことは明らかなことである。たとえば火薬，ペニシリンや原子力などの発明は，文化に大きなインパクトを与えた。1970年代に起こった少数民族や女性の運動はアメリカ社会の構図を変え，コンピュータ・チップの発明はアメリカ文化だけではなく先進国や開発途上国の文化に深遠なインパクトを与えた。

⑤文化は拡散する。

文化の拡散や拝借も変化の源になる。ラスト・サムライのイメージとは裏腹に，1500年代後半にポルトガル人によって日本にもち込まれた花火はすぐに製造される

ことになった。インターネットの普及は，世界中の人びとに新しい知識や洞察へのアクセスを可能にし，グローバルな文化の変化をもたらした。移民は自分たちの文化の慣習や伝統や工芸品を移民先にもち込み，移民先の文化との融合を行った。ベトナムのヌードル・ショップがアメリカにでき，インド・レストランがイギリスにでき，日本の料理がブラジルにもち込まれた。

⑥戦争や政治的な激変，大規模災害などの文化的災害も時として文化に影響を与える。

アフガンへのアメリカの介入は，アフガンの女性に平等な地位を与えるという変化に貢献した一面がある。ジンバブエの伝統的文化は独裁政治のために侵害されている。日本で1995年に発生した阪神大震災直後の政府の対応の遅れに対する民衆の抗議行動は政府の官僚政治を変更する力になった。

⑦文化は自国民中心主義になりがちである。

文化によってつくりだされるグループ・アイデンティティの強力な感情は自国民中心主義に導く。他国の文化より自国の文化がすぐれているという意識になる。このような自国民中心主義は自国の文化を吸収した結果として芽生える感情である。他国の文化にあまりふれずに自国の文化のみにふれていたり，自分たちはどの国よりも偉大な国に住んでいると教育されると自分の国が一番だと思うようになる。

2節 文化とコミュニケーション

文化を構成する重要な要素である所有し，思考し，行動することには，コミュニケーションが欠かせない。コミュニケーションをしながら文化を創造し維持し，そして後々の世代に伝えていくともいえるだろう。文書に残したり，言い伝えたり，物として残したりして文化を引き継いでいる。われわれは，われわれのまわりにあるものや慣習や習慣や考えや行動規範に照らしながらお互いにコミュニケーションを行っている。文化的背景が異なるために，お互いに相容れず，コミュニケーションに支障をきたす場合もある。文化的背景の違うものどうしが対話したり，交流したりするのが異文化コミュニケーションである。

(1) 高コンテクスト・コミュニケーションと低コンテクスト・コミュニケーション

文化の違いをコンテクストでわける方法がある（橋本ら，2006；末田・福田，2003）。ホール（Hall & Hall, 1990）はコンテクストを「出来事を取り巻く情報であり，その出来事の意味と密接に結びついている」ととらえている。共有している情報が多

ければ，言語で伝達する情報は少なくなり，共有している情報が少なければ，言語で伝達する情報は多くなる。前者を高コンテクスト文化といい，後者を低コンテクスト文化という。

ホール（Hall, 1976）によれば，話し手のメッセージは最小限の情報で，大部分の情報は聞き手がすでにもっているか，その場の状況やセッティングにあるコミュニケーションを高コンテクスト・コミュニケーション（high-context communication）とした。高コンテクスト・コミュニケーションは，余計なことを言わなくても，お互いに情報の共有が行われているコミュニケーションともいうことができる。一方，低コンテクスト・コミュニケーション（low-context communication）はこの対極にあるとした。すなわち大部分の情報をメッセージに載せて伝達するのが低コンテクスト・コミュニケーションである。

次にこれらの例を示そう。高コンテクスト・コミュニケーションでは，次のような言い方をする。(今の時代には稀有のことかもしれないが，) 夫が妻にお茶を入れてほしいときに,「お茶」とだけ言ったり，食事を用意してほしいときに,「飯」とだけ言ったりする。一方，低コンテクスト・コミュニケーションなら「私にお茶を入れてくれませんか」という言い方になるし,「私のために食事を用意してくれますか」ということになる。夫婦や家族の間では厳密な文章表現でなくても，お互いに意味が理解できることが多い。一方，他人どうしで，これまであまり面識がないなら，厳密な言い方をしなければ誤解を招くこともあるだろう。

以上をまとめると，高コンテクスト・コミュニケーションでは話し手の意図のすべてが，メッセージで表現されないので，メッセージからだけでは，話し手の意図はわからない。このように話し手のメッセージには最小限の情報しか含まれていないので，この情報だけで解釈することはできず，聞き手がもっている知識やその場の状況などをふまえて，話し手の意図を解釈しなければならない。したがって発せられたメッセージが聞き手の受けとめ方でいかようにも解釈される可能性がある（Listener oriented）。日本で使われる,「以心伝心」「阿吽の呼吸」などの表現も高コンテクストの部類に入るであろう。

一方，低コンテクスト・コミュニケーションでは，話し手の意図はメッセージに込められて言語で表現される。すなわち話し手のメッセージが話し手の意図を表している（Speaker oriented）。

ホール（Hall, 1976, 1983），アンダーソンら（Anderson & Wang, 2006）は，高コンテクスト・コミュニケーションが優勢な国はアジアの諸国，特に，中国，日本，韓国などであり，低コンテクスト・コミュニケーションが優勢な国は，スイス，ドイツ，

カナダ，アメリカ，スカンジナビア3国などであるとした。またアンダーソンらは，2つのコミュニケーションの違いを，コミュニケーションがどの程度，明示的で言語に依存するか，あるいは暗示的で非言語に依存するかという視点から比較して，コアの価値をおくのは，高コンテクスト・コミュニケーションでは，沈黙であり，婉曲な言い回しであるのに対して，低コンテクスト・コミュニケーションでは，自由闊達な言論であり，直接的な言い回しである」と述べている。

一般的には，高コンテクスト・コミュニケーションでは，情報は，非言語的な「状況」と「人の内面」に隠されているのに対して，低コンテクスト・コミュニケーションでは，メッセージの意味は言葉でこと細かに表現されるので，非言語の出番は少ないといえよう。これはあくまでも一般的にいえることであって，個々にみればこれにあてはまらない個人がいるということも留意しておきたい。

グディカンスト（Gudykunst, 1993）らは，個人主義の強い文化ほど低コンテクスト・コミュニケーションに重きをおき，集団主義の強い文化（相互協調的自己感をもつ人びとの集団）ほど高コンテクスト・コミュニケーションに重きをおくことを明らかにした。個人主義の強い文化では，自己と他者の分離，すなわち自分と他者は明確に違う存在として意識し行動する。誰に対してでも明瞭な言語表現を使う。一方集団主義の優勢な文化では，自己と他者の分離を明確にせず，自己と他者を一体としてとらえる傾向が強い。自己と他者を一体ととらえるのであまり言語が必要がなくなり，極端な場合には，以心伝心とか阿吽の呼吸とかでコミュニケーションを行う傾向もある。察しのコミュニケーションといわれることもある。

(2) 高コンテクスト・コミュニケーションに重きをおく文化と低コンテクスト・コミュニケーションに重きをおく文化

コンテクストによる文化の違いを，①建前と本音，協調と独立，形式と内容，②ウチとソト，オモテとウラという視点からみてみよう。

① 建前と本音，協調と独立，形式と内容

高コンテクスト・コミュニケーションでは，建前，協調あるいは和，形式を重視するのに対して，低コンテクスト・コミュニケーションでは，本音，独立，内容の正確さを重視する。したがって高コンテクスト・コミュニケーションでは，和を重んじ，相手を傷つけない言い方や建前の言い方，形式的な言い方をする傾向が強い。理解を助けるために簡単な例を示そう。引越しのときに「お近くにお越しの節にはぜひお立ち寄りください」というあいさつ文をもらうことがある。このあいさつ文はあくまでも建前と形式であって，本音は突然来られても困ることは明らかなことぐらいは容易

に予想できることである。このような本音のところを理解せずにこのあいさつ文を額面どおりに受け取って，たまたま近くに行ったついでに立ち寄ろうものならひんしゅくをかうであろう。一方，低コンテクスト・コミュニケーションでは，本音をはっきりと表現する。来てもらいたければ「〇日に来てください」と言うであろうし，来てほしくなければ「今は立て込んでおります」とはっきりと本音で断りの言葉を言うであろう。

② **ウチとソト，オモテとウラ**

スミスとボンド（Smith & Bond, 1994）はウチ（in-group）とソト（out-group）の関係について考察した。スミスらによれば，ウチとは「われわれ」とよべる間柄の人たちであり，たとえば家族，親族，親友などごく親しい人たちをさす。一方，ソトとは「かれら」とよぶ人たちであり，ウチ意識のあるものどうしから他者をさしたり，雑踏や電車のなかの見知らぬ人たちをさす。スミスらはウチとソトについて次のように要約している。

・集団主義あるいは相互依存の強い文化では，ウチとソトで行動パターンが違う。
・個人主義や相互独立の強い文化ではウチとソトで一貫した行動をとる傾向が強い。

レブラ（Lebra, 1976）は日本人の行動パターンをオモテとウラの視点から分析している。それによれば，オモテは建前，協調，形式に，ウラは本音，独立，内容にほぼ対応しているとしている。異文化コミュニケーションを考えるうえでわれわれ日本人のコミュニケーション行動を知ることは大切なことである。

(3) 日本人のコミュニケーション行動

さて次に日本人のコミュニケーション行動をウチとソト，オモテとウラの視点からみてみよう。グディカンストが主張しているように，欧米にみられるように相互独立的関係の強い社会すなわち個人主義の社会では，本音で自己を主張する，言いたいことを歯に衣を着せずにストレートに正確に表現する，相手との関係よりも自己を中心に据えるなどの特徴があるのに対して，日本のように相互依存の関係の強い社会では，個人より集団の利益を重視する，自分の本音よりも相手の立場を考えてストレートではなく相手を傷つけないように婉曲な言い方をするなどの特徴がある。すなわち前者は本音の世界，あるいはウラの世界，後者は建前の世界，あるいはオモテの世界ということもできる。この分類によれば，欧米ではもっぱら本音の世界といっていいのに対して，日本では昔から本音と建前を状況によってうまく使い分けてきたといえよう。

さらに先ほど述べたように自分に親しい間柄と赤の他人の関係をそれぞれウチとソ

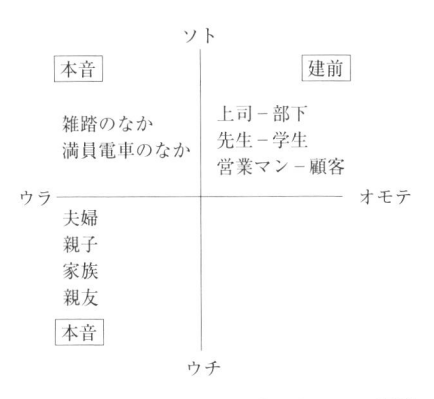

```
            ソト
   ┌──┐     │   ┌──┐
   │本音│    │   │建前│
   └──┘     │   └──┘
   雑踏のなか  │  上司－部下
   満員電車のなか│ 先生－学生
            │  営業マン－顧客
ウラ ────────┼──────── オモテ
     夫婦    │
     親子    │
     家族    │
     親友    │
   ┌──┐     │
   │本音│    │
   └──┘     │
            ウチ
```

図 6.1 ウラとオモテ，ウチとソトの関係

トの関係ととらえる。ウチの関係は家族，親族や親しい友人との関係であり，ソトの関係とは会社，地域社会，学校での他者との関係である。会社でいえば上司と部下の関係，同僚との関係，地域社会でいえば，町内会の人との関係，学校でいえば教師と学生との関係やクラスメートなど親しいとはいえない間柄との関係がある。

　ウラとオモテの軸，ウチとソトの軸を直交した2次元の空間で表示すると図6.1のようになる。

　図の第1象限はオモテとソトの関係である。これはソトの人間とオモテの顔すなわち建前でつきあう関係である。会社の上司と部下，同僚，地域社会の町内会や同好会，学校の教師と学生，クラスメートなど本音を控えた建前でのコミュニケーションが中心になる。会社の雇用形態の変化が，オモテとウラのコミュニケーションの形態にも影響を与えている。30年ほど前までは終身雇用が主流で，一度会社に入ったら定年まで勤めるのがあたりまえの時代であった。したがってまわりの人たちとは何十年も一緒に働いているわけだから，よくも悪くも知り合いの関係になったものである。だからオモテとソトの関係といっても本音に近いつきあい方をすることもまれではなかった。しかし終身雇用制が変貌しつつある今，多くの人が職場を変えていく時代になってきた。特に外資系の会社では昇進するためにはよい条件を求めて会社を渡り歩く。最近では大学を卒業して入社して3年未満で転職したり，離職する社会人が30％に達するという統計もある。このような転職の時代になってくると，会社内のまわりの人もどんどん変わっていく。したがってお互いに知り合いになるチャンスも少なくなり，みながオモテとソトの関係でコミュニケーションするようになってきている。

さて次に第2象限すなわちソトとウラの関係について考察してみよう。これはソトの世界で建前を気にせず本音で行動したりコミュニケーションしたりする関係である。雑踏のなかの自分，満員電車のなかの自分というような状況である。会社の規範や社会のエチケットに沿って行動して，上司や同僚と円満にコミュニケーションし，相手に迷惑をかけないというのが第1象限の関係なのに対して，第2象限の関係は相手を気にすることなく自分の意のままに行動する関係ともいえる。だから前を歩いている人のかかとを踏んでも何も言わずに通り過ぎてしまう人もでてくる。また満員電車のなかでひじが他人の体にあたってもあやまらない人もいる。こんなとき，しばしば口論になり，いさかいが起こることもある。ここでは他者とのかかわりをできるだけもちたくないという行動心理がはたらいている。

このような現象について渋谷（渋谷・小野寺，2006）は情報社会で情報が溢れていて，常に情報の照射にさらされているので，これ以上他者とかかわりたくないから，何も言葉をかけないのだと説明している。

第3象限はウチとウラの関係である。この関係は親しいものどうしの関係である。夫婦や親子，家族，親族やごく親しい友人などに限られる。内輪の間柄で，本音でコミュニケーションを行う関係である。時には対立したり，ともに歓喜したり，時に悲しんだり，本音の世界である。昔は大家族で，障子などで仕切られた大部屋の造りから，家族の構成員はいやでも始終お互いに顔をつき合わせていなければならず，なんらかの形でコミュニケーションは絶えることがなかった。

ところがこのような本音でコミュニケーションをとる間柄も徐々に変化してきた。核家族化や少子化の影響，生活水準の向上や欧米化の波を受けて，子ども一人ひとりが個室を与えられるケースがふえてきている。だからきょうだいがいても，一人ひとりが自分の部屋に閉じこもり，テレビを見たりゲームをして遊ぶようになった。この結果として，家族構成員どうしのコミュニケーションが少なくなるという現象がでてきたのも事実である。

第4象限はウチとオモテの関係で，これは存在しないと考えていいだろう。

以上にみてきたように，第1象限はオモテとソトの関係で，会社ではこの関係でコミュニケーションが行われるケースがふえている。一方で地域社会では，人と人の結びつきが少なくなってきて，オモテとソトの関係のコミュニケーションも希薄になるという現象もでてきている。また第3象限のウラとウチの関係も，今みてきたように家族の絆が弱くなってきていることや親しい友達をもちにくい環境になってきていることから，このコミュニケーションの機会も少なくなってきている。このような状況から，結果的に，第2象限のウラとソトの関係が比重を増してきているといってもい

いであろう。

　すなわち自分1人という関係である。つまりまわりの人たちとのコミュニケーションをもたず，自分1人で行動する関係である。極端な言い方をすれば，まわりにいる人はコミュニケーションの相手ではなく，むしろ自分の進路に立ちふさがる邪魔者か障害物でしかないという見方まである（中島，1995）。こういう状況が進んでいくと，もう社会とはいえない世界になってしまう心配もある。われわれは社会の構成員である。お互いに持ちつ持たれつで生きている。ところが現実の世界はどうだろう。あたかも自分1人で生きているようなふるまいが間々みられる。われわれ一人ひとりが社会の構成員であるという自覚がなくなったとき，この世から文化は消えていってしまうだろう。今まさにわれわれの身のまわりに，人と人のふれあいを取り戻さなければならないだろう。このままだとコミュニケーションの輪がしっかりできない状況になってしまう心配がある。コミュニケーションの輪を取り戻すことこそ今，求められているといえるのではないだろうか。小さなことからはじめよう。人の肩にふれたりぶつかったりしたときには「すみません」「ごめんなさい」と言おう。このささいな一言がきっとコミュニケーションの輪をつなぐ原動力になるだろう。そこから他者への思いやり，想像力も芽生えてくるだろう（中島，1995）。

　結婚しない人の増加，離婚の増加，少子化，核家族化など，人びとの孤立化が進行してもおかしくない状況が続いている。また経済，社会，産業，教育のあらゆる分野にグローバル化の波が押し寄せ，本音でものを言い，行動することが求められる状況にもなってきている。それは欧米流の低コンテクスト・コミュニケーションへのシフトが必要だという言い方もできるだろう。しかし現実は，はっきりものを言わない，婉曲な言い方を好む傾向にある。すなわち，依然として，コミュニケーションの行動心理は高コンテクストの状態にあるといっていい状況にある。このことが問題を複雑にし，種々の問題を引き起こしているともいえるだろう。アメリカを旅行すれば車内で隣に座っただけでなにかと声をかけてくる。肩がふれたり，ぶつかればすかさず"Excuse me"と言う。われわれ日本人にはわずらわしいという思いもあるが，これが彼らの生活の知恵なのだろう。このようなちょっとした心遣いが衝突を避ける潤滑油となっているようだ。

　日本では生活様式，就業などが欧米化したのに，コミュニケーションの行動心理は依然として以心伝心，言わぬが花，口は災いの元，などとはっきり主張することを躊躇する風潮にある。察しのコミュニケーションといわれるゆえんである。産業活動，社会活動，教育活動，生活様式が欧米化した今，コミュニケーションの行動心理も欧米のよいところを取り入れていくことが求められよう。「はっきり言う」「あやまる」「あ

いさつする」言葉が当然のように，われわれ日本人の口から発せられるようになれば，われわれの住む世界も変貌を遂げるだろう。そして血の通ったコミュニケーションの環境を取り戻すことができるようになるだろう。

(4) 外国人の視点からみた日本文化の特徴

サモワールら（Samovar et al., 2006）は，日本人に一般的にみられる文化的特徴を外国人の目から次のように述べている。「日本人は，群れをつくりそこに所属したがる（group affiliation），階層構造をつくりたがる（hierarchy），みなとの調和を重視する（wa），他に共感する（emphasy），相互依存，もたれ合いがちである（mutual dependency），犠牲的精神がある（gaman），謙虚さがある（humility），形式を重んじる（formality），儀礼を重視する（ritual），伝統を重視する（tradition），規則を重視する（protocol）」と。これらの特徴をまとめるにあたって，サモワールは文献（Caudill, 1973; Lebra, 1976; Reischauer, 1988）を参照している。なおカッコ内の英語の標記はサモワールらが使っている用語である。

さらにサモワールは日本人のコミュニケーションを含めた行動パターンについて，示唆に富む分析を行っているので，それについて紹介しよう。

① 「群れをつくる」というのは日本社会のいろいろな場面でみられる。
② 日本人はあまり言葉を発せず，曖昧な言い方をする傾向がある。日本社会の閉鎖性が，「言葉いらず」の相互理解を可能にしている。日本人がもっている和の精神が，ものごとを断定的に言わないで，曖昧な言い方をして相手を傷つけない。日本人は，他者が何を考えているかを斟酌しながら，気を使った物言いをする。日本人の思いやり（omoiyari）が，はっきりした言葉のやりとりを控える。はっきりした言い方をせずに，相手が斟酌して，真意を理解してくれるのを期待する。
③ 日本人はウチ（内集団）のなかでは，リラックスして非常に饒舌になる。しかし内集団から離れるとボディ・ランゲージは極端に少なくなる。そして男女共に両手をしっかり握って静かに座る。注目されることを避け，その場の調和を維持しようと努めるのだという。日本人の動作で最もありふれているのは，誰かに会うとお辞儀する，また何かを他者に聞くときに，「すみませんが」といってお辞儀する。若い人ほど，いの一番に，深く，長くお辞儀する。

この部分についてサモワールは文献（Hendry, 1989; Ishii, 1975; Kitano & Kitano, 1987; Morbach, 1988; Richie, 1987; Ruch, 1984）を参照している。

④ アイ・コンタクトをしないことが礼儀とされる。アイ・コンタクトについては，じっと相手を凝視することは，失礼なこととされる。直接に相手の目を見ないで，

のど仏のあたりを見るのがいいとされる。上司が部下に指示するような場合を除いて、凝視することはよくないこととされる。アイ・コンタクトを避けることで、謙譲の美徳が保たれ、和が維持されるとされる。

この部分サモワールは文献（Hall & Hall, 1990; Ishii, 1975; Kitano & Kitano, 1987; Richie, 1987; Ruch, 1984）を参照している。

⑤感情をあまりオモテに出さない。公衆の前では、あまり感情をオモテに出さないことが好ましい。また笑いの感情をオモテに出さず、判読できないような微笑がよい。ほほえみは親しみを表すものである。ほほえみは日本人にとって社会的な礼儀である。このようにほほえみは、調和を保つために重要な役割を果たしているといえよう。相手に不快な気持ちを与えないようにほほえむ。他者との衝突を避けるためにほほえむ。具合の悪い質問や否定的な答えを言わずにほほえむこともある。

この部分は、サモワールは文献（Ishii, 1975; Kitano & Kitano, 1987; Ruch, 1984）を参照している。

⑥相手との距離のとり方に特徴がある。相手と立ち話をするときにも、アメリカ人に比べて、距離をとる。しかし満員電車のなかで見知らぬ人と体が接触しても平気である。この2つの行為はお互い矛盾しているようにみえるが、社会的な調和をとろうとする日本人の心情がなせる業であるといえる。内集団のなかでは個人的距離は非常に狭い。伝統的に日本の家族は同じ部屋で寝る。お互いに体がふれあうぐらいの距離で寝ても平気である。サラリーマンは居酒屋で背中と背中がふれるような狭いところで飲み会をする。親と幼い子は今でも同じベッドで寝る。しかし公衆の前での親と子の接触は子ども時代を過ぎると極端に減る。個人はみな公衆の前では接触しないという社会的な慣習に従うよう期待される。公衆の前では、混雑している雑踏や通勤電車のなかなどを除いて、ボディ・タッチは非常にまれである。

⑦画一的な服装をする傾向がある。日本人の服装は、シンプルで集団のアイデンティティそのものである。どぶねずみ色の背広がサラリーマンの定番である。ビジネスの世界では、男女ともに服装はどちらかというと保守的である。会社の社章をつけている。ブルーカラーは決まって制服を着ている。このような保守的なドレス・スタイルは国民の同胞感情（nation's unity）を強調して、ばらばらの服装から連想される社会的な不調和を減らす効果がある。

⑧ビジネスの世界では名刺が大きな役割をもつ。特にビジネスの世界で、名刺の役割は大きい。名刺の交換がお互いの行動やコミュニケーションに影響を与える。

名前，会社，役職を確認することで，どのように対応すればよいかがわかる。
⑨会社の机の配置にも特徴がある。大部屋に机を並べて，列をつくる。お互い顔が見合わせられる位置に座る。課長や係長は列の先頭に座る。このように配置することによって課や係の情報交換をよくして，マルチタスクを可能にして，共同作業を容易にする。公式であれ非公式であれ，社員の座る位置は，階層によって決まってくる。
⑩時間の使い方も日本人どうしの場合と外国人相手の場合に違いがある。外国人相手の場合には時間をしっかり守ったスケジュールを立てるのに対して，日本人どうしではコンセンサス重視の仕事をする。コンセンサスを得るまでは何時間でも何週間でも何年でも時間をかける。グループの和を重視するためである。
⑪対人コミュニケーションで非言語の使い方に特徴がある。対人コミュニケーションでは，会話であいづちを打ったり，「はー」「そうそう」「うん」「えー」と言ったりする。階層によっても，音やピッチが違ってくる。日本人にとって，笑いはいろいろな意味をもつ。喜んでいるとき，悲しんでいるとき，困ったとき，怒っているときにも笑いの表情をする。笑うことで社会的調和を保とうとする。ホワイト（White, 1989）は，アメリカ人と日本人の英語の会話を分析したところ，日本人が会話に対してより多くフィードバック（すなわちあいづちや「えー」「はー」「そうそう」など）を返していることを明らかにした。ホワイトはこの理由として，文化の影響が強いと結論づけた。
⑫日本人は沈黙を大事にする。会話での沈黙は，日本人の会話の特徴の1つである。沈黙あるいは間をとるのは，しゃべり過ぎることへの不信と相手への共感のためである。日本人がしゃべるときには頻繁に短い間をとる。間にも意味がある。相手を立てる，相手に合わせるためなどといった意味をもつ。沈黙は同意できない，受け入れられない，不愉快などを示すために意図的に用いる場合もある。沈黙の間は適当なレスポンスや意見を考えるために利用されることもある。
⑬日本人は清潔を好む。日本人は清潔を好むことから，匂いのない環境を好む傾向がある。

引用文献

Anderson, P. A. & Wang, H. 2006 Unraveling cultural cues: Dimensions of nonverbal communication across cultures. In L. A. Samovar, R. E. Porter & E. R. McDaniel (Eds.), *Intercultural communication: a reader*. Belmont, CA: Thomson/Wadsworth.

Caudill, W. 1973 General culture: The influence of social structure and culture on human behavior in modern Japan. *Journal of Nervous and Mental Disease*, **157**, 240-257.

Gudykunst, W. B. 1993 *Bridging difference: effective intergroup communication*. Sage.

Ferraro, G. P. 2002 *The cultural dimension of international business* (4th edition). Upper Saddle River, NJ: Prentice Hall. 江夏健一・太田正孝（監訳） 1992 異文化マネジメント―国際ビジネスと文化人類学　同文舘出版　＜本書は原著の 1st.（1990）の訳＞

船津　衛　1996　コミュニケーション・入門―心のなかからインターネットまで　有斐閣

Hall, E. T. 1976 *Beyond culture*. New York: Anchor Books. 岩田慶治・谷　泰（訳） 1993 文化を超えて　新装版　TBSブリタニカ

Hall, E. T. 1983 *The dance of life: the other dimension of time*. New York: Anchor Press/Doubleday. 宇波　彰（訳） 1983　文化としての時間　TBSブリタニカ

Hall, E. T. & Hall, M. R. 1990 *Understanding cultural differences*. Yarmouth, Me.: Intercultural Press.

橋本満弘・畠山　均・丸山真純　2006　教養としてのコミュニケーション　北樹出版

Hendry, J. 1989 *Becoming Japanese: The world of the pre-school child*. Honolulu: University of Hawaii Press.

Ishii, S. 1975 Characteristic of Japanese communicative behavior. Occasional papers in speech. Honolulu: University of Hawaii, Department of Speech.

Kitano, K. & Kitano, S. K. 1987 *Differences of kinetic codes of Americans and Japanese*. East Lansing, MI: Michigan State University.

小坂貴志　2007　異文化コミュニケーションのAtoZ―理論と実践の両面からわかる　研究社

Lebra, T. S. 1976 *Japanese pattern of behavior*. Honolulu: University of Hawaii Press.

Morbach, H. 1988 Nonverbal communication and hierarchical relationships: The case of bowing in Japan. In F. Poyatos (Ed.), *Cross-cultural perspectives in nonverbal communication*. Lewiston, NY: C. J. Hogrefe. Pp. 189-199.

中島　梓　1991　コミュニケーション不全症候群　筑摩書房

Reischauer, E. O. 1988 *Japanese today: Change and continuity*. Cambridge, MA: Belknap Press. 福島正光（訳） 1990 ザ・ジャパニーズ・トゥデイ　文藝春秋

Richie, D. 1987 *A lateral view: Essays on contemporary Japan*. Tokyo: Japan Times.

Ruch, W. 1984 *Corporate communication: A comparison of Japanese and American practices*. Westport, CT: Quarum Books.

Samovar, L. A., Porter, R. E. & McDaniel, E. R. 2006 *Intercultural communication: a reader*. Belmont, CA: Thomson/Wadsworth.

渋谷昌三・小野寺敦子　2006　手にとるように心理学がわかる本　かんき出版

Smith, P. B. & Bond, M. H. 1994 *Social psychology across culture*. UK: Allyn & Bacon.

末田清子・福田浩子　2003　コミュニケーション学―その展望と視点　松柏社

Tylor, E. B. 1970 *The origin of culture*. MA: Peter Smith.

White, S. 1989 Backchannels across culture: A study of American and Japanese. *Language in Society,* **18**, 59-76.

参考文献

Hendry, J. 2003 *Understanding Japanese society* (3rd edition). London: Routledge Curzon.

Jandt, F. E. 1998 *Intercultural Communication: an introduction* (2nd ed.). Thousand Oaks, Ca: Sage Publications.

7章 子どもとコミュニケーション

　この章では，子どもとコミュニケーションと題して，子どもの成長とコミュニケーション，子どもとのコミュニケーションの仕方，子どもの周辺にいる親や家族とのコミュニケーションについて論じる。まずは，子どもを含めた，人の成長過程についてその概要をみてみよう。

1節　人間の成長とコミュニケーション

(1) 人間の成長過程

　われわれ人間は，生まれてから死ぬまで，心身や行動の様式を変化させていく。ここではコミュニケーションに重要な役割を果たすわれわれの成長の過程をみてみよう。
　心理学者のエリクソンの心理社会的発達理論によれば，人間の一生をその発達段階に応じて，次のように分類している（Erikson, 1963, 1994）。

乳児期（0～1歳）：母親が重要な役割を果たし，母親の愛情を受けて，母親を信頼できるという気持ちがもてるようになる時期である。
幼児前期（1～3歳）：両親が重要な役割をもつ。自分の意思で排泄や生活をコントロールすることを学ぶ時期である。
幼児後期（3～6歳）：家族が重要な役割をもつ。自分で考え，自分で行動することを覚える時期。大人は子どもがやろうとすることを見守り育てる時期である。
児童期（6～12歳）：近隣，学校が重要な役割を果たす。やればできるということを体験して，勤勉に努力することを学ぶ時期である。
青年期（12～20歳代半ば）：仲間，集団，リーダーシップのモデルが重要な役割を果たす。自分の性格を認識したり，将来の生き方を探索して自分のアイデンティ

ティを確立していく時期である。
成人前期（20歳代半ば～30歳代半ば）：友情を深めたり，協力したり，場合によっては，競争したりする相手の存在が重要な役割を果たす。特定の異性と親密な関係をもつことで相手を尊重し，また大切に思う気持ちをはぐくむ時期でもある。結婚して家庭をもつことが多い時期でもある。
成人後期（30歳代半ば～60歳代前半）：次の世代の子どもや孫や生徒などに知識，経験，愛情を伝えていく時期である。
高齢期（60歳代後半～）：今までに歩んできた人生を振り返り，自我の統合を図る時期である。

(2) 子どもの成長とコミュニケーション

まずは，乳児期の母親との関係についてみてみよう。

乳児期の母親との関係がその後の人生における人間関係の基礎を構築すると唱えたのが児童精神分析学者であり精神科の医師であったボウルビイ（Bowlby, 1988）である。ボウルビイによれば子どもが順調に成長していくためには，愛情で結ばれた信頼関係が重要であり，この基礎となるのがアタッチメント（attachment）であるとしている。

このアタッチメントは次の4つの段階を経て形成されるとしている。

第1段階（生まれてから生後8～12週ごろまで）：誰に対しても同じような反応を示す時期。笑ったり，じっと見つめたり，そばの人に手を伸ばしたり，ものをつかんだりする。

第2段階（生後12週～6か月ぐらいまで）：特定の相手（母親）にアタッチメント（愛着）をもち始める。特定の人に声をだして反応したり笑ったり，特定の人に愛着を感じるようになる時期。

第3段階（生後6か月～2, 3歳ごろまで）：特定の人に愛着をもち，常にその人と一緒にいたいという態度を示す。特定の人がそばにいないと泣き出したり，近くにいれば笑ったり，身体をよじって近づこうとする。抱きかかえられようとする。

第4段階（3歳ごろ～）：心のなかに特定の人のイメージを思い浮かべて，その人との絆をもち続けることができるようになるため，特定の人が目に入らなくても，自分で遊んだりして，第3段階のように泣き出したりしないようになる。

ここからみえてくるのは，第3段階，すなわち2, 3歳ぐらいまでに母親は赤ちゃんに十分に愛情を注いで，アタッチメントを醸成することに心がけなければならないということである。そして児童期に入り，近隣や学校などで友達や年長者や年少者と

交流することがふえる時期でもある。この時期は友達などと交流することで社会性を構築する重要な時期である。この時期に仲間から拒否されたり，無視されたりすると，青年や成人になったときに学校や社会や会社のなかでコミュニケーションがうまくできず，社会的な孤立や不適応になる確率が高くなると指摘されている（深田，1999）。

　最近では学校が終わっても，塾通いや習い事をする子どもが多く，なかなか思う存分遊ぶことができない。また少子化できょうだいが少なくなり，きょうだいを通じて他の子どもたちと遊ぶこともめっきり少なくなってきた（依田，1996）。広場や公園で遊ぶ子どもたちを見かけることも少なくなってしまった。遊びも昔のような野球やソフトボールや凧揚げや相撲などの戸外の遊びはめっきり減り，電子ゲームなどで家のなかで遊ぶことが多くなった（渋谷・小野寺，2006）。友達と遊ぶといってもみな一人ひとり自分が持ってきたゲーム・マシーンで遊ぶ。言い換えれば体力を使う遊びではなく，頭と手先を使う遊びだ。しかもただ集まっているというだけで，実際は一人ひとりがそれぞれゲームで遊んでいる。お互いに話すこともなく静かにゲームに熱中している。話しながら表現力を磨いたり，説得したりという訓練にはならない。子ども時代にコミュニケーション力を磨くチャンスが少なくなったということがいえよう。このような子どもが成人して，社会にでて，会社員になったとき，はじめて自分のコミュニケーション力のなさに気がつく。そして自分の思っていることや考えていることを十分に相手に伝えることができない悲哀を味わうことになるのである。このように児童期に十分友達と遊んで社会性を身につけることができないと，大人になったときに同僚や上司，得意先の社員とうまくコミュニケーションができなくなる心配もある。コミュニケーション力のなさや社会性の欠如いわゆる人間関係のスキルの欠如から，離職したり，転職を繰り返したり，ひいては社会から逃避する退行現象が起きる可能性もある（牟田，2005）。

　3歳ごろまでの幼児前期までに母親は幼児に十分な愛情を注いでアタッチメントを確立することが大事なことを述べたが，母親の養育の仕方によっては，子どもの性格に違いがでてくると指摘されている（託摩，1967）。たとえば母親が支配的だと消極的，依存的，服従的になり，かまいすぎだと幼児的，受動的，神経質になり，甘やかしすぎるとわがまま，反抗的，幼児的になるなどと指摘されている。服従的だと攻撃的，暴力的になり，拒否的だと反社会的，乱暴，冷淡になると指摘されている。一方子どもに民主的に対応すると，独立的，協力的，素直，親切，社交的になると指摘されている。このことからいえることは，母親が支配的に対応したり，かまいすぎたり，甘やかしすぎるのは控えて，できるだけ民主的に対応することが，子どもの成長には大事だということである。

母親の干渉もほどほどにしなければならない。できるだけ早い時期に子離れ，親離れをしてお互いに自立の道を歩むことを考え実行することが何よりも大事なことである。親はいつまでも子どものことは気になり，「ああしなさい」「こうしなさい」と言いがちである。これは禁物である。しかしだからといって無干渉，無関心でもいけない。お互いに1人の自立した人間としてのつきあいを心がけなければならない。日ごろのコミュニケーションは大事だ。朝の何気ない挨拶や，世間話などは顔をあわせたら心がけるべきだろう。そんな何気ない会話から子どものようすや状態などを読み取ることができる。子どもが今悩んで困っていることを「ぽろっ」としゃべることもある。そのようなときには親は誠意をもって相手になり相談にのってやることだ。そこから親子の会話は自然な形で進展していくだろう。常に温かで心がやすらぐコミュニケーションを心がけるべきである（深田，1999）。

（3） 発達の最近接領域

子どもは，どのようにしてコミュニケーション能力や問題解決能力などの社会的スキルを身につけていくのだろうか。子どもは親や年長者とのかかわりのなかで，コミュニケーション能力や問題解決能力などの社会的スキルを身につけていく。ヴィゴツキー（Vygotsky, 1978）は子どもが自分の力で示すことができる認知能力のレベルと親や教師や年長者の援助で示す認知能力のレベルを区別して，この間のレベルを子どもの発達の最近接領域（zone of proximal development）と定義した。そして効果的な教育は子どもの発達の最近接領域で起こるとした。すなわち子どもが自分でできるレベルよりも少し高度なレベルで教育すると一番効果があり，子どもの能力も伸びていくことを主張したのである。

言い換えれば子どもができることを教育しても，子どもにとっては既知のことであり教育効果はない。だからといって子どもの今の能力レベルで問題を解いたり考えたりすることがおよそ困難なレベルで教育しても，子どもにとっては理解が困難であるし，場合によってはやる気をそいでしまうことになりかねない。子どもの能力をよく把握してそれに見合った教育をすることが重要だということだ。問題解決能力の向上のための教育を例にとり，具体的に説明しよう。親や教師が子どもにヒントや関連の知識を与える。そして場合によっては，例題を解いてみせる。このような親や教師と子どもがコミュニケーション（外的コミュニケーションという）を図ることにより，知識が伝達されるだけではなく，認知や学習のプロセスも伝達される。このプロセスを繰り返し実行することで，子どもの問題解決能力が向上していく。そして子ども自身で問題解決できるようになる。これがすなわち子どもの問題解決のための内的コ

ミュニケーションということもできよう。これは認知・学習プロセスの醸成のためのコミュニケーションである（深田，1999）。このことはコミュニケーション能力の向上の教育にもあてはめて考えることができる。

◀2節▶ コミュニケーションの質と子どもの発達

(1) 友達との交流

　子どもの発達にとって，友達との交流は大切である。友達とは，一般には学校や塾や体操教室などで知り合った同年齢の子ども，または比較的年齢の近い子どもということになる。友達は，身体的な発達度，学力や心理的能力，社会的な経験などが比較的類似していて気が合うといった特徴がある。このような友達とのつきあいを通じて，どのようにつきあったらうまくつきあえるか，どのようにしたら気まずくなってしまうかなどの社会的な能力を経験的に身につけることができる。このほかに友達といえるほどではないが，学校のクラス仲間や塾仲間がいる。親しいつきあいまではいかないが，お互いに言葉をかけ合うとか，一緒に遊ぶとかの交流の機会がある。親しくはないけれども，どのように対応すればお互いに気まずい思いをせずにつきあっていけるかを日ごろの経験をとおして学習していく。

　親と子の関係のように上下の関係ではなく，お互いに対等の関係にある。だから自分の主張だけを相手に押しつけるわけにはいかない。対等だから相手も同じように主張してくる。主張が衝突すれば，言い争いになったり，場合によってはけんかになることだってある。衝突になってはお互い気まずい思いをすることになる。だから衝突が起きないように子どもなりに考える。相手の気持ちを場合によっては尊重しなければならない時もある。遊具が1つしかないとき，どうしても自分が遊びたい。でも友達が使っている。そしてなかなか手放さない。さてこのようなときにはどうすればいいか。無理やり力で取り上げる。これではけんかになってしまう。遊具を自分も楽しみ友達も楽しめる方法を考えなければならない。そこでお互いに話し合う。ここでコミュニケーションが必要になってくる。お互いにその遊具を楽しめるルールを話し合う。そしてお互いに納得できたらそのルールで遊ぶ。これは社会性の能力を開発する力になる。だから友達と遊ぶことは非常に大事なことだ。そして遊んでいるうちに，そのルールもちょっと変えてみる。代わる代わる遊んでいたのを，1回ごとにくじ引きで決めようといった新たなルールを編み出して，また楽しく遊ぶ。ルールは決めたら守るが，変えたければ話し合って変えることもできるのだということも，遊びのな

かから学んでいくことができる。立場が対等だからお互いに主張を述べ合って，お互いに納得が得られたらそのルールに従う。そうすればお互いに楽しく遊べる。そしてそのルールを変えたければ話し合って変えることもできるのだということを友達との交流を通じて学習していく。このようにして将来，大人になったとき役立つような，相手との関係のなかでの身の処し方を学んでいくのである。その場で，どのように行動し，発言したら，お互いに楽しくなるのかを理解し，相手の立場に立った見方もできるようになる。相手の主張も聞けるようになる。いろいろな友達とつきあうことによって，友達にはいろいろな考えをもっている子どもがいて，そういう子どもの声に耳を貸さなければ，うまくことが運ばないということもわかってくる。注意深く耳を貸すことで自分も楽しくなるということもわかってくる。だから友達や仲間との交流はきわめて大切なことと言わざるをえない。

(2) 子どものまわりのコミュニケーション

少年犯罪の多発と凶暴化などの社会不安が年を追うごとに高まっている。これは由々しきことである。特に家族内での殺人事件が平成以降になって増加傾向に転じている（法務省法務総合研究所，2006）。このようなことから家族崩壊が言われるようになり，対策が求められているのである。社会の最小の構成単位である家族が壊れてしまえば，その上に成り立っている社会の崩壊も危惧されるところである。

戦前まではわが国では家父長制が定着して，大家族のもとで家父長（通常，父親）が絶対的な権限をもち，家族はみな家父長の命令に服するのがあたりまえのことであった。家族の構成員はそれぞれの役割をもち，経済的，社会的に強力な絆で結ばれていた。したがっていちいち家族成員の間でコミュニケーションを行う必要もなく，暗黙の了解のもとで共同生活を送ってきたということができよう（深田，1999）。

ところが戦後，アメリカの指導のもとに，戦前の家父長制は崩壊して，平等の旗印のもと，それまでの家族内の秩序は崩れ，新たな家族関係の模索が始まったということができよう。また戦後の経済復興により，大都市，特に東京，大阪などに仕事が集中した結果として，学校を卒業すると同時に集団就職の波に乗って多くの若者が都会にでてきた。そして長年の間に，地方では未来を担うべき若者の数は減少の一途をたどった。また家族の柱である父ちゃんは家計を支えるために都市に出稼ぎにいくことが常態となった。したがって先祖から引き継いできた農業は，かあちゃん，じいちゃん，ばあちゃんにより支えられる，いわゆる3ちゃん農業といわれる状況になってしまった。そして今，農村では過疎化と高齢化が年々進み，耕作放棄地の増加で，農地の荒廃は進んでいる（農林水産省，2007）。

本来，社会は老壮青の程よいバランスからなるのが健全な姿であるのに，働き盛りの父親や若者は都会に出て働き，地方に残されたのは高齢者と学校通いの子どもだけとなっているのが実情である。一方，大都市では，若者が都市にでて，結婚して家庭を構え，いわゆる核家族から構成され，地方からでてきたものどうし，お互いに交流することもなく，それぞれの家庭がそれぞれ孤立した個体として生活しているといってもいいであろう。

　このような外形的な生き方のパラダイム・シフトが急速に社会のなかに浸透していながら，われわれの行動様式は一向に変わっていないというべきであろう。すなわち戦前のあまり言葉を発せずに，暗黙の了解のもとで行動するやり方は依然としてわれわれの心のなかで大きなウエートをもっているといってもいいのではなかろうか。つまり言わなくても相手はわかってくれる，いわゆる「察しのコミュニケーション」（深田，1999）が依然として色濃く残っているといってもいい現状がある。これは家父長制のもとでそれぞれの役割分担をもち，暗黙の了解を念頭に，余計なことを言わずに，一糸乱れず行動してきた様式を基礎にしているといってもいいであろう。このような世界では何も言わなくてもいい。家父長から言われたことをこなしてさえいればいいのである。そうする限りにおいて家父長から怒られることはないのである。このような意識がわれわれの心のどこかに今でも残っているのではなかろうか。

　しかし今や，生活環境は，戦前とは大きく様変わりしたのである。先ほど述べたように生き方が多様化してきたのである。何より生活環境が様変わりした。昔は家父長のもとで，大部屋に共同で生活してきた。だからほかの家族のことを気にしながら生活し，およそプライバシーなどあるはずがなかった。何も言わなくても，それぞれが何をしているかが手に取るようにわかったのである。余計なことを言う必要がないのである。ところで今はどうであろうか。戦後，経済の高度成長のおかげで，国民の生活水準は向上して，生活は戦前に比べて豊かになった。電化製品をはじめとして，パソコンや空調設備なども完備して，快適な生活が送れるようになった。そして標準的な日本の家庭では，子どもも大人も，一人ひとり自分の部屋をもって，プライバシーが保たれた環境で生活している。他のきょうだい，親にも気を使う必要がない。昔はきょうだいの数が多かったが，今はせいぜい1人か2人である。したがってきょうだいどうしの交流も少ない（依田，1996）。このように家庭は核家族となり，隣どうしでつきあうこともなく生活している。つまり家族内の者どうしとも，近隣の家庭とも交流がめっきり少なくなってしまった。交流が少ないということは，コミュニケーションが少ないということである。

　アメリカでは子どもに部屋を与えるが，機会あるごとに親子，きょうだいで言葉を

かけ合うということである。つまり個室を与える代わりに，積極的にコミュニケーションを行い，日常的に意思疎通を図っているのである。ところがわが国では西洋化の波に乗って外形的には西洋の社会のように子どもに個室を与えたのに，家族構成員の交流は家父長制時代の精神構造が色濃く残っている。つまり外形的には西欧化したのに，精神的には戦前のままといってもいいのではなかろうか。

西洋では子どもに個室を与える代わりに，きめ細かに子どもとの交流に努めているのに，わが国では自由放任といってもいい状態である。言わなくてもきっとわかってくれているという察しのコミュニケーションが心の片隅にある。察するのではなく家族といえども意志の疎通を目的とした日ごろのコミュニケーションを頻繁に行う必要がある。

大事なことは，われわれの精神構造を入れ替えることである。外形的に西洋の形をわれわれの生活環境に持ち込んだ以上，その環境に見合った生き方，考え方，見方を研究し，導入すべきは導入しなければならないであろう。考え方や見方，行動様式が戦前のままに置き去りにされているのである。これは家族に限ったことではない。われわれの日常の生活様式すべてにあてはまることである。それは言わなくてもわかってもらえるのではという，いわゆる察しのコミュニケーション心理である。歩道で前を行く人のかかとを踏んでも知らない顔で先を急ぐ。満員電車から降りようとして，「降ります」と一言も言わずに，人をかき分けて降りようとする。優先座席に，我先に席を確保するなど数えあげればきりがない日常の光景がある。今のわが国は，血の通ったコミュニケーションが欠如しつつある状況にあるといえるだろう。吉幾三さんがテレビ番組（NHK　2007年3月2日昼12.20-12.42放送）で35周年記念の曲を披露したが，彼は「ありがとう」「ごめんなさい」が言える人間になろう，そうすればきっと世の中はよくなるだろうと言っていた。まさにこのような小さな行いが，わが国に垣間見えるコミュニケーションの欠如した状況を改善する一歩になるような気がするのである。アメリカでは，人にぶつかれば「すみません」。バスから降りるとき通路を空けてもらえば「すみません」。ささいなことでも，この言葉が自然にでてくる。バスや飛行機で隣の席に座れば気楽に話しかけてくる。われわれにとってはうっとうしく感じることもまれではない。しかしこのようなちょっとした心配りが世の中の潤滑油となり，その場をなごませているのもまた事実である。

(3) 子どもの自立を促進する親と子のコミュニケーション

前項に述べたような，家族のライフスタイルの変化に対応したコミュニケーションを実現するには，親が意識改革をして子どもに接していくことが肝要である。男女雇

用機会均等法の社会への浸透などで，父親はもちろんのこと母親も社会にでて活躍する機会が増大した。この結果，子どもたちと接する機会が少なくなってきたことは確かだろう。子どもたちは，家庭内で個室を与えられて，テレビやゲームで，自分１人で過ごす時間が多くなった。これも家族のコミュニケーションを少なくしている要因だろう。このような変化こそライフスタイルや生活様式の変化といえるものだ。

　このようなコミュニケーションの少ない環境のなかで，子どもたちは第１，第２の反抗期を迎える。第１の反抗期は３歳ぐらいのときといわれる。親への依存状態からの自我の目覚めである。自分の主張をして自分の存在を認めさせようとして，親に，特に母親に反抗する。かわいらしい子どもの反抗といえるかもしれない。

　第１反抗期には，自分の存在を認めてもらおうとして，いろいろ反抗する。この時期に親の力で押さえつけては子どもの自立を妨げてしまう。子どもが言っていることを聞く。そしてよいことはよい，いけないことはいけないと言って聞かせる。幼い子どもの主張にも耳を傾けることだ。このような子どもと親のやりとりのなかから，子どもは子どもなりに成長の糸口を見つけだしていく。親とのやりとりをとおして，子どもの身体と心のコミュニケーションのネットワークが構築されていく。このコミュニケーションのネットワークが，仲間や友達と遊んだり考えをぶつけ合ったりしたときに，うまく調整できる力となる。

　第２の反抗期は14歳から15歳ぐらいの年齢の子どもに起こる。大人への過渡期に起きる親への反抗である。親への反抗を行うことで大人へと精神的にも肉体的にも脱皮しようとする誰にでもある行動である。親の生き方や考え方に反抗し，衝突する，きわめて自然な行動である。このことに親は真摯に取り組まなければならない。力で押さえつけたり，言論で押さえつけてもいけない。子どもの主張に真摯に耳を傾け，じっくり話し合うことが大事である。世の中はそんな甘いものではない，未経験者に何がわかる，何をえらそうなことをいうのかなどと決めつけてはいけない。子どものいうことに耳を傾け，「なるほどそういう考えもあるね。気がつかなかったよ」などと子どもの主張も認めながら，社会の正義や慣習に照らして大事なことは時間をかけて子どもにわかるように，じっくりと話し合うことが大事である。逃げてはいけない。そのような逃げの姿勢をみせれば子どもにはすぐにわかり，親に不信感をもつようになる。親と子の信頼関係を構築することが何より大事である（なだ，1993）。特に父親は仕事の忙しいことを理由にして，子どもの世話をもっぱら母親に任せがちである。どんなに忙しかろうが，子どもにとって父親はあくまでも父親である。自宅にいるときには子どもと積極的にかかわることが大事である。顔を合わせたら声をかける。朝起きたら「おはよう」。帰宅したら子どもに「今日はどうだった。楽しかったか」と

声をかけてやる。このような小さい一言がコミュニケーションの糸口となるのである。親は子どもが中学生くらいになったら、ものごとの道理、公衆道徳、生活の知恵などについて子どもとコミュニケーションを交わし、話し合いに応じてやることが大事である（深田、1999）。

(4) 制限コードによるコミュニケーションと精密コードによるコミュニケーション

コミュニケーションの仕方で子どもがどのような発達を遂げるかみてみよう。コミュニケーションの仕方には2つの方法がある（Bernstein, 1966）。それらは、制限コード（restricted code）と精密コード（elaborated code）によるコミュニケーションの仕方である。制限コードは文法構造が単純で、文や語の数も少ない。したがって限られた文や語を使って表現する。伝えるべき情報を精密に言葉で伝えることはせずに、省略して表現する方法である。あるいは感覚的に表現する。一方、精密コードは文法構造が複雑で、文や語彙の数が豊富である。伝えるべき情報をこと細かに、しかも筋道立てて説明する。論理的思考のできる人に多く使われる傾向がある。

次にわかりやすい例をあげて制限コードと精密コードの違いをみてみよう。子どもから「電車はどうして速く走るの？」と聞かれて、どう答えるか。制限コードによる説明は前述のように限られた文と語彙を使って説明するやり方である。したがって速く走る理由を豊富な文と語彙で説明することはせずに、たとえば、次のような省略した言い方をする。

「電気で動くからよ」

「電車は速く走れるようにできているのよ」

一方、精密コードによる説明は豊富な文と語彙を使って説明するやり方で、たとえば、次のような言い方になるであろう。「電車はモーターの力で動くの。モーターが速く回転してその力で車輪を動かします。電車は、でこぼこのない平坦なレールの上を、車輪が回転していくので、抵抗がなく速く走れるの。一方、自動車は道路の上を走ります。道路はレールと違って、でこぼこしているから、速く走れないの。でこぼこ道を、スピードを出して走ると、がたがたして危険でしょう。だから電車みたいに速く走れないの」などと自動車と比較したりしながら、電車の機能を理路整然と説明することになるであろう。

精密コードを使った説明を聞いている子どもは、説明に文と語の数が多いのと、文と文のつながりがあるので、説明に注意を集中しなければ理解できない。注意力や理解力が育成されることにもなる。

バーンスタイン（Bernstein, 1970）は、英国の中流階級の家庭の子どもは制限コー

ドのほかに，精密コードを習得する機会が多い。一方で下層の家庭では制限コードはもっているが，精密コードを習得する機会は少ない，と述べている。子どもは学校に通って新しい教科の内容を勉強する。教師は新しい教科内容を教えるにあたっては，おもにこれまでに学習した語彙や文を駆使して，新しい言葉や仕組みや概念などを論理的にかつ客観的に説明する。そして進度が進むにつれて，語彙や文の数もふえ，文と文のつながりも複雑になっていく。したがって日ごろ精密コードに接することが多い中流家庭の子どもにとっては，教師の説明を受け入れやすい傾向がある。一方で日ごろ精密コードに接する機会が乏しい下層の家庭の子どもにとっては，説明を受け入れるのが難しいことになる。

引用文献

Bernstein, B. 1966 Elaborated and restricted codes: Their social origins and some consequences. In A. G. Smith (Ed.), *Communication and culture: Readings in the codes of human interaction.* New York: Holt, Rinehart and Winston.

Bernstein, B. 1970 Sociolinguistic Approach to Socialization: With some reference to educability. In F. Williams (Ed.), *Language and poverty: Perspectives on a theme.* Chicago: Markham.

Bowlby, J. 1988 *A secure base: Parent-child attachment and healty human development.* New York: Basic Books.

Erikson, E. H. 1963 *Childhood and Society.* New York: Norton & Company.

Erikson, E. H. 1994 *Identity and Life Cycle.* New York: Norton & Company.

深田博己（編著） 1999 コミュニケーション心理学—心理学的コミュニケーション論への招待 北大路書房

法務省法務総合研究所（編） 2006 犯罪白書 平成18年版 国立印刷局

牟田武生 2005 ニート・ひきこもりへの対応 教育出版

なだ いなだ 1993 親子って何だろう 筑摩書房

農林水産省（編） 2007 食料，農業・農村白書 平成17年版 農林統計教会

渋谷昌三・小野寺敦子 2006 手にとるように心理学がわかる本 かんき出版

託摩武俊 1967 性格はいかにして作られるか 岩波書店

Vygotsky, L. S. 1978 *Mind and Society: The Development of Higher Psychological Processes.* Cambridge, MA: Harvard University Press.

依田 明 1996 希薄化するきょうだい関係と家族—きょうだい論の立場から 家族心理学年報, **14**, 45-55.

参考文献

服部祥子　1989　子どもが育つみちすじ―愛と英知の親子学　朱鷺書房
中谷彰宏　2001　親を教育する62の方法　TBSブリタニカ
田上時子　2000　子どもとのコミュニケーション・スキル―子どものこころが育つ聴き方・話し方　築地書館

8章 対人コミュニケーション

1節 対人コミュニケーションとは

　社会的コミュニケーションの基本は個人 対 個人のコミュニケーションである。ここでは個人 対 個人のコミュニケーションのことを対人コミュニケーション（interpersonal communication）という。3人以上の個人間で交わされるコミュニケーションも広義の意味では対人コミュニケーションに含めることもできるが、ここではより議論をわかりやすくするために個人 対 個人のコミュニケーションに焦点をあてて論じる。

　さて対人コミュニケーションの定義をいくつかみてみよう。ボーチャーズ（Borchers, 1999）は、対人コミュニケーションは他のコミュニケーションと比較することでその特徴が明らかになるとしている。どれだけの人がかかわっているのか、お互いにどれだけ近い関係にあるか、どれだけ多くの感覚器官が用いられるか、そしてフィードバックがあるかなどの視点から比較される。対人コミュニケーションは他のコミュニケーションとは以下の点で違いがあるとされる。すなわち、少ない参加者であること、インタラクションは物理的に非常に近接した場所で行われること、多くの感覚器官が用いられること、フィードバックが即時的であることなどである。また、大事なこととして、参加者の人間関係は問わない、という点があげられている。つまり、親子だろうが、先生と学生だろうが、営業マンと顧客だろうが、どのような人間関係のなかでも、「対人コミュニケーション」が成立する、ということである。ただし専門家によっては、対人コミュニケーションは、お互い知己の間柄で行われるコミュニケーションであって、営業マンと顧客のような、単なるセールスのような活動は含まないとする考えもあると注釈をつけている。

　デビト（DeVito, 1986）は、対人コミュニケーションは次に示す4つの特性を備え

ているとしている。
　①少数の当事者であり，基本は二者間のコミュニケーションをさす。
　②送り手と受け手が役割を交代しながらコミュニケーションが進行する双方向プロセスである。
　③対面状況でのコミュニケーションが基本である。お互いに顔が見えない直接的コミュニケーションや電話でのコミュニケーションもこれに含めることもある。
　④当事者間になんらかの心理的関係が存在すること，すなわち私的で非公式なコミュニケーションである。

対人コミュニケーションは，言語や非言語を用いて行う対人行動である。対人心理学で扱う対人行動には次のような行動がある（深田，1999）。
　①自分のありのままの姿を相手に伝えようとする自己開示行動（self disclosure）
　②自分の特徴を相手に印象づけようとする自己呈示行動（self presentation）
　③相手を納得させながら相手の態度や行動を自分の思うように変えようとする説得行動（persuasion）
　④相手が困っているときに助け船を出す援助行動（help）
　⑤相手を罵倒したり，言い負かしてしまう攻撃行動（attack）
　⑥相手に何かを頼む要請行動（request）
　⑦相手に何かをするように指示する命令行動（order）
　⑧相手に嘘をついたり，だましたりする欺瞞（fraud）

対人行動の原因として作用したり，行動の結果として影響を受ける対人心理には次のようなものがある。
　①対人認知：目的の対人行動を行うためには，まず相手はどんな人間なのか，そして今どのような心理状態（落ち着いている，いらだっている，何かを欲しているなど）にあるのかなど相手について一定の認識を獲得する必要がある。この認識が対人行動を選択するときの判断材料として利用される。
　②対人欲求：相手に対する対人行動を引き起こす原動力になるものであり，親和，支配，服従，などの欲求がある。
　③対人態度：相手に対する行動を決める際に，相手に対してもつ心理的な感情で，相手に好意的や肯定的な感情をもっていれば接近行動を生じ，逆の感情なら回避行動を生じる。

対人コミュニケーションと対人心理，対人行動の関連を示すと図8.1のようになる（深田，1998）。図において，個人Aと個人Bがいる。AはBに対して特定の心理状態にある。一方BもAに対して特定の心理状態にある。AとBがお互いに対人コミュ

```
                ┌─────────────────────────────────────┐
                │       個人Aと個人Bの対人関係        │
                └─────────────────────────────────────┘
        ┌─────────────┐    Bに対する対人行動    ┌─────────────┐
        │   個人A     │ ─────────────────────→ │   個人B     │
        │ ┌─────────┐ │     (対人コミュニケーション)  │ ┌─────────┐ │
        │ │ Bに対する│ │                        │ │ Aに対する│ │
        │ │ 対人心理 │ │                        │ │ 対人心理 │ │
        │ └─────────┘ │ ←───────────────────── │ └─────────┘ │
        │             │    Aに対する対人行動    │             │
        └─────────────┘                        └─────────────┘
```

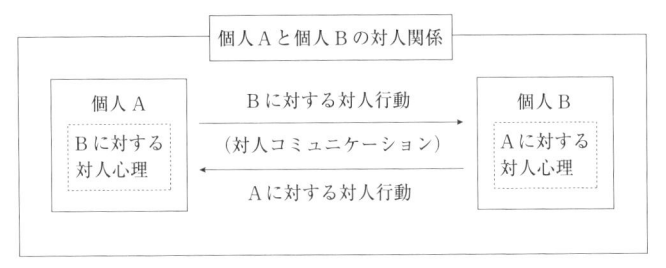

図 8.1　二者間の対人心理，対人行動，対人関係からみた
対人コミュニケーションの位置づけ（深田，1998）

ニケーションにより対人行動を起こせば，そこにAとBの対人関係が形成される。対人関係としては，親和関係，主従関係，師弟関係などが考えられる。

◀2節▶ 対人コミュニケーションの種類

　先に述べたように，対人行動のなかで，言語や非言語メッセージを用いて情報を伝達する行動を対人コミュニケーションという。したがって対人コミュニケーションは対人行動のなかで重要な位置を占める。対人コミュニケーションとしては，自分を他者に知らせるコミュニケーション，自分を他者に印象づけるコミュニケーション，他者を自分が思うように操作するコミュニケーションなどがあり，これらのコミュニケーションを通じて他者との親和の関係，主従の関係，師弟関係などを構築する。そこでここでは，自分を知らせるコミュニケーションである自己開示，自分を他者に印象づける自己呈示，他者を自分の思うように操作するコミュニケーションである対人説得に焦点をあてて論じる。

(1) 自己開示のコミュニケーション

　自分のことを相手に知らせる場合，自分を相手にありのままに知らせるケースと自分に衣を着せて知らせるケースが考えられる。
　自己開示（self disclosure）とは，特定の他者に対して，自分をありのままに知らせる行動で，通常，言語を用いて行われる。なお自分を着飾って相手に知らせる行動が自己呈示であり，やはりおもに言語を用いて行われる。
　自己開示には，どのくらいの範囲で自分のことを話すか，またどの程度詳しく話すかということがある。相手によって話す量と質も変わってくる。範囲については，内面には立ち入らずおもに自分に関する事実のことで，どんな仕事についているか，家

族構成，どこに住んでいるかなどから，もっと内面的なこと，たとえばどんなことに興味があるか，今取り組んでいること，悩み事，友人関係，肉親のことなどまである。初めての相手なら内面には立ち入らず，形式的で事実的なことが中心になるであろうし，何度も会って知己の間柄なら自分の内面的な話も話題にするようになる。場合によっては自分の身の上の相談をもちかけるようなこともあるであろう。初めての相手に自分の身の上話などをもちだしたら，相手はその真意を測りかねたり，怪訝に思ったり，不安に思ったりするかもしれない。相手が驚いて疎遠になるかもしれない。したがって初対面の相手には，注意深く接しなければならない。

ところで自己開示の効果はどのようなことが考えられるであろうか。

1つめは，自己開示することで自分自身に影響を与えることである。まず考えられるのが，相手に自己開示することで，自分の気持ちが晴れるということがある。もやもやした感情を率直に聞いてもらうことで，気持ちがすっきりすることがあることは誰でもが経験することだ（感情の浄化機能（深田，1999））。次に考えられるのが，自分の意見を相手に聞いてもらうことで，自分の考え方が整理されることである。整理して相手に言わなければ相手には理解されない。だから自分の考えをしっかり推敲することで自分の考えがはっきりしてくる（自己の明確化機能（深田，1999））。さらに自分の意見，考えについての相手の反応や評価を聞くことで自分の意見や考えが相手からどのようにみられているのかが客観的に理解できる（社会的妥当化機能（深田，1999））。

2つめは，自己開示することで相手との関係に大きな影響を与えることである。この影響としてあげられるのが，相手との関係がよりいっそう発展していく可能性があることである。自分が積極的に自己開示することで，相手もそれにつられて自己開示するようになる。表面的，儀礼的な関係から始めて，自己開示をお互いに繰り返すことで，より内面的な関係に深化し，信頼関係も構築されていく（相手との関係の深化と信頼関係の構築）。

(2) 自己呈示のコミュニケーション

自己呈示とは，多くの場合，ありのままの自分を相手に示すのではなく，着物を着て着飾るように自分の内面を包んで，自分の情報を調整して，相手に言語的に伝え，特定の印象を与えるようにふるまうことである。

自己呈示の特徴は，意図的にふるまうことにある，言い換えれば自分を調整してふるまうということである。そして自分に対する相手の印象を自分の意図したものにつくり変えるということである。相手が自分に対して悪い印象をもっているなら，それ

を好印象に変えるように意図的に努力する。好印象をもっている相手なら，それをさらに増強するようにふるまう。そのようにふるまうことで相手が好印象をもつだけではなく，なんらかの報酬を自分にもたらしてくれればもっと好ましい。

報酬には，金品のような物理的な報酬のほかに，他者からいい印象をもたれ，昇進に結びついたり，重要な役割を任されたりといった，何かにつけて自分の利益になるような機会がふえることも含まれる（深田，1999）。

さて自己呈示には自己防衛的自己呈示と主張的自己呈示がある。

自己防衛的自己呈示とは，自分の印象がよくない場合に，それをよくなるようにする行動である。例を示そう。

- 自自分が原因で失敗したのに，人のせいにしたり，そのときは体調がすぐれなかったから失敗したのだと言い訳する（弁解）。
- 失敗はそれほど致命傷ではないと開き直る（正当化）。
- 失敗の原因は自分にあると謝罪して，さらなる批判を避ける（謝罪）。

一方，主張的自己呈示とは，自分が他者から好印象をもたれるように，相手に取り入ったり，自分を売り込んだり，恐喝したり，哀願したりして，相手からなんらかの利益を得ようとする行動である。わかりやすい例を示そう。

- 上司に取り入って上司の印象をよくして，あわよくば昇進に結びつけようとする。
- 自分の実績，資格，経験などについて自己宣伝を行い，他者から自分がより好印象をもたれるように努める。
- 恐喝的行動にでて相手をふるえあがらせ，自分の言うことに従わせようとする。
- 献身的な態度で言葉をかけたり，援助したりして，自分はこんな立派な人間だという印象を相手に与える。
- 「自分は貧しい人間だから，どうか助けてください」と言って哀願する。

これらは，いずれも自分が利益を得ようとする行動である。

(3) 対人説得のコミュニケーション

対人説得とは，相手を納得させながら，自分の意図する方向に態度変容を引き起こすことにつなげる行動である。

① 対人説得の手段

他者の態度を変容させる手段には次のようなものがある。

①金品を与えたり，半ば強制的に他者に態度変容を迫るはたらきかけ
②言語，非言語メッセージを使ったコミュニケーションによるはたらきかけ

①のはたらきかけには，被説得者の内面的な受容をともなう説得と，内面的な受け

入れをともなわない要請や命令，脅迫などがある。本書で定義する対人説得とは，「言語や非言語のメッセージを利用して，被説得者が納得して態度や行動を説得者の意図する方向へ変容させる行動」であるので，②のはたらきかけによる態度の変容である。

② 対人説得の特徴

対人説得に使われる手段が説得的コミュニケーションで，その特徴は次のようである。

①非言語を補助的手段とした言語コミュニケーションを使って行われる。
②被説得者の内面の態度を変容させ，被説得者を自分が意図したような行動に結びつける。
③被説得者が納得して内面の態度を変容するまで説得を繰り返し行い，同時に説得の根拠も示す。
④説得者が説得しようとして意図的に行われるコミュニケーションである。

次に理解を助けるために，わかりやすい例を示そう。

会社の上司が部下に命令したり指示したり，場合によって上司であるという立場を利用して強引に自分の意図するように部下の行動を誘導するのは説得ではない。上司であっても部下に命令の趣旨をきちんと説明して，部下が納得するまで議論を重ねる。そして部下は納得して仕事を始める。このように説得的な指示なら部下もその指示の意図を理解したうえで，一生懸命働き，結果的に大きな成果を得ることができるだろう。指示の趣旨を部下に十分に説明せずに命令すれば，部下はその命令に従って作業はするだろうが，けっして満足いく結果は得られないだろう。したがって説得するということは大きな意味をもつことになる。

このように説得とは，相手の気持ちを変えること，そして相手が，自分の意図を理解し納得したうえで，行動に移すことがねらいである。説得にはおもに言語が使われる。それを補強するために身振り，手振り，図面などの非言語が用いられることもある。説得には自分の考えを相手にわかりやすく説明することが求められる。説明するだけでなく，相手の質問や疑問に真摯に耳を傾け，相手が十分理解することが大事である。説得とはあくまで説得する側が行うものである。説得は説得者と被説得者と説得内容（メッセージ）からなる。説得の効果は説得した直後が最大で，日が経つにつれて小さくなっていく。そしていずれは消滅するのがふつうである。

ケルマン（Kelman, 1961）の態度変化の3過程理論（Theory of Three Processes of Attitude Change）によると，説得のときに現れる態度変化として，①内在化（被説得者の価値体系が説得者の主張と一致する場合に，非説得者がその主張を受け入れたいと動機づけられているときに生じる態度の変化で，説得者の主張が移入される），②

同一化(被説得者が説得者の主張に好意的であるときに動機づけられる態度の変化で,その移入された主張が自分のなかで十分に消化され,自分のものになる),③追従(説得者から好意的反応を得ようと動機づけられているときの態度の変化で,説得者の主張に従って考えたり行動したりする)の3つがあるという。被説得者に,このような態度変化をもたらす説得者の資質として,信頼性,能力,統制力があげられている。つまり説得する人物が信頼できるか,また能力があるか,統制力があるかなどを被説得者はみたうえで,説得に応じるかどうかを判断している,というのである。したがってこのような資質が欠如していれば,被説得者は容易には説得に応じないことになる。説得されるほうも冷静に説得者の資質をみているといえるのである。

③ 説得する内容の伝え方

　説得する内容,すなわちメッセージをどのように伝えるかによって,説得の効果に違いがでてくる。肯定的なこと,あるいは好ましいことだけを伝えるか,否定的なこと,あるいは好ましくないと思われることまで伝えるかという視点がある。たとえば営業マンがオール電化をPRしようと顧客を説得するときに,その商品の「熱効率がよい。ガスを使うとガスと電気の基本料金がかかるが,オール電化にすれば1つになりお得。フロン・ガスを使わないので環境にやさしい。火を使わないから安全」などと顧客にとって好ましいことだけ伝える方法と,それだけではなく,「オール電化で電磁波の人体への影響はいまだはっきりしたデータはないが,その影響について指摘する人がいることも確かだ」というような好ましくないと思われる点もきちんと説明するという2つの方法がある。前者は説得内容の一面的な呈示であり,後は両面的な呈示といわれる。

　被説得者の教育程度や知的水準が高い,説得内容についての知識をたくさんもっている,あるいは説得内容に対して否定的な考えをもっているような場合には,肯定的なところだけではなく否定的に思われるところも呈示したほうが,効果的である(深田,1999)。

　さらにメッセージの伝え方として,結論を呈示する方法と,結論は被説得者の判断に委ねる方法がある。結論が簡単に推論できるような場合,被説得者の知的レベルが高い場合,あるいは被説得者が結論に関与しているような場合には,結論は言わないで,被説得者の判断に任せたほうが効果的である(深田,1999)。

　例を述べよう。営業マンがA社のパソコンとB社のパソコンを紹介しているシーンを考えよう。A社は機能が豊富であるだけに複雑で,価格は高い。一方,B社の商品は,機能は限られているが,使い勝手はよく,しかも価格はA社の商品よりかなり安いとしよう。このとき被説得者がパソコンについて詳しい知識をもっているなら,

パソコンの機能，性能や価格などの事実関係だけ説明して，どちらを選択するかは被説得者に任せたほうがよい。自分で十分判断できる能力をもっているから，結論は被説得者に任せる。

　一方，被説得者がパソコンの初心者で，パソコンの知識や経験はなく，どのパソコンにするか悩んでいるとしよう。このようなときには，営業マンはまず顧客にパソコンで何をやりたいのか，じっくり聞くことが大事であろう。顧客がパソコンを何とか使えるようになりたいということであるなら，営業マンとしては「B社のパソコンがいいのではないかと思います。そしてパソコンに慣れてきて，さらに高度なことをしたくなったときに，改めて検討したらいかがでしょう」と答えるのが妥当であろう。

　説得者が被説得者を説得するためには，説得者の資質だけではなく，被説得者の資質や受け入れ態勢も大事であるということである。被説得者が説得内容をよく理解できれば説得できる可能性は高くなる。被説得者が説得内容を理解できなければ，説得しても徒労に終わる場合が多くなる。また説得を受け入れる気持ちがまったくといっていいほどなければ説得してもむだなことである。

　ところで説得されやすいかどうかを示す用語に，被説得性がある。被説得性は，被説得者の教育程度や知的水準のほかに，誰が説得するかにより違いがでてくる。一般に被説得者の教育程度や知的水準が高いと，メッセージを処理する能力は大きくなる。しかし教育程度や知的水準が高いと，判断能力もあるために，受け入れやすさは減少する。つまり安易にメッセージを受け入れるようなことはなく，十分吟味して，教育程度や知的水準に照らして受け入れるに値するメッセージだけ受け入れる傾向がある。

　これに対して，教育程度や知的水準が低い場合には，十分にメッセージを吟味するのに必要な知識がないため，言われるままに簡単にメッセージを受け入れてしまう傾向が強くなる。これとは矛盾した傾向として，メッセージを処理する能力が小さいために，説得に時間がかかるということもでてくる。

　一方，特定の説得者からの説得や特定のメッセージを受けたときに，一般的な説得に比べて，説得されやすかったり，逆に説得されにくかったりすることがある。たとえば，尊敬している先輩の話なら説得を受け入れるのに，親の話にはいっさい耳を貸さないような場合である。先にも述べたように，説得者が説得内容のいい面だけではなく，そうでない面も同時に呈示することで，被説得者が説得を受け入れやすくなる場合もある。説得にあたって，被説得者にある程度の自由裁量の余地を残しておくと，被説得者が説得を受け入れやすくなる場合もある。たとえば営業マンが「当社の展示会があるので，ぜひご来場ください」と説得するときに，特定の日時を指定せずに，

開催期間だけを伝えて，展示会に行く日取りの決定は被説得者に任せたほうが，展示会に行ってくれる可能性が増す。

一方，被説得者が他者の前で，「この展示会には行かない」と言ってしまった後に説得しても，被説得者を説得できる可能性は少ない。なぜなら他者の前で公言してしまったことを翻すのは，相当な勇気がいるからである。公言を翻したら，他者は自分のことを「いい加減だ，嘘つきだ」と思うのではと恐れるからである。説得する前に，被説得者にあらかじめ，誰か第三者（被説得者の知人や信頼をおいている人など）を通じて，説得が有利になるように予備的な情報を与えておくと説得しやすくなる場合もある。

一方，自分の権利が侵害されたと感じたときに，それに抵抗する動きをする傾向もでてくる。どの講義を受講するか考えている学生がいるとしよう。この学生は，もともとはA授業をとるつもりでいたのに，友人に「A授業はとったほうがいいよ」と言われ，自分の選択の権利を侵害されたと感じて，その授業を受講するのをやめてしまうということがある。これは心理的リアクタンス理論（Theory of psychological reactance）の一例といわれる。この理論（Brehm, 1966）は「説得者が被説得者の態度変容を迫ったときの被説得者の抵抗」を説明する有力な理論である。この理論では，被説得者が説得方向に圧力をかけられると，態度決定の自由を脅かされたと感じて，説得内容に沿った態度をとらないことで自由を回復しようとする動きにでると説明する。

引用文献

Borchers, T. 1999 http://www.abacon.com/commstudies/interpersonal/interpersonal.html
Brehm, J. W. 1966 *Theory of psychological reactance.* New York: Academic Press.
DeVito, J. A. 1986 *The interpersonal communication book* (4th edition). New York: Harper and Row.
深田博己　1998　インターパーソナル・コミュニケーション―対人コミュニケーションの心理学　北大路書房
深田博己（編著）　1999　コミュニケーション心理学―心理学的コミュニケーション論への招待　北大路書房
Kelman, H. C. 1961 Processes of opinion change. *Public Opinion Quarterly,* **25,** 57-78.

参考文献

安藤清志　1994　見せる自分／見せない自分―自己呈示の社会心理学　サイエンス社
DeVito, J. A. 1995 *Interpersonal Communication Book* (11th edition). Allyn & Bacon.

船津　衛　1996　コミュニケーション・入門―心のなかからインターネットまで　有斐閣
橋本満弘・畠山　均・丸山真純　2006　教養としてのコミュニケーション　北樹出版
斎藤　勇　2006　日本人の自己呈示の社会心理学的研究―ホンネとタテマエの実証的研究　誠信書房
渋谷昌三・小野寺敦子　2006　手にとるように心理学がわかる本　かんき出版
Schutz, W. 1958 *Firo: A three dimensional theory of interpersonal behavior.* New York: Rinehart.

9章 集団のコミュニケーション

　まず集団についてのとらえ方を整理してみよう。
　ターナー（Turner, 1982）によれば，集団を「2人あるいはそれ以上の個人が，自分たちを同じ社会的範疇の成員と知覚するとき，集団が存在する」と定義した。これを受けて，ブラウン（Brown, 1988）は集団を「2人またはそれ以上の人びとが，自分たちを集団の成員であると定義し，そしてその集団の存在が少なくとも1人の他者によって認識されたときに，集団が存在する」と定義した。このほかにも集団について，種々の定義がなされている。それらのいくつかをみてみよう。
　大田ら（1994）は，集団をなんらかの構造をもち，全体として行動する人びとの集まり」ととらえている。また深田（1999）は「集団とは単なる群集のような人の集まりではなく，そのなかにいる人びとの間でなんらかの心理的あるいは機能的なつながりをもった人の集まり，としている。このように集団について種々の定義やとらえ方がなされている。ここでは，「そこにいる2人以上の人びとが，自分たちを集団の成員であると知覚し，なんらかの心理的あるいは機能的なつながりをもち，その集団の存在を外の人から認識されたときに，集団が存在する」と考える。ここではコミュニケーションの立場から集団をみる。集団内のコミュニケーション・ネットワークにより，目標達成，時間効率，成員の満足度などへの影響，コミュニケーションをとおした集団の社会的影響や集団の成極化現象などについて述べる。

◀1節▶ 集団内のコミュニケーション・ネットワーク

（1）リービットの研究

　集団内のコミュニケーション・ネットワークの違いは，集団内の目標達成，達成するための時間的効率，成員の満足度，リーダーシップなどの集団の特性に影響を与え

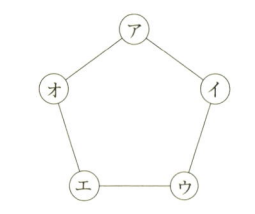

図 9.1　円形のネットワーク
　　　　（Leavitt, 1951）

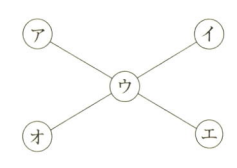

図 9.2　車軸形のネットワーク
　　　　（Leavitt, 1951）

図 9.3　鎖形のネットワーク
　　　　（Leavitt, 1951）

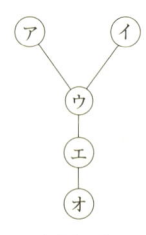

図 9.4　Y字形のネットワーク
　　　　（Leavitt, 1951）

るといわれる。集団のコミュニケーション・ネットワークの違いによって集団の特性にどのような影響を与えるかの先駆的研究にリービット（Leavitt, 1951）の研究がある。

　リービットは5人から構成される4種類のネットワークを作り，与えられたタスクを実行するために必要な時間，どれだけのメッセージをやりとりするか，すなわちコミュニケーションの頻度，エラーの発生頻度，リーダー的存在がでてくるかどうか，成員の満足度などを実験により評価した。リービットが実験に用いたコミュニケーション・ネットワークを図9.1から図9.4に示す。

　リービットの実験は次のようである。5人の実験参加者を木製の衝立で仕切られたテーブルのまわりに着席させた。衝立には実験参加者の間でメッセージを投函する穴が開いている。この投函口にはメッセージがやりとりできるようにドアがついている。4つのコミュニケーション・ネットワークに応じてドアが開閉される。たとえば車軸形では，中心にいる実験参加者は他の実験参加者と自由にメッセージが交換できるのに，他の実験参加者は中心の実験参加者を経由しないとメッセージのやりとりができないように制御される。

　この実験の課題は「6種類のマークが書かれた1枚のカードが5人の実験参加者に渡されるので，そのなかからみなに共通のマークを見つけること」である。このときの条件は衝立にある穴を通してメッセージを交換することである。

円形のネットワークでは，メッセージのやりとりを隣のノードを介して行う。実験の結果，みなが平等で，リーダー的存在は確認されなかった。車軸形では，ア，イ，エ，オは常にウを介して，メッセージをやりとりする。実験の結果，ウが中心的役割を演じた。鎖形では，隣のノードを介してメッセージをやりとりする。実験の結果，鎖の中心にいるウがリーダー的役割を演じることがわかった。Y字形では，アとイはウを介して，オとエはアまたはイとやりとりするにはウを介して，メッセージをやりとりする。実験の結果，ウが中心的役割を演じた。
　この実験では，処理速度，メッセージのやりとりの数，エラーの数，リーダーの出現の確率，タスクの効率化の可能性，成員の満足度などが評価された。リービットによれば，実験の結果次のようなことが判明したとしている。
　①処理速度
　車軸形とY字形が，円形や鎖形に比べて，平均すると処理速度が速い。車軸形，Y字形ともに車軸の中心，Y字形の結合点まで他のノードから1つまたは2つしか離れていないので，各実験参加者がより速く情報を共有できることが，処理速度の速い原因と分析している。
　②メッセージのやりとりの数
　タスクを遂行するために必要な情報や知識のやりとりのために要したメッセージの数は，車軸形とY字形が最小となった。鎖形はその次で，円形はより多くのメッセージのやりとりを要した。
　③エラーの数
　車軸形，鎖形，Y字形は与えられたタスクを実行するのに最小のエラーですんだ。一方円形は最もエラーが多かった。つまり，中心化された構成のネットワーク，すなわち車軸形，鎖形，Y字形では，分散化されたネットワーク，すなわち円形に比べて課題の間違いは少なかった。
　④リーダーの出現確率
　円形，鎖形，Y字形，車軸形の順番で，後者ほどリーダーが出現する確率は高くなり，誰がリーダー的存在かという認識も同じように高くなる。
　⑤タスクの効率化の可能性
　円形と鎖形の実験参加者はもっとタスクの遂行を効率化できるのではないかという感想をもった。一方車軸形とY字形ではもうこれ以上効率化はできないという感触をもった。
　⑥成員の満足度
　円形の満足度が最も高かった。次に鎖形，Y字形で最後は車軸形であった。これは

表 9.1 コミュニケーション・ネットワークの違いによる特性比較

種類	円形	車軸形	鎖形	Y字形
処理速度	遅い	速い	遅い	速い
メッセージのやりとりの数	多い	少ない	やや多い	少ない
エラーの数	最大	最小	最小	最小
リーダーの出現の確率	低い	高い	中程度	やや高い
タスクの効率化の可能性	もっと効率化できる	これ以上効率化できない	効率化できる	効率化できない
成員の満足度	高い	低い	やや高い	やや低い

グループ内での実験参加者のもつ平等な感覚である。分散化されたネットワークでは他から取り残されたという感覚はなかった。車軸形やY字形では，中心位置にいる成員に情報が集まり，他の成員からは満足感は得られなかった。

　以上がおもな結果だが，この評価で得られた結果をまとめて示すと表9.1のようになる。

(2) ショーの研究

　ショー（Shaw, 1964）はコミュニケーション・ネットワークを用いた実験から，タスクの実行に関する処理時間やエラーなどの結果が課題の性質で違うことを見出した。課題が単純なものであれば，車軸のように中心化されたネットワークのほうが処理速度やエラーの発生の点ですぐれた結果が得られたが，算数問題や文章構成や討論タイプの課題では円形のような分散化されたネットワークのほうがすぐれた成績が得られた。難しい問題を解くには統合されるべき多数の情報が必要であることを示した。この情報の統合機能は，中心化されたネットワークでは，中心の1人に集中する傾向があり，この人物に認知的な過負荷状態をつくり出し，集団パフォーマンスの低下をもたらす結果となった。一方分散化された円形のネットワークでは成員の間で多数のメッセージがやりとりされるものの，負荷が各成員に分散され，結果的に他に比べて処理速度が速く，満足のいく結果が得られた。また中心化されたネットワークでは，中心の成員に責任や負荷が集中し，成員の一体感や他の成員のモラルの低下を来たす結果となった。

　このようなフォーマルな構造とは別に，成員はインフォーマルなネットワークをつくり情報の伝達をしていることが認められる。人間である以上，お互いに好き嫌いの関係も無視できない。また馬が合う，合わないといった感情があることも確かである。

集団内のフォーマルなネットワークの裏で、どのようなネットワークが構成されているのかを把握することは、組織の運営に欠かすことができないといわれている。

(3) モレノの研究

モレノ（Moreno, 1934）は成員間のインフォーマルな関係をソシオグラム（図9.5）として、集団の成員間の好き嫌いの関係で示すことで、集団が派閥や小集団で構成されていることや、集団内で孤立しているものや拒否されているものの存在を視覚的に示し、集団の運営上の問題点の把握に役立つことを示した。ソシオグラムの基本要素を図9.5に示す。

図9.5①は左のノードが右のノードに好意をもっている、②はお互いに好意をもっている、③は左が中央に、中央が右にそれぞれ好意をもっている、④はまわりの各ノードが中央に好意をもっている、⑤は線で結ばれたものどうしがお互いに好意をもっているようすを示している。

図9.6で具体的にみてみよう。AはBとCとEから好意をもたれている、BとCはお互いに好意をもっている、EとFはお互いに好意をもっている、DはEとFに好意をもっているが、DはAとEから嫌われているようすが示されている。このようにしてコミュニケーションの背後にある人間関係を顕在化することができる。

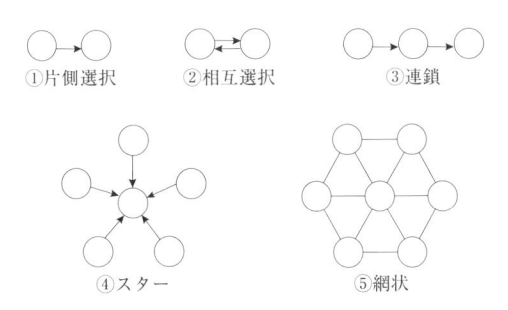

図9.5　ソシオグラムの基本要素（Moreno, 1934）

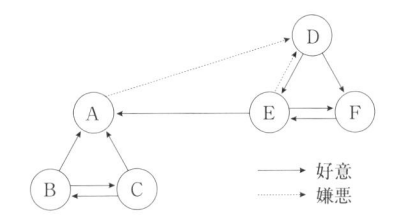

図9.6　ソシオグラムによる集団のインフォーマルな関係

2節 集団の社会的影響

　個人は基本的に自由で独立な存在である。しかし集団に所属すると成員の態度や行動に斉一性がみられることが知られている。すなわち集団内の同調現象がみられるのである。しかし過去20年にわたる研究で，少数派が特定の行動をとることで多数派の意見を変更することもあることがわかってきた。これが少数派の力あるいはマイノリティ・インフルエンスといわれるものである。そこでここではコミュニケーションによって集団内の同調行動を引き起こす多数派の力および少数派の力について述べる。

(1) 多数派の力

　アッシュ (Asch, 1956) は，多数派の力を示す実験を行った。その実験とは次のようなものである。実験参加者は数人が待機している実験室に案内された。じつは待機していた実験参加者はみなサクラだった。標準の刺激である1本の線分と比較刺激である3本の線分が示された。課題は比較刺激のなかから標準刺激と同じ線分を見つけることであった。最初の2回の試行では，サクラは正しい答えを言った。3回めから11回めまではサクラはみな明らかに間違っている答えをした。しかもみんな一致して自信たっぷりに間違った答えをした。実験参加者を次々に変えて実験したところ，実験参加者の4分の3が少なくとも1回はサクラに同調して，間違った答えをだした。結果的には全体の試行のうち30％がサクラに同調して間違った答えをだしたということである。このような結果になった理由を聞くと，次のような答えが返ってきたという。実際にサクラの答えが標準刺激と同じように見えることはあまりなかったが，サクラがそのように答える背後には何かあるのではと勘ぐり，自信をなくし，サクラのいうとおりに答えたということだった。また別の実験参加者は，自分だけが違っていると思われたくなかったので，サクラと同じ行動をとったと答えた。

　なぜこのような同調行動が起こるのだろうか。フェスティンガー (Festinger, 1950) は同調行動を引き起こす圧力について次のように説明している。フェスティンガーは個人が集団内の多数派から影響を受ける2つの強力なプロセスがあることを提案した。その1つは自分の信念や考えが集団の誰かと一致しているようにみえるならば，自分の信念や考えが実在のものと不一致ではないという再確認になると考えた。そして再確認機能が集団内の斉一性をもたらし，それを維持しようと同調行動をとることになると結論づけた。同調行動を決定する第2の要因は，なんらかの集団目標の存在

である。目標がはっきりしていれば，集団の成員の行動になんらかの斉一性をもたらし，同調行動に導くことになる。

レヴィン（Lewin, 1965）は，集団内の成員の態度変容を引き起こす方法を証明した。レヴィンは健康教育の一環として，栄養豊富な牛の内臓を調理するテーマを取り上げ，栄養士による講義と集団討議を行った。集団討議で調理することを誓って挙手による集団決定を行ったグループと単に講義を聴いたグループについて，その後実際に調理したかどうか調べたところ，前者は3分の1近くの成員が調理したのに，後者はわずか3％に過ぎなかった。この実験結果は，集団決定が同調行動を引き起こす誘因になることの1つの証左であろう。

(2) 逸脱者がいるときのコミュニケーション行動

シャクター（Schachter, 1951）は，多数派とはかけ離れた意見を取り続ける少数派または個人が集団内にいる場合に多数派のコミュニケーションがその少数派や個人の説得に振り向けられることを見いだした。

フェスティンガー（Festinger, 1950）は，少数派や個人の意見と多数派の意見の差異が大きければ大きいほど，多くの説得のコミュニケーションが行われると予想し，説得の試みが不調に終われば，多数派は少数派や個人に嫌悪感をいだき，極端な場合には，集団から彼らを追放すると仮定した。

シャクター（Schachter, 1951）はこのフェスティンガーの仮説を実験的に検討した。コミュニケーションの頻度について，次のような実験をした。実験集団に3人のサクラを入れる。①1人は逸脱者の立場，②もう1人は最初は逸脱者の立場をとるが，討論が3分の1を超えたあたりから，賛成の立場に転向する。③最後の1人は最初から賛成の立場をとるようにした。実験の結果次のことが判明した。

①に対しては討論を重ねるにつれて，コミュニケーションの頻度が増大した。②に対しては，最初はコミュニケーションがあったが，賛成に転じたころからコミュニケーションの頻度は減少した。③に対しては，最初から最後までコミュニケーションはほとんどなかった。さらに多数派にとって，集団の成員として望ましい順序は上位から示すと，③，②，①の順となった。①については多数派のなかには嫌悪をいだくものもあったという。

(3) 少数派の影響

少数派が多数派に影響を与えるのが少数派の影響（マイノリティ・インフルエンス：Minority influence）である。

これには2つの方法がある。1つは会社のトップからの方針の提示で、会社が1つにまとまって、その実現に努めるような場合である。会社の方針転換をするような場合に、役員はじめ社員が現状を維持したい、なぜ今方針変更しなければならないのかといって反対する。しかし社長は会社の生き残りのために方針転換を打ち出して、役員や社員をその方針に従わせるような場合である。みなが方針転換には反対だが、社長のいうことならやむなしといって、抵抗をやめる。これが上からのアプローチである。ホランダーの方略（渋谷・小野寺，2006）ともいわれる。

　もう1つは下からのアプローチがある。モスコビッチの方略（渋谷・小野寺，2006）ともいわれる。モスコビッチら（Moscovici et al., 1985）は、少数派の影響を調べるため、次のような実験を行った。最初の実験は、4人の実験参加者の集団に2人のサクラを入れ、「ブルー」のスライドを一貫して「グリーン」と答えさせ、4人がどのように答えるかを調査した。別の実験では、サクラは一貫した行動をとらず、時どき4人の実験参加者と同じように「ブルー」と答えた。

　この結果、最初の実験では、実験参加者の全反応数の8％強が「グリーン」と答えた。別の実験での実験参加者の全反応数の1％が「グリーン」と答えたことを考えれば、サクラが実験参加者の判断に影響を及ぼしたといえる。このことは少数派が2倍の人数の多数派に影響を与えたことを示している。この点からみれば、一般的には多数派が少数派より優勢であるという視点とは対照的に、少数派が多数派の判断になんらかの影響力を及ぼしたことに注目しなければならない（Brown, 1988）。

　たとえば、会社である小グループが新しい製品やシステムを開発したとしよう。しかしこれは今までの会社の製品やシステム開発戦略に合致しない異質なものだったとすると、会社の大多数の社員の了解を得ることは難しい。社長も反対するだろう。しかしこれを開発したグループの成員がその製品やシステムを会社の将来にとって非常に重要な商品になるに違いないといって、粘り強く訴える。周辺から、「だめだ、だめだ」と言われても執拗に説得する。そのうちにそのグループの熱意に負けて、その製品を会社の商品の1つとして市場に販売することにでもなれば、グループという少数派が会社を動かしたことになる。

◀3節▶ 集団の意思決定における成極化現象

　集団の意思決定の最も一般的な問題は個人の意思と集団の統一見解との間にどのような関係があるかということである。

　ストーナー（Stoner, 1961）は次のような実験を行った。浪人生活を覚悟しても一

流大学をねらうか，それとも合格確実な大学にするか，給与は多くないが安定した大企業で過ごすか，将来重役になる可能性の高い新設の子会社に移るかなどの人生の岐路の課題を12場面設定した。子会社については今後の成功の確率がしめされ，どの程度の成功確率なら子会社に移ってもよいかも答えさせた。実験参加者は98名の学生で，このような相談を受けたときに，どのようにアドバイスするかについて答えさせた。まず最初に課題に個人で答え，次に6名ずつのグループに分けてグループでの討論を行わせ，その後，再度個人に答えさせた。グループ討論後の個人の答えは討論前の個人の意見より危険度の高い大胆な意見が多くなった。つまり成功の確率が低くても挑戦すべきという答えがふえたのである。

　さらにモスコビッチとザバローニ（Moscovici & Zavalloni, 1969）は，ストーナーと同じような手続きを用いて，ド・ゴール大統領やアメリカ合衆国に対する態度をたずねた。実験参加者は高校生で，「ド・ゴール大統領は高齢のため，困難な政治の仕事をこなせない」などの12項目，「アメリカの経済援助は常に政治的圧力をかけるためだ」などの11項目について賛成から反対まで7段階で答えさせた。その結果，討論前の個人の答えが賛成であれ反対であれ，好意的であれ非好意的であれ，集団討議によってより優勢な方向にシフトすることがわかった。このように集団討議によって最初に優勢であった立場がいっそう強められたり，危険度の高いほうにシフトする現象を集団成極化という。

　この現象を裏づける原理としては，サンダーズとバロン（Sanders & Baron, 1977）の社会的比較理論とバーンスタインとビノカー（Burnstein & Vinokur, 1977）の説得的根拠理論があげられる。社会的比較理論によれば，集団討論のプロセスを通じて，社会的価値が顕在化して，同時にその価値に沿って成員の位置づけが明らかになる。集団討論のなかで価値がどこにあるかという視点からコミュニケーションが行われて，その過程で成員の意見が価値の高い方向にシフトしていく。ストーナーの例では挑戦することを美徳とするアメリカ社会の潜在的価値観がコミュニケーションの過程で顕在化し，集団内の成員の判断に影響したと考えられている。

　一方説得的根拠理論では，決定的な要因として考えられることは，意思決定に先立って行われた情報と論拠の交換である。コミュニケーションを通じて，各成員がもっていた賛成と反対の論拠がすべて明らかになり，成員全員に共有される。このとき通常，賛成と反対が拮抗することはありそうにない。どちらかが論拠の質と量で優勢になる。そうすると成員は優勢なほうにシフトすることになるというのである。

引用文献

Ash, S. E. 1956 Studies of independence and conformity:I. A minority of one against a unanimous majority. *Phycological Monographs,* **70**(a), 1-70.

Brown, L. 1988 *Group processes Dynamics within and between groups.* Basil, Blackwell Limitted. 黒川正流・橋口捷久・坂田桐子（訳）　1990　グループ・プロセス—集団内行動と集団間行動　北大路書房

Burnstein, E. & Vinokur, A. 1977 Persuasive argumentation and social comparison as determinants of attitude polarization. *Journal of Experimental Social Psychology,* **13**, 315-332.

Festinger, L. 1950 Informal social communication. *Psycological Review,* **57**, 271-282.

深田博己（編著）　1999　コミュニケーション心理学—心理学的コミュニケーション論への招待　北大路書房

Leavitt, H. J. 1951 Some effects of certain communication patterns on group performance. *Journal of Abnormal and Social Psychology,* **46**, 38-50.

Lewin, K. 1965 Group decision and social change. In H. Proshansky & B. Seidenberg (Eds.), *Basic studies in social psychology.* New York: Holt Rinehart and Winston.

Moreno, J. L. 1934 *Social networks and aggresive behavior: Peer support or peer rejection?* Nervous and Mental Disease Publishing Co.

Moscovici, S., Mugny, G. and Avermaet, E. (Eds.) 1985 *Perspectives on minority influence.* Cambridge: Cambridge University Press

Moscovici, S. & Zavalloni, M. 1969 The group as a polarizer of attitudes. *Journal of Personality and Social Psychology,* **12**, 125-135.

大田信男・他　1994　コミュニケーション学入門　大修館書店

Sanders, G. S. & Baron, R. S. 1977 Is social comparison irrelevant for producing choice shift? *Journal of Experimental Social Psychology,* **13**, 303-314.

Schachter, S. 1951 Deviation,rejection and communication. *Journal of Abnormal and Social Psychology,* **46**, 190-207.

Shaw, M. E. 1964 Communication networks. In L. Berkowitz (Ed.), *Advances in Experimental Social Psychology.* vol. 1. New York: Academic Press.

渋谷昌三・小野寺敦子　2006　手にとるように心理学がわかる本　かんき出版

Stoner, J. A. F. 1961 A comparison of individual and group decisions including risk. Unpublished thesis. Massachusetts Institute of Technology, School of Management.

Turner, J. C. 1982 Towards a cognitive redefinition of the social group, In H. Tajfel (Ed.), *Social Identity and Intergroup Relations.* Cambridge: Cambridge University Press.

参考文献

Bion, W. R. 1961 *Experiences in groups, and other papers.* London: Routledge. 池田数好（訳）　1973

集団精神療法の基礎　岩崎学術出版社

Wallach, M. A. et al. 1962 Group influence on individual risk taking. *Journal of Experimental Society Psychology,* **65**, 75-86.

10章 マス・コミュニケーション

　マス・コミュニケーションはわれわれの生活にかかわる幅広いトピックスを扱い，その情報の流布によって，われわれの生き方や行動様式などに大きな影響を及ぼしている。とりわけわれわれの生活にとって重要な意味をもつのは，マス・コミュニケーションによってもたらされる情報が，われわれの諸活動にとって大切な情報源となるからである。このようにわれわれにとって切っても切れない関係にあるマス・コミュニケーションについて述べる。

1節　マス・コミュニケーションの特徴

　南（1971）は，マス・コミュニケーションを「コミュニケーションの送り手と伝達の仕方とその送り内容，それを受け取る受け手の反応と社会的影響の総体」と定義している。送り手，メッセージ，チャンネルと受け手だけではなく，マス・コミュニケーションに関連する動き全体をとらえた形でマス・コミュニケーションを定義しようと試みている。マス・コミュニケーションの構成要素として，送り手をあげているが，直接受け手に伝える送り手だけではなく，企画者や製作者なども幅広く含まれるとしている。媒体については，物理的・電気的媒体のほかに，送り方法や送り手段も含むとしている。送り内容は受け手に伝達される内容である。受け手には送り内容の読者，視聴者のほかに視聴を拒否している人や，視聴したくても経済的あるいは地理的な事情から視聴できない潜在的な受け手も含まれるとしている。また南は受け内容を送り内容とは違ったものととらえ，送り内容と受け内容は同じではないことを強調している。さらに構成要素として受け取り反応と社会的影響をあげている。受け取り反応には，受け取ったときに受け手が起こす反応と受け取ったあとに起こす後反応の2つをあげている。社会的影響とは後反応が再び起きる再生反応が反復されたものの総体としている。

清水ら（1974）は，マス・コミュニケーションの特徴として，次の4点をあげている。
①送り手は1人ではなく集団・集合体である。企業体としての活動である。受け手は1人ではなく不特定多数の一般大衆である。
②送り手と受け手の間にはコピー機や放送設備などが存在し，情報を大量に生産し，受け手に配布したり，電波を使って一般大衆に流したりする。マス・コミュニケーションのマスはマス・ピープル（大衆）のマスであると同時に，マス・プロダクション（大量生産）のマスないしはマス・デストリビューション（大量伝達）のマスである。
③コミュニケーションが双方向の対人コミュニケーションと違って，送り手から受け手への1方向で，相互作用的ではない。コミュニケーションを始めるイニシアティブは送り手が握っている。送り手と受け手の役割が固定的である。受け手は投書欄などで報道された内容にコメントしたり反論したりできるが，その投書を取り上げるかどうかは送り手であるマス・メディアの判断にかかっている。
④パーソナル・コミュニケーションでは，その内容は個人によってまちまちだが，マス・コミュニケーションでは画一的で非個性的で，ステレオタイプになりがちである。

◀2節▶ マス・メディアの個人レベルと社会レベルにもたらす機能

次にマス・メディアが個人レベルと社会レベルにもたらす機能についてみてみよう。マス・メディアは新聞，雑誌，テレビ，ラジオなどで，不特定多数の一般大衆への情報の流布をねらいとしている。マスコミはマス・コミュニケーションの略だが，マス・メディアと同じ意味でも使われる（清水ら，1974）。

(1) 個人レベルにもたらす機能

マス・メディアが個人にもたらす機能がある（Becker & Roberts, 1972）。これについて解説する。
①新聞，週刊誌，テレビ，ラジオなどのマス・メディアで報道されるトピックから政治・社会・経済・技術などに関する最新情報を入手することができ，仕事や生活に役立てることができる。
②マス・メディアの登場人物と自分を比較することで，自我の形成に役立てることができる。
③マス・メディアが受け手である一般大衆に専門的な助言やヒントを与えてくれる。

日々放映される株価などの経済情報は，株の取引などの示唆となることがある。
④コミュニケーションを通じて報道されるニュースやトピックをまわりの人と共有することで，仲間意識の高揚に役立てることもできる。
⑤社会的相互作用を肩代わりする。いつもテレビにでてくるなじみの人物とはあたかもコミュニケーションを交わしているような親しみを感じることがある。
⑥視聴者が，マス・メディアに接することで，気分転換になるきっかけをつくってくれたり，ストレスの解消になることもある。
⑦マス・メディアは日々の生活を規則正しくしてくれることもある。毎朝，同じように新聞に目を通したり，ニュース番組を決まった時間に見ることで，規則正しい生活のきっかけになる。

(2) 社会レベルにもたらす機能

① ラスウェルの分類

ラスウェル（Lasswell, 1960）は，マス・メディアが社会レベルにもたらす機能として社会環境の監視機能，社会の構成員の間で相互作用を促進する機能，ならびに社会的な価値観や規範を伝達する機能の3つをあげている。これらについて解説する。

a. 社会環境の監視機能

一般大衆が社会環境の変化に迅速に対応できるように早期に必要なメッセージを発する。マス・メディアが社会環境の監視や査察を行い，それによって得られた情報を受け手に流すことで，受け手である一般大衆が社会環境の変化にどのように対応したらいいかの知識を与えてくれる。

b. 社会の構成員の間で相互作用を促進する機能

マス・メディアが社会環境に関する情報を流すことで，一般大衆がその情報に反応するための相互作用を促進する機能をもつ。相互作用の結果として，社会環境に対する世論形成の契機を与える。たとえば，マスコミが「地球の温暖化が進んでいる。このままでは地球環境が破壊され，人類の生存にも影響を与える可能性がある」という情報を流す。すると社会の構成員の間で相互作用がはたらいて「なんとかしなければ」という動きが起こる。その結果として，「地球環境保全」の世論が形成される。このようにして社会の重要な問題について一般大衆の総意を形成するきっかけを与えることもある。

c. 社会的な価値観や規範を伝達する機能

社会に存在する価値感や規範などを伝承していく機能をもつ。かつては共同社会のなかで自然に育てられてきた規範やモラルといったものは，共同社会の構成員のなか

で引き継がれてきたが，今日では都市化現象が進み，共同体の意識が崩れかかっている面もある。これに代わるものとして，この役割をマス・メディアが果たしている点も否定できない。言い換えればマス・メディアが社会の基礎となる一般市民共通の関係枠を築いているともいえよう（清水ら，1974）。しかし，時あるいは場合によっては，以上に述べたような社会的機能を果たさない場合もある。その1例は，全体主義的な政府がマス・メディアを利用して特定の目的をもって大衆を誘導するような場合である。

② ラザースフェルドの分類

ラザースフェルド（Katz & Lazarsfeld, 1955）は社会的機能として社会的地位の付与機能，社会的規範の強制機能，ならびに麻酔的逆機能の3つをあげている。これらについて解説する。

a. 社会的地位の付与機能

マス・メディア，特に有名なマス・メディアが取り上げる人物，開発製品や文化遺産，出来事などは社会的に重要であるという印象を一般大衆に与える機能をマス・メディアはもっている。新聞・雑誌のトップ記事に取り上げられる出来事だから，一般大衆にとっても重要だという印象を与える。また人物についていえば，毎朝のニュース・ショーにでてくるコメンテーターだからきっと重要人物に違いないという印象を視聴者に与える。このようにしてマス・メディアが取り上げる人物や出来事には社会的な地位が与えられることになる。

b. 社会的規範の強制機能

マス・メディアは大衆に社会的規範を意識させる機能をもっている。たとえば規範から逸脱した事例を報道することによって，規範の重要性を一般大衆に再認識させる。一例として，毎週，放送される水戸黄門の番組がある。この番組では，悪代官が貧しい農民から過酷な年貢の取り立てをしたり，賄賂を貢ぐ問屋に有利な取り計らいをしたりして，法に逸脱する行為をした後，黄門一行が悪代官やよこしまな問屋を成敗するといった内容である。番組を通じて，規範を犯したらどういう結末になるかを一般大衆に知らせることによって，規範の重要性を再認識させている。また汚染物質の不法投棄のような環境問題などでは，地域の関係者が解決しようとしてもなかなかうまくいかないことが多い。しかしマス・メディアがその問題を取り上げて大々的に報道することによって，自治体や地域住民がその社会的な逸脱を無視できなくなる。住民の一人ひとりも逸脱を見過ごすのか，是正する側に回るのかの決断を迫られる。もし逸脱の意思を示し続けるとすると相当なストレスと緊張感をともなうことになり，是正の動きが強くなる。

c. 麻酔的逆機能

マス・メディアが社会的にプラスの役割を果たさなくなることがある。マス・メディアが一般大衆に洪水のようにある情報を与え続けると，大衆はそのことに無気力になり，受け手である一般大衆の力がそがれてしまい，その問題に対して行動しようとする気力が薄れる傾向がでてくる。そして一般大衆の側でやらなくてもマス・メディアがやってくれると錯覚してしまう。このように情報を洪水のように与えられると，刺激に対して麻痺し，受動的になり自発的な行動ができにくくなる機能を麻酔的逆機能という。

3節 マス・コミュニケーションの一般大衆への効果や影響に関する諸説

(1) マスコミ強力説

ミルズ（Mills, 1956）はマス・コミュニケーションが，送り手のマス・メディアから受け手の一般大衆への1方向のコミュニケーションであり，真の意味でのコミュニケーションではないこと，受け手である一般大衆は相互につながりのない受け身で消極的な存在であるとして，「マスコミは全能，一般大衆は無力」とするマスコミ強力説を唱えた。マスコミ強力説を論じるときに，よく引用されるのが，1938年10月30日午後8時，アメリカCBSのラジオ番組で流されていた音楽を突然中断して，ニュージャージー州の現場からの中継として放送された火星からの侵入者の臨時ニュースである。これを途中から聞いたニューヨークの市民は，交通事故に巻き込まれたり，窓から飛び降りてけがをするなどのパニック状態に陥った。しかしこれはH. G. ウエルズ原作の「宇宙戦争」のくだりを放送したものとわかった。この事例は，マスコミが一般大衆にいかに大きな影響力を与えるかを示唆しているマスコミ強力説は今でも多くの人びとに支持されてきている（船津，1996）。

(2) コミュニケーションの2段階流通説

マスコミが社会的影響を効果的にもたらす方法として，カッツとラザースフェルド（Katz & Lazarsfeld, 1955）は「コミュニケーションの2段階の流れ（The two steps of communication）」を提案した。そして「普及の対象によってはマスコミによるパブリシティだけでは不十分で，マスコミと一般大衆の間にオピニオン・リーダーがいて，オピニオン・リーダーがパブリシティに重要な役割を果たすこと」を主張した。マスコミが一般大衆に直接パブリシティするのを強力効果説というのに対して，2段階の

```
        送り手      オピニオン・リーダー    受け手
         ○    ①→      ○       ②→    ○
                          ③
```

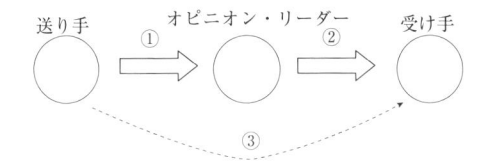

①メッセージが送り手からオピニオン・リーダーに送られる。
②メッセージがオピニオン・リーダーに解釈され，解釈された情報が受け手に送られる。
なお③に参考で送り手から受け手にメッセージが直接送られるルートも示してある。
マス・コミュニケーションの2段階の流れとは①と②のルートのことである。

図10.1　マス・コミュニケーションの2段階の流れ（船津，1996を改変）

流れを限定効果説ということもある（境，2003）。オピニオン・リーダーとはふだんからマス・メディアの情報に数多く接して，社会的な問題や地域や集団のなかでの関心事に詳しい人のことで，ほかの仲間に情報や助言を与えたり相談にのったりする役回りの人である。政治はもとより，娯楽，ファッション，スポーツ，ショッピングなど，どんなことでも，程度の差はあるものの，多くの場合，それぞれの情報源となる人はおり，われわれはこういう人とのパーソナルなコミュニケーションを通じて種々の情報を得ることが多い（大田ら，1994）。たとえば新薬のパブリシティの場合，まずかかりつけの医師に認知された後に，その医師を通じて，患者である消費者へと普及していく（清水ら，1974）。コミュニケーションの2段階の流れを図10.1に示す（船津，1996）。

(3) 沈黙螺旋理論

ドイツのノエル・ノイマン（Noelle-Neumann, 1973）によれば，マス・メディアが一定の期間あるトピックについて，一貫した姿勢で報道すると，いつのまにか一般大衆の意見もその方向に収束していく。収束によって多数派が形成されていく。そして，人びとは孤立を恐れ，多数派の意見に従っていく。自分の意見が多数派の意見と違っていても，自分の意見をあえて言おうとしない。マス・メディアの意見と違う人はしだいに黙り込んでいく。このように沈黙していく現象をとらえて，沈黙螺旋理論を提唱した。この理論では，「個人がほかの人びととの意見分布を認識する能力をもっており，それにより自分の意見が多数意見なのか少数意見なのかを判断でき，自分の意見が優勢になりつつあるか，劣勢になりつつあるかという傾向を知覚する能力がある」と仮定している。

多くの人は孤立を恐れて，自分の意見が劣勢になりつつあると判断したときには，

自分の意見を主張するのを控えて、沈黙する。一方、自分の意見が多数意見あるいは優勢になりつつあると判断したときには、自分の意見を主張する。この結果、優勢な意見が増加し、劣勢な意見は減少して、ついには沈黙してしまう。

ノイマンの調査によれば、1965年秋の西ドイツの総選挙で2大政党であるキリスト教民主同盟と社会民主党のうち、キリスト教民主同盟が勝利したが、選挙の直前まで2つの政党の支持率に違いはなかった。つまり支持率からだけではキリスト教民主同盟が勝つことは予測できなかった。しかしどちらの政党が勝つかという問いに対する一般大衆の回答では、1965年当初からキリスト教民主同盟が優勢であり、選挙の直前には優勢の予想が急増した。これは、どちらが優勢かについての一般大衆の知覚が選挙結果とかなり一致していたことを示している。このことは、一般大衆は世論調査の結果をみて優勢な方向に推移していったことを示唆している。ノイマンはこのような他者の意見分布を知る手がかりとして、マス・メディアの影響の大きさを強調している（林，1988）。

(4) 課題設定理論

課題設定理論は一般大衆がどのようなトピック、課題やテーマを考えているかについて、マス・メディアが及ぼす影響を扱っている（McCombs & Shaw, 1972）。マス・メディアが取り上げれば取り上げるほど、人びとはそのテーマについて、お互いのコミュニケーションにより情報交換を行い、しだいに重要なテーマと考えるようになる。たとえば新製品を開発したときに、それをマス・メディアが取り上げれば取り上げるほど、その製品について消費者がお互いに情報交換を行うことで、しだいにその製品が普及していく。この理論はアジェンダ・セッティング理論ともいわれ、政治の領域で一般大衆が何を重要な争点とするかに関して、マス・メディアが争点とする度合いが強いほど、一般大衆もそれを争点と考えるという知見をマッコームスとショーが得たことに端を発している。マッコームスは1968年のアメリカ大統領選挙の選挙期間中の9月から10月にかけて、ノースカロライナ州で有権者が何を争点にするかを調査した。ほぼ同じ期間にラジオやテレビなどの報道内容の分析を行い、マス・メディアが何を最も大きなニュースにしたかを調査した。その結果、マス・メディアが重要なこととして報道した争点と一般大衆が考えていた争点の間に相関があることをつきとめた。この研究がきっかけとなり、その後多くの発展的研究が行われた。課題設定理論の仮説は「あるトピックや争点がマス・メディアで強調されればされるほど、大衆の側でそのトピックや争点は重要なものと認識される」というものである（Becker & Roberts, 1972）。この仮説は、マス・メディアが単に事実を忠実に報道す

る存在ではなく，マス・メディアが政治のプロセスにおいて，無視できない重要な役割を演じていることを示唆している。

メディアが設定した争点が大衆にどのように認知されるかについては，3つのモデルが考えられている。
① 認知モデル：マス・メディアが争点を報道することで，一般大衆がそれを争点と認識する。
② 顕出性モデル：マス・メディアが特に強調した少数の争点だけが，一般大衆にとって顕出的な（salient）争点となる。
③ 優先順位モデル：マス・メディアがつけた争点の優先順位がそのまま一般大衆の争点の優先順位になる。

◀4節▶ マス・コミュニケーションの問題と今後のあり方

冒頭で述べたように，マス・メディアは一般大衆の考え方や行動様式に大きな影響を与える。したがって公正中立の立場で一般大衆に報道しなければならない。あるいは自社の立場を公表したうえで，報道することが求められる。しかも事実に基づいた報道でなければならないことは言をまたない。一般大衆はマス・メディアの立場を認識したうえで，提供される情報の取捨選択を行わなければならない。しかし現実には，この立場を踏みにじるような報道も垣間見られるのが現状である。ここではマス・メディアの問題を述べた後に，マス・メディアと一般大衆のあり方について述べる。

(1) 捏造・やらせ報道

広辞苑によると捏造とは，「事実でない事を事実のようにこしらえて言うこと」である。またやらせとは「事前に打ち合せて自然な振舞らしく行わせること。また，その行為」の意味である。

2007年1月テレビ放送された情報番組「発掘！あるある大事典2」で，これまでも報道機関でたびたび繰り返されてきた捏造報道が発覚した。番組を制作したのは関西テレビで，納豆のダイエット効果を紹介した内容に捏造があったというものである。この捏造工作は，取材をきっかけとした内部調査で発覚した。番組では，納豆に含まれるイソフラボンが体内の特定のホルモンをふやし，ダイエット効果を生むことを紹介した。しかし実験では8人の実験参加者について，数値や血液を測定していないのに，架空の数字をでっちあげ，あたかも効果がでたかのように見せかけていた。また取材したテンプル大学アーサー・ショーツ教授の日本語訳のコメントも勝手に書き換

えていたことが，教授への確認の問い合わせでわかった。このほかにも捏造報道は指摘されている。

次にやらせ報道についてみてみよう。わが国でやらせが社会問題になったのは，1980年代からである。テレビ朝日（当時の全国朝日放送）で放送されていたアフタヌーン・ショーでやらせが発覚した（1985年10月8日放送）。担当のディレクターが知り合いの暴走族に依頼して，仲間内でリンチをさせ，そのようすを「激写！中学生女番長！セックスリンチ全告白！」という番組で放送した。やらせとわかり，この番組は打ち切りとなり，担当ディレクターは暴力教唆容疑で逮捕された。

さらにやらせ報道は続く。1989年4月20日には，朝日新聞夕刊（大阪版を除く）の連載写真記事「写89」で地球環境の悪化に警鐘を鳴らすとして，沖縄県のサンゴ礁を取り上げ，このサンゴ礁を水中撮影し「サンゴ汚したK・Yって誰だ」と題して記事を掲載した。日本初の自然環境保全地域指定の海域で世界一の大きさを誇るアザミサンゴにアルファベットのKとYが大きく彫りこまれている写真を掲載した。しかし，実際には，現地のダイビング組合の調査で，写真撮影した記者が意図的に無傷のサンゴに傷をつけたという事実が発覚した。当該記者は退社処分，社長は謝罪した。

やらせはさらにエスカレートした。公共放送を売り物にするNHKの放送でやらせが起こった衝撃は大きいといわなければならない。対象となったやらせはNHKスペシャルで放送された「奥ヒマラヤ禁断の王国・ムスタン」（第1回：1992年9月30日，第2回：1992年10月1日放送）である。当初，この番組は高視聴率をマークし，大きな反響をよんでいた。ところが1993年2月3日朝日新聞朝刊1面で，この番組がやらせであることが報じられた。やらせ報道とわかり，視聴者から，「NHKまでもが高視聴率ほしさにここまでやるのか」という批判の声が巻き起こった。この番組のやらせの特徴は，ヒマラヤの気候の厳しさをことさら過剰に表現したり，元気なスタッフに高山病にかかった演技をさせたり，流砂や落石を人為的に起こしたりしたことなどである。NHKの会長が謝罪し，訂正放送を流した。

これらの捏造・やらせ報道はもっぱら高視聴率をねらった蛮行と批判されても言い訳はできないだろう。高視聴率をとるなら，どんな不正なことをやってもいいという報道の一面を垣間見ることとなった。このようないわば商業第1主義の報道が後を絶たないのが現状である。マスコミの生き残りのためなら，何をしてもいいのか。昨今のビジネス界を覆っている空気は市場第1主義であり，そこにはモラルが感じられないとの指摘もある。お金儲けのためなら，何でもありというのが，今の世の中の風潮だと指摘する人もいる。粉飾決算に始まり，利益隠し，不正入札，などなど。世間に知られなければよし，仮に見つかったらそのとき頭を下げて謝ればよいというムード

が政治，経済，果ては教育まですべての業界に広がりつつある。社会生活でも振り込め詐欺やキャッチ・セールと，だまして金品を手に入れる手口がめだつ。だまされるのは，だまされるものが悪いという風潮もないとはいえない。市場第1主義，弱肉強食の世界。そこで生き延びる知恵は自己責任だということもいわれている。

さて話をやらせ問題に戻そう。やらせのようなモラル・ハザードをどのように防いだらいいのか。現実には，やらせ問題に対する有効な対策はとられていない。やらせ問題を起こした後に，報道機関が，新聞・雑誌では訂正記事をだし，テレビ番組の場合には番組の打ち切りをしたり，お詫びを言って謝罪するのが通常の処置である。ところが番組打ち切りといっても，視聴率が低迷している場合には打ち切るが，好調だとお詫び程度ですましてしまうこともある。対応は報道機関の自主的判断に任せられているというのが実情であろう。報道機関を廃止に追い込むような重い罰則を課すことはできない。やらせの内容によっては，関係省庁による厳重注意などが行われることもあるが，行政によるメディアへの介入は表現の自由との絡みで，なかなか難しいのもまた事実である。したがって報道機関の自浄作用に期待しているのが現状である。なお，海外では，悪質なやらせについては，報道関係者を議会へ召喚して証言させたり，許認可権をもつ機関が放送局に対して罰則を科すこともある。先進国のなかで，ほぼ完全に報道機関の自浄作用に期待しているのは，わが国だけという指摘もある。

(2) 今後のあり方―共生するマス・コミュニケーションへ

今やマス・メディアの高度化が進行中である。たとえば2011年から全国で地上デジタル放送の受信が可能となり，それにあわせて2011年7月24日までには地上アナログ放送は終了する予定となっている。地上デジタル放送になれば，高画質，高音質になるだけではなく，文字放送や，赤，青，緑，黄の4色ボタンを利用したクイズやアンケート，投票などの視聴者参加の双方向サービスなども可能となる。地上デジタル放送に象徴されるように，マス・コミュニケーションのコミュニケーション形態は大きく変貌を遂げつつある。これまでのように送り手から受け手への1方向のコミュニケーションだけではなく，受け手が積極的に参加するコミュニケーションの形態もでてくることが予想される。このような時代にあっては，送り手と受け手の新たなあり方が求められている。

清水ら(1974)は受け手のスタンスについて次のように述べている。受け手あってのマス・メディアである。賢い受け手，主体性をもった受け手になることが必要であろう。マス・メディアに振り回されるだけの受動的な受け手ではなく，送り手と同格であるとの気概をもった受け手になることが大切である。それが結局は質の高いマス・

メディアを生み出すことになるであろう，と。

　境（2003）らは，これからの送り手と受け手のあり方について次のように述べている。送り手は情報表現や情報伝達に限界があることをもっと積極的に受け手に説明して，受け手への歩み寄りが必要である。受け手も送り手の仕組みや限界をよく知り，送り手に白紙委任するのではなく，客観的かつ批判的な目で情報を受け取ることが必要である。すなわち送り手と受け手の間の共生のためのルール作りが大事であるとしている。

　これからの時代は，情報通信技術の発達により，送り手であるマス・メディアと受け手である一般大衆とのコミュニケーションは一方通行のみではなく，両方向のコミュニケーションの兆しもみえてきている。したがってこのような時代の変化に対応したマス・メディアと一般大衆の共生のマス・コミュニケーションが求められているといえる。

引用文献
Becker, S. L. & Roberts, C. L. 1972 *Distributing mass communication.* New York: Harper Collins Publishers.
船津　衛　1996　コミュニケーション入門　心のなかからインターネットまで　有斐閣
林　進（編）　1988　コミュニケーション論　有斐閣
Katz, E. & Lazarsfeld, P. F. 1955 *Personal influence: the part played by people in the flow of mass communications.* Glencoe, Ill.: Free Press.　竹内郁郎（訳）　1965　パーソナル・インフルエンス　培風館
Lasswell, H. D. 1960 The structure and function of communication in society. In W. Schramm (Ed.), *Mass Communication.* Urbana: University of Illinois Press. Pp. 117-130.
McCombs, M. E. & Shaw, D. L. 1972 The agenda-setting function of the mass media. *Public Opinion Qurterly,* **36**, 176-187.
Mills, C. W. 1956 *The power elite.* Oxford University Press.
南　博　1971　マス・コミュニケーション　南　博（監修）　マス・コミュニケーション事典　学芸書林
Noelle-Neumann, E. 1973 Return to the concept of mass media. *Stidies of Broadcasting,* **7**, 67-112.
大田信夫・他　1994　コミュニケーション学入門　大修館書店
境　忠宏（編）コミュニケーション教育教材作成チーム（著）　2003　共生のコミュニケーション学　研成社
清水英夫・林　伸郎・武市英雄・山田健太　1974　マス・コミュニケーション概論　学陽書房

11章 コミュニケーション・スキル

　日常生活では，他者との関係や相互作用を円滑に行うことが鍵となる。他者との関係や相互作用を円滑に行うために使われる技法が社会的スキルといわれる（相川・津村，1996）。他者との相互作用は，主として言語的・非言語的なメッセージを用いて行われる言語や非言語のコミュニケーションである。したがって社会的スキルはコミュニケーション・スキルと深くかかわっている。そこで本章では行動レベルの他者との相互作用の技能である社会的スキルをとおしてコミュニケーション・スキルを見ていくことにする。

◀1節▶ 社会的スキルの定義とトレーニングの意義

　社会的スキルの定義をみてみよう。リバーら（Liber & Lewinsohn, 1973）は，社会的スキルを「相手から報酬を受けるやり方で行動し，罰を受けたり，無視されたりしないように行動する能力」と定義している。アーガイル（Argyle, 1981）は，社会的スキルを「相互作用する人たちの目的を実現するために効果がある社会的行動」と定義している。さて社会的スキルはどのように生起するかについて，相川らのモデルで説明する。相川らのモデルを図11.1に示す。
　相川らのモデルでは，相手の対人反応の解読，対人目標の決定，感情の統制，対人反応の決定，および対人反応の実行の5つの過程が提案されている。このなかのいくつかの過程については下位過程を含むものもある。
　それぞれの過程について説明しよう。
　第1の過程としての相手の対人反応の解読は，①対人反応の知覚，②対人反応の解釈，③対人感情の生起の3つの下位過程からなっている。①では相手の言語的，非言語的反応を知覚する。相手の言語や非言語の反応にできるだけ数多く注目して情報を収集することが大事である。②では，①の対人反応の知覚によって，相手がどのよう

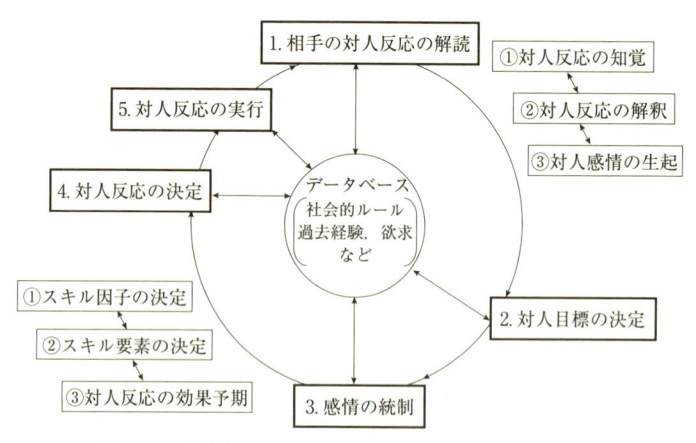

図11.1　社会的スキルの生起過程モデル（相川ら，1993）

な意図や要求に基づいてそのような反応をしたのかを解釈する。対人反応を適切に知覚しないと適切な解釈はできない。解釈するだけの十分な情報が得られていないと思う場合にはもう一度知覚過程にもどることもある。③では，②の解釈の結果として相手に対して一定の感情が生まれる。この感情は，その後の過程で促進的にも抑制的にもはたらくことになる。相手が自分を理由なく批判していると解釈したら，怒りの感情が生起するであろうし，自分に落ち度があって，相手が批判しているのだと解釈したら，相手にすまないと思うだろう。

　第2は，対人目標の決定過程である。第1の過程で対人反応が解読され，一定の感情が生まれたことを受けて，相手にどのように反応すべきかを決定する。第1の過程で，相手が自分を不当に批判していると解読したら，相手にその不当性を主張するという目標を設定したり，この際相手の批判を受け入れてしまおうという目標を設定したりする。決定にあたっては，第1の過程で生まれた感情にも左右される。

　第3の過程は感情の統制である。感情には2種類ある。1つめは対人反応を解釈した結果として生起した感情である。もう1つは第2の過程で行った決定から生起した感情である。後者の感情としては，相手の批判の不当性を主張しようと決めたことに対する緊張感や相手の前でうまく主張できるかといった不安な感情もある。このような感情をうまく統制しないと目標を達成することが難しくなる。

　第4の過程は対人反応の決定である。この過程には①スキル因子の決定，②スキル要素の決定，③対人反応の効果予測の下位過程がある。スキル因子，スキル要素，対人反応の関係を図11.2に示す。

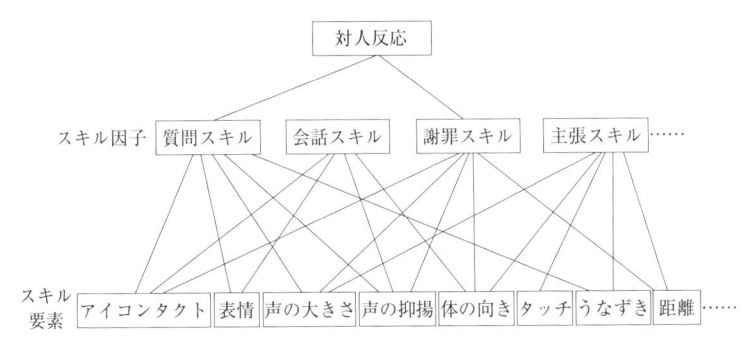

図11.2 スキル要素，スキル因子，対人反応の関係（相川ら，1993）

　スキル因子は対人反応を構成する要素で質問スキル，会話スキル，謝罪スキル，主張スキルなどがある。スキル要素はスキル因子を構成する要素で，アイコンタクト，表情，声の大きさ，声の抑揚，体の向き，タッチ，うなずき，距離などがある。対人反応の効果予期の過程では，スキル因子を用いたときにどんな効果が期待できるか，どのような結果が生じるかを予測する。これらの予測には，これまでの相手とのコミュニケーションの記憶や社会的ルールに関する知識などが用いられる。対人目標が達成できるか，相手に不快な感情を与えないか，社会的ルールに反しないかなどの視点から予測される。
　第5の過程は対人反応の実行である。決定された対人反応を言語や非言語を使って表出する。適切に実行するには練習やトレーニングが必要になる場合もある。社会的スキルのトレーニングで取り上げる対象は，対人反応の実行に関するものが多い。対人反応が実行されれば，相手に一定の反応を引き起こすことになる。したがって再度，第1の過程にもどり，解読が行われる。このようにして対人反応は，相手が目の前にいる限りは循環的に繰り返される。
　次にトレーニングの意義について述べる。社会的スキルは学習やトレーニングによって身につけることができる。社会的スキルのトレーニングが行われるケースが次の2つである。1つは，社会的スキルが欠けているものに対して行われるケースである。2つめは適宜，必要なスキルを教えておこうとするケースである。前者は治療的意味をもち，後者は予防的意味合いが強いが，スキルの向上もねらいの1つとしている。
　幼児期から成人期にいたる発達過程で発症することが報告されている引っ込み思案，対人不安，孤独，攻撃性などの適応障害は，社会的スキルの欠如が要因の1つであるという報告もある（Becker et al., 1987）。このような病気の治療の1つの手段として社会的スキルのトレーニングが行われる。また成長の過程で適応上の問題がなく

成長した場合においても，その後の適応上の障害を引き起こさないように予防的にトレーニングを行ったり，スキルの向上に役立てるためにトレーニングを行う場合もある（Nelson-Jones, 1990）。

　トレーニングは認知的側面，行動的側面の両方に対して行われる。社会的スキルの5つの過程がすべて適切に生起することで，適切な社会的スキルが生起する。したがって5つの過程すべてがトレーニングの対象になる。相手の対人反応の解読が適切でない人には，解読の歪みについて説明して，自分の歪みに気づかせることで適切な解読の方法を具体的に教える（相川ら，1993）。行動面の対人反応の実行が不適切な人で，たとえば言語的コミュニケーションに適切な非言語のコミュニケーションがともなわない人に対しては，それに気づかせ，反応の仕方を教え，練習させるなどのトレーニングを行う。

2節　社会的スキルの測定法

　まず社会的スキルのレベルを測定し，次にそれに見合ったトレーニングを実施することになる。ここでは社会的スキルの測定法について述べる。この測定法には，周囲からの測定，専門家による測定，自己評定などがある。

(1) 周囲からの測定

　対象者のまわりにいる人たちが，対象者の社会的スキルを評定したり，社会的スキルの遂行によって生じた人間関係や受け入れの程度を評定するものである。この評定法は主として子どもに対して行われる。

① ソシオメトリック・テスト

　集団内からの人間関係や位置を分析する。この測定にあたっては，集団内の成員がお互いにどのような欲求や感情をもっているかを中心に測定し，集団における受け入れ，排除，孤立，協調などの成員間の関係を特定するために用いられる。このテストには，仲間指名法，仲間評定法がある。

　このうち，仲間指名法は勉強や遊びを一緒にやりたい子どもを指名させる方法である。これにより受け入れ，孤立などの人間関係が明らかになる。仲間評定法は具体的な基準を決めて，集団内の成員全員を評定するものである。たとえば「一緒に遊びたいか」「一緒に勉強したいか」などの課題を与えて1から5の5段階で評価させる。

　このソシオメトリック・テストは子どもの社会的スキルの評定に最もよく用いられており，このテストの信頼性や妥当性が多くの研究で裏づけられている（Bonny,

1943)。

② 仲間のアセスメント

この代表的な手法がゲス・フー・テスト（Hartshorne at al., 1929）である。この手法は次のようなものである。記述されている文章を読んで，集団内にいる子どもたちのなかから，行動の特徴が，その文章の内容にあてはまる子ども，逆にあてはまらない子どもをそれぞれ数人選ばせる。ソシオメトリック・テストが仲間への感情とか好き嫌いとかを判定させるのに対して，仲間のアセスメントは仲間の行動の特徴を判定させるものである。

③ 他者による評定法

集団の周辺にいて，集団をいつも観察している教師や親たちが集団内の成員のランクづけを行う。ランキングの基準としては，行動的な視点（しゃべる・しゃべらない，仲間との相互作用がある・ない，攻撃的である・ない，など）と非行動的な視点（仲間に好かれる・好かれない，友達が多い・少ない，など）が用いられる。この手法を用いることで，社会的スキルのトレーニングが必要な子どもが特定できる。教師によるランクづけと次に述べる自然観察法による仲間との相互作用の頻度の間に相関があることが報告されている（Bolstad & Johnson, 1977）。

(2) 専門家による評定

この手法には自然観察法，ロールプレー法，行動論的面接法などがある。

① 自然観察法

子どもがふだんおかれている環境，たとえば教室や遊び場で，子どもの行動を観察する方法が自然観察法である。たとえば幼稚園に通う引っ込み思案な子どもが仲間に入っていく過程を観察して，その子どもの社会的スキルの言語的，非言語的な問題点を明らかにする。

② ロールプレー法

実験的な場面をつくり，子どもに模擬的な対人関係を演じさせ，社会的スキルの巧拙を測定する手法である。たとえば何かを言われたとき，どのように反応するかについて，視線量，言われてからどのくらいの時間が経ってから反応するか，反応時間，声の大きさなどを観察することで社会的スキルの巧拙を測定する。この方法は子どもだけではなく大人にも適用される。大人に対しては自然観察法や他者による評定は用いにくいことからこの方法は有効である。

③ 行動論的面接法

この手法は，どのような場面でどのような社会的スキルが不足しているかまたト

レーニングによってどのような効果が得られたと思うかなどについて，面接を実施して情報を収集するものである。収集した情報を分析して，対象者の改善すべき社会的スキルや社会的スキルの適用場面などを明らかにする。この手法は事象を客観的に把握できる大人に適用される。子どもの場合はその保護者に対して実施される。

(3) 自己評定法

この手法は対象者が自分の行動傾向について，自分で回答する方法であり，質問紙法のことである。この手法は簡便なうえに低コストという利点がある。一方欠点としては，対象者の主観に左右されるという可能性もある。質問項目のなかに社会的に望ましいか否かという質問を含む場合には，望ましい方向に回答する傾向があることも否定できない。たとえば菊池（菊池・堀毛，1994）の社会的スキル尺度（表11.1）で「他者を助けることができますか」や「トラブルが起きたときにうまく和解できますか」といったような質問に対しては，自分の性格とは別に望ましい回答をしがちであるという面も否定できない。したがってできる限り自分を客観視した回答が求められる。この手法は大人のほかに自分を客観視できる子どもにも適用が可能である。

表11.1　社会的スキル尺度青年版（菊池・堀毛，1994）

1	他人と話していて，あまり会話が途切れないほうですか。
2	他人にやってもらいたいことを，うまく指示することができますか。
3	他人を助けることが，上手にやれますか。
4	相手が怒っているときに，うまくなだめることができますか。
5	知らない人とでも，すぐに会話を始められますか。
6	まわりの人たちとの間でトラブルが起きても，それを上手に和解できますか。
7	こわさや恐ろしさを感じたときに，それをうまく処理できますか。
8	気まずいことがあった相手と，上手に和解できますか。
9	仕事をするときに，何をどうやったらよいか決められますか。
10	他人が話しているところに，気軽に参加できますか。
11	相手から非難されたときにも，それをうまく片付けることができますか。
12	仕事の上で，どこに問題があるかすぐにみつけることができますか。
13	自分の感情や気持ちを，素直に表現できますか。
14	あちこちから矛盾した話が伝わってきても，うまく処理できますか。
15	初対面の人に，自己紹介が上手にできますか。
16	何か失敗したときに，すぐに謝ることができますか。
17	まわりの人が自分とは違った考えをもっていても，うまくやっていけますか。
18	仕事の目標を立てるのに，あまり困難を感じないほうですか。

3節　社会的スキルのトレーニング

① コーチング

1節で述べたように，種々の目的をもって社会的スキルのトレーニングが行われる。たとえば子どもを対象としたトレーニングにコーチングとよばれる方法がある。この手法は，社会的スキルとは何かについて話し合いをし，それを通じてその概念を理解させる。そしてその子どもに不足していたり，改善すべきスキルを特定して，指導し実行させる。その一例がラッドとマイズ（Ladd & Mize, 1983）の方法である。この方法はまず社会的スキルの概念とその例を教え，続いて行動的要素を定着させ，最後に社会的スキルを自分でじょうずにコントロールできるように自己評価，自己監視などのトレーニングをする。

② アサーション・トレーニング

アサーション・トレーニングとよばれる方法がある（Kelly, 1979）。アサーションとは相川（相川・津村，1996）によれば，自分の欲求，考え，気持ちを率直に正直に自分にも相手にも適切に表現することである。自分だけではなく相手のことを考えて行う言動や自己表現はまさにコミュニケーション・スキルといえるものである。

ウォルピとラザラス（Wolpe & Lazarus, 1966）は行動療法の著書のなかで，対人関係の類型を3つに分類している。

①自分のことしか考えず，他者を踏みにじる言動
②自分のことは二の次で他者を立てる言動
③①と②の中間で，自分のことをまず考えるが，同時に相手のことも考慮して行う言動

このうち，アサーション・トレーニングは③の意味で使われている。すなわちアサーション・トレーニングは，自分も他者も大事に考えて自己表現するスキルを向上させるトレーニングである。

ところでアサーション・トレーニングのもとになったアサーティブネス・トレーニングは，1940年から1950年にかけて主としてアメリカで行動療法の1つとして用いられた（Kelly, 1979）。対人コミュニケーションの苦手な人，特に自分が言いたいことをうまく表現できない人に対して表現できるようにするトレーニングとして用いられた。その後，アサーション・トレーニングの基礎を築いたのがウォルピとラザラスである。

a. アサーション・トレーニングの対象者

アサーション・トレーニングは次のような人に効果的であるといわれている（平木，1993）。

① 自分の言いたいことがうまく表現できない人
② 対人関係で自己中心的な人
③ 引っ込み思案で人びとの輪に入れず，一歩下がってしまう人
④ 人の援助を仕事にしている人，カウンセラー，看護師，教師，介護福祉士など。いやといえずに限界まで仕事をしてしまう人。

b. 認知上のアサーション

アサーションを実効あるものにするには，ものの考え方や受けとめ方がアサーティブ（自分だけではなく相手を思いやる気持ち）でなければならない。エリスら（Elis & Harper, 1975）によれば，人の感情や反応は出来事をどのように受けとめるかで決まるのだという。この関係をエリスは，A-B-C-D-E という語呂合わせで表現している。A は影響をもつ出来事（activating event），B は受けとめ方や考え方（belief），C は結果（consequence），D は反論（dispute），E は効果（effect）である。出来事が起こったとき（A）に，その受けとめ方（B）で結果が違ってくる（C）。結果がでたときに，思い込みなどがあると，合理的な判断ができない。そこでできるだけ合理的な反論で自己説得を繰り返すこと（D）で，アサーティブな行動ができるようになる（E）。たとえば「君は説得力がないね」と言われたとしよう（A）。このとき「自分には説得力がない」という思い込みがある（B）と，「自分は駄目な人間だ。だから他者にはわかってもらえない」と結論づけ，やる気をなくしてしまう（C）。しかしアサーティブな気持ちがあれば，「あのような言い方をしたから，他者から説得力がないと言われたのに違いない。今度は別の言い方をしてみよう」と思って，いろいろな言い方を考える（D）。このように考えることでものごとを前向きにとらえることができるようになる（E）。

c. 言語上のアサーション

言語上でアサーションができるようにするために，言語でいかに表現するかというトレーニングを日常場面と問題解決場面に分けて行う。日常場面は人間関係をいかに構築するかを中心テーマにして実習する。問題解決場面では，課題の達成が中心テーマであり，葛藤場面や不慣れな場面などを想定して台詞づくりをしながら実習する。適切で効果的な台詞づくりの手順には DESC 法がある。D は Describe の略で，相手の言動やそのときの状況などで問題にしたいことを，言語を使って表現する。表現にあたっては特定のことがらを客観的，具体的かつ簡潔に述べる。E は Express の略で，

特定のことがらに対する自分の気持ち，感情などを冷静に，建設的に，明確に述べることである。Sは Specify の略で，相手に変えてほしい言動や問題に対する妥協案，解決案などを提案することである。Cは Consider の略で，肯定的結果と否定的結果を予測することである。アサーティブな台詞をつくるには，DとEを分けることが必要である。Sは小さな行動変容に限ること。CではYesと言われたときだけではなくNoと言われたときを想定しておくことである。

平木（1993）は次のような例をあげて，DESCを説明している。「部屋で，誰かがタバコを吸っている」状況を想定する。Dは「部屋中にタバコの煙が充満している」「窓が閉まっている」といったことである。Eは「タバコの煙で頭が痛い，気分が悪い」「タバコを吸えば，気が落ち着くのだろう」などである。Sは「タバコを吸うのは，今はやめてほしい」「窓を開けて吸ってほしい」などの提案である。CはYesなら「集中して会議に参加できる」，逆にNOなら「窓を開けてタバコを吸って」という提案である。

これらをつなぎ合わせると，たとえば次のような台詞になる。「部屋がタバコの煙で充満しています」「私はタバコの煙で頭が痛くなり，気分が悪くなりました」「窓を開けてタバコを吸ってくれませんか」「そうすれば集中して会議に参加できます」ということになる。トレーニングでは，このように具体的なテーマを取り上げて，各自が台詞をつくり，グループでよりよい台詞になるように検討する。

　d．非言語上のアサーション

非言語レベル，すなわち言語以外の部分がアサーションにどのようにかかわるか理解を深める。動作，表情，姿勢，声の大きさ，強弱などで言語の伝わり方が違ってくる。特に感情や気持ちの表現は言語と非言語のメッセージが一致するかどうかで伝わり方に大きな影響を及ぼす。

平木は次のような例をあげて説明している。クラブの先輩が，Aさんの失敗をおもしろがって，クラブのみんなに話して笑い者にするシーンを取り上げている。これに対してAさんが「やめてほしい」と言う場面である。1回めのロール・プレーは，笑って「やめてほしい」と言う。参加者の反応は「やさしく言えた」「笑っていっているので嫌われていないと安心できる」などであった。2回めのロール・プレーは真剣な表情で「やめてほしい」と言ってみる。「真剣な顔なので，本気だとわかった」「言われたくない気持ちが伝わってきた」などであった。Aさんは「最初は笑って言ったので真意が伝わらなかったのだと思う。ちゃんと言おう」と満足してロール・プレーは終了した。この1例からもアサーションにおいて非言語の大切さが理解できる。

引用文献

相川　充・佐藤正二・佐藤容子・高山　厳　1993　社会的スキルという概念について―社会的スキルの生起過程モデルの提唱　宮崎大学教育学部紀要（教育科学），**74**, 1-16.

相川　充・津村俊充（編）　1996　社会的スキルと対人関係―自己表現を援助する　誠信書房

Argyle, M. 1981 The nature of social skills. In M. Argyle (Ed.), *Social skill and health.* London, UK: Methuen. Pp. 1-30.

Becker, E., Heinberg, R. G. & Bellack, A. S. 1987 *Social skills traing treatment for depression.* Permagon Press.

Bolstad, O. D. & Johnson, S. M. 1977 The relationship between teacher's assessment of students' actual behavior in the classroom. *Child Development,* **48**, 570-578.

Bonny, M. E. 1943 The relative stability of social, intellectual and academic status in grade 2 to 4 and the interrelation between various forms of growth. *Journal of Educational Psychology,* **34**, 88-102.

Cronen, V. E., Chen, V. & Pearce, W. B. 1988 Cordinated management of meaning: a critical theory. In Y. Y. Kim & W. B. Gudykunst (Eds.), *Theories in intercultural communication.* Newbury Park, Ca: Sage publications.

Elis, A. & Harper, R. A. 1975 *New guide to rational living.* New Jersey: Prentice-Hall.

Hartshorne, H., May, M. A. & Maller, J. B. 1929 *Studies in nature of character: 2, studies in service and self control.* New york: Macmillan.

平木典子　1993　アサーション・トレーニング―さわやかな「自己表現」のために　日本・精神技術研究所

Kelly, C. 1979 *Assertion training: A facilitator's guide.* San Diego: University Associates.

菊池章夫・堀毛一也（編著）　1994　社会的スキルの心理学―100のリストとその理論　川島書店

Ladd, G. W. & Mize, J. 1983 A cognitive-social learning model of social skill training. *Psychological Review,* **90**, 127-157.

Liber, J. & Lewinsohn, P. 1973 The concept of social skill with special reference to the behavior of depressed persons. *Journal of Consulting and Clinical Psychology,* **40**, 304-312.

Nelson-Jones, R. 1990 *Human relationship skills: Training and self-help* (2nd edition). New York: Cassel.

Wolpe, J. & Lazarus, A. 1966 *Behavior therapy technics.* New York: Permagon press.

参考文献

足立行子・椿　弘次・信　達郎（編著）　2002　ビジネスと異文化のアクティブ・コミュニケーション　同文舘出版

深田博己（編著）　1999　コミュニケーション心理学―心理学的コミュニケーション論への招待　北大路書房
船津　衛　1996　コミュニケーション・入門―心のなかからインターネットまで　有斐閣
境　忠宏（編）コミュニケーション教育教材作成チーム（著）　2003　共生のコミュニケーション学　研成社

第3部
将来のコミュニケーションに向けて

12章 インターネットとコミュニケーション

　インターネットは草創期を経て，今，まさに第2世代に入っているといわれている。ティム・オライリー（O'Reilly, 2005）が，2005年頃からのインターネットの状況をWeb2.0と名づけ，その特徴として，7つの原則をあげている。ちなみにそれ以前の状況をWeb1.0といっている。

1節　Web2.0

　オライリーが列挙したWeb2.0の特徴を中心に次に示す（寺島, 2006；小林, 2006；O'Reilly, 2005）。
　①Webをプラットフォームとみる。
　Webをメールの送受信やWebページの検索や参照ができる媒体から，種々のアプリケーションを構築したり，利用できるプラットフォームとしてふるまうものととらえる。言い換えれば，マイクロソフトのOSやUNIXなどと同じようなものととらえる。
　②集合知を利用する。
　一人ひとりがもっている情報を地道に集めて，それをみんなで利用できるようにする。これには「知の集合」と「集合の知」がある。知の集合とは，みんながもっている情報を集めて加工して，新たな価値を生み出して，それを提供するものである。たとえばAmazonはユーザが投稿してきた本のレビューやユーザの購買情報を使って「この本を買った人は，こんな本も買っています」という情報を提供している。ブログの記事を大量に集めて感想やリンク先別に分類して提供することも行われている。一方，集合の知とは，みんなの意見や議論から生み出された結論や多くの人により練り上げられた言説を利用するものである。Wikipedia（電子百科事典）がその代表例の1つであろう。
　③データは次世代のインテル・インサイドであるととらえる。

サービスの核となるデータを大量に集積することで市場の支配権を握るやり方である。大量のデータこそ，今のインテル・インサイドがもっている市場の支配権に相当する力をもつに違いないとする主張である。

パソコンといえば中核をなすのがインテル製のCPUである。すなわち市場のパソコンのCPUを支配しているのがインテル製のCPUである。だからインテル・インサイドということで市場に一番出回っていること，信頼性が高いこと，コスト・パフォーマンスがいいことなどを暗黙に主張しているのである。つまりインテル・インサイドがパソコンの世界で主導的役割を果たしている。そしてWebの世界でこの役割を担うのが大量のデータであるという主張である。特徴のあるデータをもつことがWebを支配するという考えだ。

検索エンジンに集められているWebページへのリンク・アドレス，会員制サイトの会員情報，Amazonの書籍情報，顧客情報，楽天市場の商品情報などがその代表例である。これらが次世代のインテル・インサイドになるという主張である。

④ソフトウェアのパッケージ販売はなくなる。

マイクロソフトのウインドウズ（Windows）は改版を重ねるたびに新しいバージョンを販売する戦略である。新しいバージョンが販売されるたびに，ユーザはそれを購入しなければならない。これはユーザにとってはたいへん負担が大きいといえよう。

これに対してWebサービスではソフトウェアはWebサーバー上にあり，バージョン・アップはWebの上で行われる。したがって改版があるたびに，ユーザはいちいち新しいバージョンを購入する必要がない。これはユーザにとっては願ったりかなったりである。さらにソフトウェアの改良を自社内でやるだけでなく，ユーザに協力してもらうというのがWeb上でのソフトウェア開発のやり方の特徴である。いわゆるベータ・サービスといわれるやり方である。

ベータ・サービスというのは，完成版をユーザに販売する通常の方法ではなく，未完成品を市場にリリースし，不具合をユーザに指摘してもらったり，ほしい機能を申告してもらい，ユーザとともに改良作業を進める方法である。これによりユーザの望むソフトウェアに限りなく近づけることができるだろうという考えである。

⑤軽量なプログラミング・モデルという考え方をとる。

④で述べたベータ・サービスで開発者とユーザが協力して改良を継続的に続けるためには，プログラムのインターフェースや開発環境などが，誰もが使いやすいものであることが望ましい。API（Application Program Interface）はコンピュータがすぐ実行できるいわゆる機械語で書かれたプログラムとユーザがつくったプログラムの間にあって，両者のインターフェースをつなぐプログラムである。APIには，Javaの

Panel，Botton などのアイコン作成の機能や，Google の地図作成のインターフェースを提供する GoogleMaps などがある．このような使いやすい機能を提供することで，誰でもが利用できるようにしたり，できあがったプログラムを他の人でも読めるようにすることができる．このことによってプログラムの流通性がよくなる．Java の Botton や Panel を使えば簡単に Botton などのアイコンを画面上に表示するプログラムをつくることができる．GoogleMaps を使えば地図情報から地図を画面上に描画することができる．

⑥コンピュータ，携帯電話など複数のデバイスで動くソフトウェア．

Web にアクセスできるのは，パソコンだけではなく，携帯電話，アップルの iPod，任天堂の DS などでできるようにすることで，より幅広く Web にアクセスできるようにして，利便性を高めることである．

⑦リッチなユーザ経験．

リッチ・コンテンツやリッチ・インターネットという言葉は，扱える情報として文字だけではなく音声や動画などが加わり，情報表現が豊かになることをさしている．1 例としてあげられているのは，GoogleMaps などで広く使われている Ajax である．

Ajax は Asynchronous JavaScript+XML の略で，大きな特徴は非同期的ということである．従来のウェブ・ソフトウェアはユーザがボタンをクリックした後でないとデータを読み込まないが，Ajax ではこのような操作とは無関係にブラウザがサーバと通信して，新しいデータを読み込み表示することができる．だからユーザが地図上をドラッグさせると同時に地図情報を表示させることができる．

オライリーは現在のウェブの状況をこのように定義して，毎年，専門家を集めて Web2.0 Summit という会議を開いて，情報交換を行っている．Web2.0 を一言でいうなら，Web の利用者に参加してもらい，利用者とサービス提供者の共同作業で Web の使い勝手をよくしようとする考え方である．前述の Wikipedia や Amazon でのユーザの読後感の掲載などが利用者参加の代表例といえよう．Web をプラットフォーム（作業台）として利用して，これに利用者がもっている情報や知識を集積して，Web の利用価値を高めようとするねらいがある．

もう 1 つの大きな特徴は Web の膨大なサイバースペースをフルに活用して，新しいビジネスを展開しようとする動きである．Amazon や楽天市場に代表されるロングテール・サービスといわれる新しいサービスの出現である．サイバースペースなら物理的な陳列棚の制約はない．何百万冊という書誌データを配置して，ユーザに販売することができる．現実の本屋なら書棚のスペースに物理的制約があり無制限に本を陳列することができない．したがって売れ行きの見込める本だけを書棚に陳列すること

になる。しかし電子媒体なら物理的制約はない。それぞれの本の売り上げが小部数でも100万冊の本を集めれば100万部を超える売り上げが期待できるのである。ベストセラーに匹敵する売り上げとなる。これがまさにロングテール・サービスの販売戦略である。本屋はいつ売れるかわからない本を大量に売り場に陳列しておくことは不経済である。しかし電子書店ならいつ売れるかわからない本でも大量に陳列することでトータルの売り上げを伸ばすことができる。これこそがこれまでにはできなかった新しいセールス形態である。なお，断っておくがAmazonは本の在庫はいつも抱えているのが原則という話である。

またこれまでのWebは参照することがおもな使い道であったが，進化したWebページとしてブログがでてきた。ブログは誰でも手軽に作成することができる。これは通常のWebページに加えて閲覧者がWebページの記事にコメントすることができる。また更新を頻繁に行うことができる。さらに参照したWebページにトラック・バックができるなどの特徴をもつ。トラック・バックとは参照したWebページから自分のブログにリンクをはることができる機能である。通常は自分のWebページやブログから相手のWebページにリンクを張るが，トラック・バックは相手から自分へリンクを張ることができる機能である。自分のページを見てほしいときにはこの機能を使えば相手からリンクできることになる。

このようにこの10年間でWebは大いに進化してきた。閲覧するWebから，自分で制作して，関心のある人に意見を書き込んでもらって情報交換できるようになってきた。お互いにWeb上で地域を越え，国を越えて情報交換することで，自分だけでは知りえない情報を知ることができる。またみんなの情報を集約して電子百科事典をつくることもできる。電子媒体を利用してこれまで困難であったロングテール・セールスも実現することができる。このように時間や空間を超越して，ビジネスや知の交流を行うことができるようになってきたのである。Web2.0がどうこうという前にこのようなWebの進化は間違いなく進行中である。Web2.0の動きには，いく分，商業主義のにおいがするが，このようにWebで何が起こっているのか考える契機を与えてくれたという点でオライリーの功績は大きいということができるだろう。

◀ 2節 ▶ インターネット上の脅威

インターネット上の進化は今みてきたとおりであるが，同時にインターネット上の脅威も増してきていることは確かなことである。技術の進歩にはよい面もあれば悪い面もある。インターネットの光と影ということもできよう。

次にインターネットの脅威についてみてみよう。

(1) ウイルス

自然界のウイルスと同じはたらきでプログラムやファイルに寄生して増殖を繰り返し，一定の期間を経て発病（活動を開始）するものである。プログラムやファイルに付着してコンピュータ間を移動する。プログラムやファイルに格納されているマクロが実行されるとウイルスも活動を開始して，付着しているプログラムやファイルの破壊活動を開始する。このようなウイルスを駆除するソフトウェアがワクチン・ソフトである。しかしインフルエンザのウイルス同様に新種のウイルスが次々にでてきてワクチン・ソフトの開発が追いつかないのが実情である。ワクチン・ソフトは陰に隠れていてまだ破壊活動を開始していないウイルスは駆除できるが，破壊されてしまったファイルやデータやプログラムを修復することはできない。

(2) ワーム

ウイルスと違って，単体で存在して破壊活動を行うものである。これはウイルスが開発される前にでてきたものである。

2005年にでてきたVBS/LOVELETTERやVBS/STAGESが有名なワームである。TEXT形式に見せかけてメールに添付し，これを開くと活動を開始する。これに似たものにトロイの木馬がある。トロイの木馬とは古代ギリシャの伝説的な戦争のなかにでてくる話である。置物の木馬を装っており，トロイアが油断して，その木馬を城内に入れると，隙をみてギリシャの兵士が木馬から飛び出してきてトロイアを破壊したという言い伝えがある。インターネット上でのトロイの木馬の攻撃は，ゲームやアンケートなどの形を装い，ユーザに接近してくる。そしてゲームやアンケートに答えている間にユーザのファイルの破壊や書き換えを行い攻撃する。トロイの木馬の特徴は木馬というだけあって，実際の馬のように能動的に活動することはなく，ウイルスのように増殖しない。またアンケートは偽装しているだけなので，アンケートに答えても，それが生かされることはない。この変形として，情報提供を謳って開設しているWebサイトや通信速度の高速化を謳っているWebサイトで指定に従ってファイルをダウンロードすると，法外な料金を要求される場合もある。これはトロイの木馬の変形と考えることもできる。トロイの木馬はウイルスと同じように陰に隠れて破壊活動を行うので，なかなか気がつかないことが多い。

(3) なりすまし

現実の世界では，パスポートや免許証の盗難や学生証の盗難などがよくある。盗んだパスポートに他者の写真を貼って偽造パスポートをつくり，その人物になりすまして出入国を繰り返す。盗んだ免許証に自分の写真を貼ってサラ金から借金したり，携帯電話を入手して振り込め詐欺に悪用したりといった犯罪に結びつく事例が多く報告されている。

他者のIDやパスワードをなんらかの手段で手に入れ，それを使ってその人になりすまして，インターネット・ショッピングをしたり，悪意のあるメールを送って不正を行うことがなりすましの1例である。またデジタル署名で他者の公開鍵を自分のものと偽って相手に渡す。相手がその公開鍵を使って，たとえば氏名，住所，職業，クレジット・カードの情報などを暗号化して送ってくると，復号化して，それらの情報を入手して悪用するようなケースもある。

したがって自分のIDやパスワードは注意深く管理しなければならないことはいうまでもないことである。メールのIDから容易に推定できるようなパスワードの設定も危険である。また複数のメール・アドレスをもっているような場合に，すべてのメール・アドレスに共通のパスワードを設定するようなことも危険である。このパスワードが盗まれてしまった場合に，その人になりすますことができる可能性がでてくるからである。

他者の公開鍵かどうかは電子認証局（CA: Certificate Arthority）に問い合わせればすぐわかることである。提示された学生証がその学生のものかどうか，また学生証が正規なものかどうかはその大学に照会すればすぐわかるように，電子認証局は公開鍵の正当性を保証してくれる。

インターネット上の認証の仕組みについては，3節で解説する。

(4) 破壊

破壊とは，個人のパソコンのファイルやデータの破壊に始まり，パソコンが接続されているローカル・エリア・ネットワークの破壊，ローカル・エリア・ネットワークを管理しているサーバーなどのコンピュータ・システムの破壊，広帯域ネットワークを通じて他のコンピュータの破壊，ひいてはネットワーク・システム全体の破壊までをも含む。

システムとはオンライン・バンキング・システムや各種のオンライン・ショッピング・システムなど国民生活にとって大事なシステムのことである。これらが破壊の脅威に

さらされると，われわれの生活に大きな影響を及ぼすことになる。これらのシステムはインターネットを通じて多くのユーザからアクセスされ，常に破壊の脅威にさらされているといっても過言ではない。破壊活動は，これまで述べたウイルスやワーム，なりすましなどによってもたらされる。ここであえて破壊というキーワードで取り上げているのは，このような破壊がわれわれの生活に甚大な被害をもたらす可能性があるからである。

オフィスや自宅のコンピュータはインターネットにつながっており，このような破壊活動をするプログラムがいつでも進入してくる危険性がある。これを防ぐにはインターネットの接続点にファイアーウォールを張って侵入を防ぐ。また重要な情報は常時コンピュータに置かずにバックアップをとるなどの対策が必要である。またワクチン・ソフトやファイルの状態をスキャンするソフトなどを使ってウイルスなどを退治したり，ファイルの状態を監視して異常が見つかった場合には修復するなどの対策をとる必要がある。

(5) 否認

否認とは，自分の仕業なのに自分には関係がないと言い張ること。日常生活でも「言った，言わない」で問題になることがある。また公式の会議や定例の会議などでも「決まった，いや決まってない」と言い争いになることもある。だから会議では議事録を作成するのが通例となっている。それでも議事録を確認すると発言者は「そんなことは言ってない」と主張することもある。発言者の言っていることをみんなが認めれば問題ないが，みんなは「いや言った」ということになると発言者とそのほかの参加者の間でトラブルとなる。

インターネットの世界でも同じようなことが起こることがある。メールを送り込んできた当事者が「いや，そんなメールは送ってない」と言い張る。特に取引の場合にトラブルとなる。顧客からメールで注文が来たので商品を送ったら，「いや，自分はそんな注文はしてない」と言い張る。本当に注文してないなら商品を送り返してもらって一件落着だが，実際は注文してきたのに商品を受け取った時点で気が変わり，「いや，注文してない」と強弁する。これは否認にあたる。こんなことをされたらお店にとってはやりきれない。注文しているのに，注文してないと言われては安心して商取引はできない。

このような悪意のある否認をどうすれば防ぐことができるかが課題である。このような悪意のある否認を防止するために，デジタル署名が利用できる。これは現実の世界の実印やサインに相当するもので，インターネットの世界で公式な文書をつくると

きに利用できる。現実の世界では公式な文書にするために実印を押したり，サインをする。逆にサインや実印の押してない文書は公式の文書とはみなされない。デジタル署名のしくみは後で述べる。

したがってデジタル署名つきの文書なら，この文書の作成者が途中で気が変わり「いや，これは自分がつくった文書ではない」と主張しても認められないことになる。これで否認を防ぐことができる。

(6) ハッカー

世の中には他者の迷惑を顧みず，不法行為を行う，ならず者がいる。自動車やオートバイのマフラーをはずして爆音を響かせて我が物顔に道路を走り回る者，ところかまわずつばを吐く者，落書きを繰り返す者，くわえタバコをして，吸いがらをところかまわず捨てる者，山中に大量の不法投棄をして，自然を破壊する者，海岸でごみを持ち帰らず散らかして平気でいる者，などなど数え上げればきりがない。これは現実の世界に限ったことではない。インターネットの世界でもならず者は横行している。猥褻なメールを送りつける者，猥褻行為を勧誘する者，スパム・メールを送りつける者，ホームページに不正に書き込みをする者などなど。このような迷惑行為のほかに，やっかいな者がいる。それは技術をたてにインターネットのしくみに入り込んで不正行為を行う者たちである。これがハッカーといわれる者たちである。もともとは高度な技術を武器にインターネットの改良や高度化などを提案する技術者のことをいっていた。悪さをはたらく者を，ハッカーたちはクラッカー，アタッカーなどといって区別していたのである。しかししだいにハッカーのなかに，高度な技術を駆使してシステムの破壊活動を行うならず者が横行するようになってきた。そして当初のハッカーの意味が変質して，このようなならず者をハッカーとよぶようになったのである。システムの改良，改善，使い勝手をよくする者をあえてよきハッカーなどとよんで区別することもあるようだ。したがってハッカーといえば一般的には悪者の総称である。そしてハッカーたちは，システムの安全を保持する機構を破壊したり，企業の秘密のデータを盗んだり，書き換えたり，不正行為を行うことを生きがいにしている不法な集団で，いってみれば一番たちの悪い人種といっていい。

このような不法な攻撃からシステムを防衛するために，防衛ソフトを構築して，このような不法な攻撃を排除することになる。しかし敵もさるもの，さらに技術を駆使して，攻撃を仕掛けてくる。このようないわば，いたちごっこが繰り返されているのが実態である。1度このようなハッカーの攻撃を受け，大事な顧客情報が流出でもしようものなら，一挙にその企業は信用を失墜することになりかねない。特にセキュリ

ティを売り物にしている会社はこのような被害にあったら，その企業の生死にかかわる大問題になってしまうのである。したがって安全対策には最大限の努力を払うことになるのである。そのためにワクチン・ソフトの開発，破壊活動を監視するソフト，インターネットからウイルスやワームが進入するのを防止するファイアウォール，暗号方式，デジタル署名，電子認証，安全な電子商取引などもろもろの防衛手段を準備して，システムの安全，プログラムの安全，ファイルやデータの安全を保持しようとしているのである．

(7) インターネット詐欺

パソコンや携帯電話をインターネットに接続すれば，いつでもどこでも誰とでも情報交換したり，Web サイトにアクセスして情報を得たり，インターネット商店にアクセスして商品を購入したり，クイズに参加したり，見たいビデオや音楽のサイトにアクセスしてビデオや音楽をダウンロードしたりできる．

現実の店なら，そこに行って店員に相談したり，陳列棚に展示してある商品を見て，気に入ったものがあれば購入する．店のようすや評判なども参考にして店に行く．インターネットではインターネット商店の Web サイトにアクセスするだけでは，その店をどんな人が運営しているのかわからない．言い換えればその店の顔がまったくといっていいほど見えない．しかし Web ページを開くと，指示されるままに指先が動いてしまうから不思議だ．そこに不正行為や詐欺行為が入り込む余地があるといえよう．

ポルノの Web サイトを開くと，ENTER というアイコンがある．よく見ると，その下に 18 歳未満はお断りとか，ENTER したら入会したことになり，入会金を出してもらうとか，この商品にはクーリングオフがないとかが細かく，見えにくい字で書いてある．それを見過ごして ENTER キーを押した途端に「登録されました」というメッセージに続いて，入会金の入金を求める請求書が表示される．この手口などがワンクリック詐欺である．1 回のクリックだけでは法的には無効であることを十分に認識しておく必要がある．しかし現実に期限つきの請求を目の当たりにすると動転してしまって，指定されたままに金額を振り込んでしまったり，カードの番号やパスワードなどを知らせてしまい，指定の口座から預金が不正に引き出されてしまうことも起こっている．

また IP アドレスなどの個体識別情報からあたかも個人を知ることができるかのような説明があり，期限内に振り込まないと法的に訴えるような脅しをかけてくることもあるようだ．IP アドレスから個人を特定することはできないし，プロバイダーが

仮にそのような個人情報を知りえたとしても外部に漏らすことは固く禁じられているから心配することはない。2005年以降，ワンクリック詐欺の件数もふえているので注意が必要である。これにともなってワンクリック詐欺で逮捕される件数もふえている。

(8) インターネットを利用した新たな詐欺

インターネットを悪用した新たな犯罪として，フィッシング（phishing）詐欺といわれる手口がある。phishingはfishingをもじった造語である。これは既存のインターネット商店や行政機関，カード会社や銀行などを装い，正規の機関を偽装したWebサイトを立ち上げ，そこにインターネットの利用者を誘い込んで，名前，住所，職業，電話番号，果ては銀行の口座番号やカード番号などを入力させ，これらの情報を使って犯罪を行う手口である。

たとえば「新しい行政サービスに移行するので，あなたの情報の更新をお願いします」といったメール（フィッシングの餌に相当）を送りつけてくる。そこにはアクセスすべきURLアドレスが貼りつけてある。指定のWebサイトにアクセスすると，あたかも行政機関と思われるWebサイトが表示され，名前，住所，電話番号，生年月日などの入力を求められ，入力する。しかしその後，じつはそのWebサイトは正規の行政機関ではなく，偽者であることを知り，初めてだまされたということに気がつく。しかし，時，既に遅く，個人情報はみな入力してしまった後で，その個人情報がなにか不正行為に使われるのではと右往左往することになる。

また次のような事例もある。銀行やカード会社などの実在する企業のメール・アドレスを装って，契約の更新や確認が必要だから，指定のURLアドレスにアクセスしてほしいとメールを送りつけてくる。そこで指定のURLアドレスにアクセスすると，本物そっくりのサイトがオープンする。そしてカード番号や暗証番号などの入力を求めてくる。そしてそれらの情報を入力すると，それらの情報は悪用され，勝手に口座から預金を引き出されたり，カード番号を使って買い物されたりする。被害者はその後で預金口座を調べて，預金が勝手に引き出されたことを知る。そしてそこで初めて，犯罪に巻き込まれたことに気がついて動転する。このように偽メールを餌にして，利用者を偽サイトに釣り上げることから，フィッシングと名づけられた。

米国ではこの種の犯罪が摘発されているが，日本でも今後この種の犯罪がふえていくことが懸念される。事実，2005年に偽サイトをつくってインターネットの利用者を誘導し，IDやパスワードを盗んで，被害者の電子メールを盗み見た男が「著作権法および不正アクセス禁止法」の罪に問われた。

さらに新たな手口の犯罪として，フィッシングよりも大掛かりなファーミング（pharming）詐欺といわれる犯罪が摘発されている。pharmingは造語でfarming（農場，養殖場などの意）をもじってつくられた言葉である。ファーミングは種さえまいておけば（仕掛けを施しておけば），フィッシングのように偽メールを送りつけるという餌をやらずに，収穫できる手口である。このためファーミングという。具体的なファーミングの手口は次のようである。インターネットで重要な役割を果たしているのがDNSサーバである。DNSサーバの機能はドメイン名をIPアドレスに変換する。ハッカーがこのDNSサーバに不正にアクセスして，ドメイン名とIPアドレスの情報テーブルを書き換える。すなわち正規のIPアドレスを偽サイトのIPアドレスに書き換えてしまう。このようにしてアクセスしてきたユーザを偽サイトに無理やり誘導して，個人情報を盗む。あるいはウイルスなどの手段を使って，利用者のhostsファイルを書き換えて，偽サイトに誘導する。

　hostsファイルとは，Windowsのシステムファイルの1つで，そのパソコン内でサイト名をIPアドレスに変換する機能をもっている。利用者はメールに指定されたURLアドレスをクリックせずに，自分のアドレスバーにURLアドレスを指定して，フィッシングやファーミングに対処しているつもりでも，知らないうちに偽サイトに誘導されてしまう。しかもそこが偽サイトだと見抜くことも難しい。このようにこの手口を使われると，利用者はだまされたことになかなか気がつかないことが多い。

　このような犯罪に巻き込まれないようにするためには，Webサイトの求めるままに安易に個人情報を入力したり，ENTERキーを押したりしないことである。書かれている注意書きをよく読んで，不用意に操作をしないことである。インターネットにアクセスすると，安易に操作してしまうことが多い。そのため大事な情報を抹消したり，他者に知らせてしまい，後で後悔することもまれではない。用心に用心を重ねて行動することが求められている。

　仮に個人情報を誤って偽サイトに投入してしまっても慌てて行動しないことである。カードの番号やパスワードを誤って偽サイトに入力したら，すぐカード会社に連絡をとりカードの効力を無効にしてもらえばいい。名前，住所，電話番号などをだしてしまった場合でも，その後，悪用されないように注意をし，仮にその情報を使って，不正に商品などが送られてきても慌てないことである。商品を送ってきた販売会社に事情を説明して引き取ってもらえばいいことである。パスワードが盗まれたと感じたら，すぐにパスワードを変更することである。いずれにせよパスワードは定期的に変更することが望ましいといえる。

　送金を要求してきても，身に覚えのないことならきっぱりと断ればいいことである。

取り乱して行動すれば，犯罪者の意のままである。被害を受けたり，受けそうな危険を感じたら，警察や市民生活相談室などに相談することである。

3節 安全なコミュニケーションの方策

前節に述べたインターネットを悪用した不正に対処するには，インターネットの安心・安全を確保することがきわめて大切である。子どもから大人までインターネットにアクセスして，ほしい情報を得たり，インターネット商店を訪れ，商品を購入したり，ビデオや音楽のWebサイトにアクセスして，ダウンロードして楽しんだりと，インターネットの利便性が日に日に高まっている。しかし一方でこの利便性を逆手にとって，詐欺，なりすまし，文書やWebサイトの改ざん，否認，ウイルスによるシステムやプログラムやファイルの破壊などの不正行為をはたらく不心得者がふえていることも事実であろう。

このような不正行為が増加傾向にあることから，これらに対する防衛策の研究とその実施はきわめて重要である。そこで本節ではこのような不正行為から身を守るための種々の方策について述べる。

(1) 暗号方式

インターネット上を流れる情報に不正にアクセスして情報をピッキングする犯罪から逃れるために，流れる情報を暗号化して，ピッキングされても盗聴されないようにする方法がある。これが暗号方式である。ここでは代表的な暗号方式について述べる。
　暗号の基本には換字法，挿入法，転置法やこれらを組み合わせた方法などがある。換字法として有名な方法にビール（Beale, T. J.）の暗号がある（Kendall, 1998）。ビールはニューメキシコ州で1800年頃に金鉱を掘り当てたことで知られている人物である。1820年頃ホテルに投宿した。そして2年後にまたそのホテルを訪れた。そのとき，親しくなっていたホテルの支配人に鍵の掛かった鉄の箱を手渡した。10年後にビールかビールの代理人がたずねてきたら，その箱を渡してほしいといって立ち去った。10年経っても誰も受け取りに来ないので，支配人は怪訝に思い，鍵を壊して箱を開けてみた。すると箱のなかには，宝のある場所，宝の内容，受取人を書いた3枚の暗号文があったそうである。暗号文は数字の羅列で，解読は困難を極めたが，換字法で暗号化されていることがわかった。1860年代にジェームス・ワード（Ward, J.）により，アメリカの独立宣言を鍵として，宝の内容（バージニア州の2つの場所に3000ポンドの金塊と6000ポンドの銀塊が埋められている）は解読された。宝のある場所や受

12章　インターネットとコミュニケーション

```
あ お い さ ん み ゃ く・・・平文
｜ ｜ ｜ ｜ ｜ ｜ ｜ ｜
お け か そ げ や い し・・・暗号文
（4文字ずらして，置き換える）
```

対応表

```
あ い う え お か き く け こ さ し す せ そ・・・ん が ぎ ぐ げ・・・ゃ
｜ ｜ ｜ ｜ ｜ ｜ ｜ ｜ ｜ ｜ ｜ ｜ ｜ ｜ ｜　　　 ｜ ｜ ｜ ｜ ｜
お か き く け こ さ し す せ そ た ち つ て・・・げ ご ざ じ ず・・・い
```

図12.1　換字法の例

あ お い さ ん み ゃ く ゆ き わ り ざ く ら

（1-3-5文字ごとに文字を挿入）

あ ? お い さ ! ん み ゃ く ゆ # き ％ わ り ざ ?

図12.2　挿入法の例

取人のリストはいまだ解読されていないということである。

　換字法は図12.1に示すように文字をずらして暗号文をつくる方法である。日本語ならたとえば50音（あいうえお　かきくけこ・・・）の文字を4文字ずらすと，「あ」は「お」に，「い」は「か」に，「う」は「き」にそれぞれ換わる。このようにしてもとの文（これを平文という）を暗号化する。暗号化された文を暗号文という。あて先では「お」は「あ」に，「か」は「い」に，「き」は「う」に変換することでもとの文が復元されるというわけである。

　挿入法はたとえば鍵を1-3-5としたとき，平文の1文字のうしろ，3文字のうしろ，5文字のうしろに文字を挿入する。次にこれを繰り返して暗号文をつくる。あて先では送られてきた暗号文から指定された鍵に従って挿入された文字を削除してもとの文を復元する。図12.2に例を示す。

　転置法は，鍵が1-3-2と与えられたとする。このときもとの文の1文字めを暗号文の1文字め，もとの文の3文字めを暗号文の2文字め，もとの文の2文字めを暗号文の3文字めに入れ替えて暗号化する。さらにこれを繰り返す。あて先では受け取った暗号文の1文字めをもとの文の1文字め，暗号文の2文字めをもとの文の3文字め，暗号文の3文字めをもとの文の2文字めに入れ替える。この処理を繰り返してもとの文に戻す。図12.3に例を示す。

　暗号方式の1つとして，発信元とあて先が同じ鍵を用いて暗号化と復号化を行う共

```
あおいさんみゃくゆきわりざくら
｜ ✕ ｜ ✕ ｜ ✕ ｜ ✕ ｜ ✕
あいおさみんゃゆくきりわざらく
```
（1-3-2で転置する）

図12.3　転置法の例

通鍵暗号法（Symmetric encryption method）がある。以上に述べた方法はいずれも共通鍵暗号法の例である。この方法の特徴は発信元とあて先が同じ鍵を所有していなければならないということである。

　問題はどのようにしてこの鍵を受け渡しするかということである。この鍵がハッカーの手に渡ったら不法に解読されてしまう危険性がある。近くに住んでいたり，職場が近ければ，手渡しすれば間違いはないだろうが，お互いに場所が離れていれば手渡しはできない。外国の場合はなおさらだろう。書留郵便で送れば盗聴される心配は少なくなるだろうが，いちいち郵送するのも手間がかかる。インターネットで送れば簡単に送れるだろうが盗聴される危険性が増す。このように鍵の管理に危険性がともなう。

　鍵が盗まれる危険性があるのなら，いっそのこと鍵を公開してしまおう，第三者に見られてもいい，見られても，盗まれても攻撃を受けない方法がないものかという疑問に答えるために登場したのが公開鍵暗号法である。この方法は各自が自分の秘密鍵をもつ。そしてそれに対をなす鍵を定義する。この鍵は公開する。このように秘密鍵と対をなす公開鍵を使って暗号化と復号化を行う方法が公開鍵暗号法（Asymmetric encryption method）である。

　共通鍵暗号方式，公開鍵暗号方式について，それぞれ説明する。

① 共通鍵暗号方式

　発信元とあて先が同じ鍵をもって暗号化と復号化を行う方法である。これは家族がみな同じ鍵をもっていて自分の家に出入りするのに似ている。この方法には種々の方法が提案されている。国際標準として用いられている暗号法に DES（Data Encryption Standard）がある。この方式は1977年 IBM が提案し米国商務省が承認して標準として用いられるようになった方式である。この方式では56ビットの鍵が用いられている。この鍵の解読にはスーパーコンピュータを用いても何万年もかかるといわれていた。しかしコンピュータの超高速化や分散処理や解読技術の発達で，月日のオーダーで解読される危険性がでてきた。そこであらたな暗号方式として AES（Advanced Encryption Standard）が提唱され標準化されている。共通鍵暗号を利用す

る人がn人いるとすると，必要な共通鍵の総数はn(n − 1)/2個となり，膨大な数の鍵が必要になる。

② 公開鍵暗号方式

この方式は，絶対に他者には見せてはいけない自分だけの秘密鍵1つとこれと対をなす公開鍵2つからなる。したがってこの方法を使って暗号通信をしたい人がn人いるとすると鍵の総数は3n個となる。共通鍵暗号方式と比べた場合，管理する鍵の数は激減していることがわかる。1人のユーザに限っていえば，必要な鍵の個数は，自分の秘密鍵1個，公開鍵2個そして他者の公開鍵の2(n − 1)個の計(2n + 1)個となる。

この公開鍵暗号方式の業界標準として用いられている方式がRSA法である。この方式は数学者のRivest, Shamir, Adelmanにより開発されたもので (Rivest et al., 1978)，この人たちの頭文字をとってRSA暗号方式とよばれている。この方式は素因数分解に注目して開発されたものである。

たとえば221を素因数に分解すると13と17になる。このとき221を公開鍵とし，13または17を秘密鍵として用いる。このような簡単に素因数分解できる数字を用いればすぐに秘密鍵が見つかってしまうが，実際には128バイト以上の数字が用いられるので素因数分解するのが困難である。この性質を利用したのがRSA公開鍵暗号である。

RSA暗号は次のように定義される（辻井・笠原, 1990）。

　　公開鍵：n, e

　　秘密鍵：p, q, d

計算の手順は次のように行う。

まずp, qを決める。そしてp*q = nでnを求める。次にgcd (greatest common dividend)(e,(p − 1)*(q − 1)) = 1を満たすeを求める。この式の意味は(p − 1)*(q − 1)と互いに素なeを求めることである。互いに素とは，1以外では割ることができない2つの整数である。eは1個とは限らない。それらのなかから1個選べばよい。次にe*d(p − 1)*(q − 1) で割った余りが1になるようなdを求める。dは1個だけとは限らない。そのなかから1個選ぶ。これでn, e, dが求められたことになる。

ここでn, eを公開鍵，dを秘密鍵としてもとの文Mを下記の手順で暗号化，復号化を行う。

暗号化：Mのe乗をnで割った余りCを暗号文とする。

復号化：Cのd乗をnで割った余りがMで復号化されたもとの文である。

簡単な例を示そう。

もとの文Mを3とする。n = 33とする。nを素因数分解するとp = 3, q = 11と

なる。次に$(p-1)*(q-1) = 2*10 = 20$と互いに素な整数eを求めると，$e = 3, 7, 11, 13$などが得られる。ここでは$e = 7$とおく。次に$e*d = 7*d$を$(p-1)*(q-1)$で割った余りが1になるようなdを求めると，$d = 3$などが得られる。

ここでe, dが求められたので暗号化と復号化を行う。

暗号化：$M = 3$を7乗すると2187となる。これを$n = 33$で割ると余りCは9となる。これが暗号文である。次に復号化する。

復号化：$C = 9$の3乗を計算すると729となる。これを$n = 33$で割るともとの文$M=3$が得られる。

この方式はnを十分大きな整数に設定して，素因数分解が実効的に困難という性質を用いた非常にわかりやすい方法である。しかしこの方法は暗号化や復号化に膨大な計算量を必要とするという大きな欠点がある。だから限られた処理に限定して使われるのがふつうである。たとえばデジタル署名や電子認証，安心・安全な商取引など，あまり頻繁に使われないような処理に限定して使われているのが現状である。

頻繁に行われるデータのやりとりには時間のかからない共通鍵暗号方式が用いられているのが一般である。たとえばSSL（Secure Socket Layer）では共通鍵暗号が用いられているが，最初の共通鍵の受け渡しだけは公開鍵が使われている。

SSLについては後ほど詳しく述べる。

(2) デジタル署名

デジタル署名には公開鍵暗号が使われる。まず公式にしたい文書のハッシュ値を求める。ハッシュ値を求めるにはハッシュ関数$b = \text{Hash}(a)$を使う。ハッシュ関数は一方向関数で任意の長さの文字列aを入力して固定長の文字列（もとの文字列より短い文字列）bを出力する機能をもっている。一方向関数とは，aからbは求められるがbからaは求めることができない関数のことである。ハッシュ関数は公開されており，このどれかを使って処理する。

このハッシュ関数を発信者と受信者が共有することが前提条件である。代表的なハッシュ関数には，Rivestが開発したMD2（Message Digest 2），MD4，MD5や米国国家安全局（NSA）が開発したSHA（Secret Hash Algorithm）などがある。このうちMD2は逆方向の関数が求められており，現在は利用されていない。得られた固定長の文字列をメッセージ・ダイジェスト（MD: Message Digest）という。このメッセージ・ダイジェストをこの文書の作成者の秘密鍵で暗号化する。この暗号文がデジタル署名（DS: Digital Signature）である。

発信者（Source）はもとの文書にこのデジタル署名を添付してあて先（Destination）

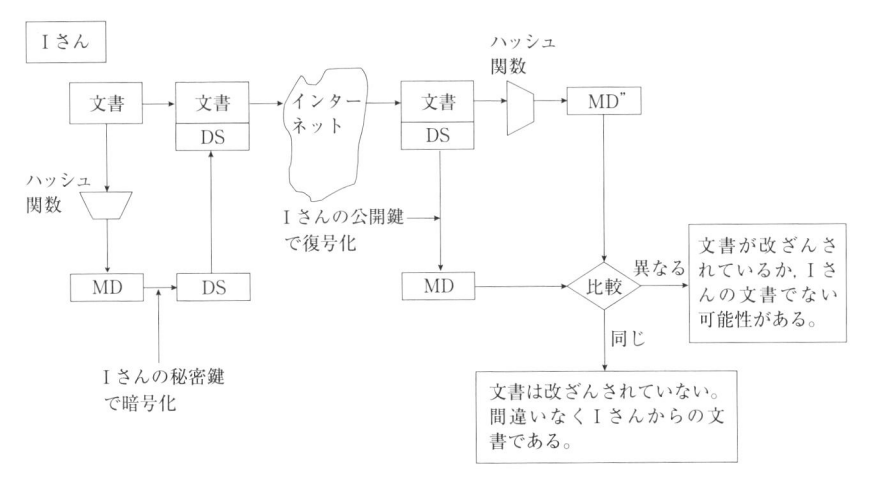

12章　インターネットとコミュニケーション

図12.4　デジタル署名の処理の流れ

に送る。これが発信者からの公式な文書である。この文書を受け取ったあて先の受信者は次のようにしてこの文書を公式な文書かどうか確認する。

　この文書からデジタル署名の部分を除いたもとの文書を取り出す。公開されているハッシュ関数を使って，この文書のハッシュ値をとり，これをメッセージ・ダイジェスト・ダッシュ（MD": Message Digest Dash）とする。この文書のデジタル署名にあたる部分を取り出す。これを発信者の公開鍵で復号化しこれをメッセージ・ダイジェスト（MD: Message Digest）とする。ここでMD"とMDが一致するなら送られてきた文書は間違いなく発信者からの文書であると確認できる。この理由はデジタル署名を発信者の公開鍵を使って復号化しているからである。もしも発信者の公開鍵を使わなければ，デジタル署名から復号化した復号文ともとの文書から得られたハッシュ値すなわちメッセージ・ダイジェストは一致しないはずである。かつ送られてきた文書はネットワークを送られる途中で改ざんされていないこともわかる。もし送られてきたデジタル署名つきの公式な文書がネットワークの途中で改ざんされていれば，復号文とハッシュ値は一致しない可能性が高い。一致したということは改ざんがなかったと推測される。このようにデジタル署名つきの文書は現実の世界で使われているサインあるいは実印の押された文書と同じ効力をもっていることがわかる。処理の流れを図12.4に示す。

(3) 電子認証

ハッカーHが善良な市民Cを名乗り，書店SにハッカーHの公開鍵を送る。そしてHがデジタル署名つきの注文書を送ってくるとする。書店Sは送られたHの公開鍵を使って確認すると，それは確かにデジタル署名つきの文書で，通信の途中で改ざんされていないこともわかる。そこで書店Sは注文書に書かれた書籍をHに送るが，Cからは送金がないし，Cに確認すると注文はしていないと言う。ここでSはHがCになりすましていた事実を知ることになる。このようななりすましを防ぐにはどうしたらよいであろうか。

現実の世界では，本人を確認するために，学生証，運転免許証，パスポートなどを提示させて本人を確認する。大学の発行した学生証，自治体の公安委員会が発行する運転免許証，外務省が発行するパスポートなどは本人以外はもつことができないので本人を確認できる証書として利用できるというわけである。しかし現実には，偽造のパスポートや運転免許証などの不正の事例が報告されている。このような不正を排除するには，指紋などの個人情報をパスポートや免許証に埋め込み，改ざんを防止する対策が必要である。公開鍵証書はパスポートや免許証と違って，他者の公開鍵について，公的機関から発行されたものである。よって公開鍵証書に記載されている公開鍵は他者の正規の公開鍵であり，改ざんしようにもできない性格のものである。もちろん公開鍵証書が送られてくる過程で悪徳ハッカーに改ざんされる心配は考えられるが，この証書にはCAのデジタル署名がついているので，改ざんがあれば，それは検出されるしくみになっている。

この公的な機関が電子認証局（CA: Certificate Arthority）である。日本では政府が民間の認証機関を認定して，公開鍵証明書の発行の仕事を任せている。しかしこれは義務的な免許制ではなく，誰でもがビジネスできる。国に申請すれば認定されるし，申請しなくてもビジネスできる。必要があれば指定調査機関を使って国は認証機関の調査を依頼して報告を受けることもできる。民間の認証機関には日本認証サービス（株），日本電子認証（株），日本ベリサイン（株），（株）帝国データバンクなどがある。

CAが発行する公開鍵に関する証書が公開鍵証明書である。依頼者はCAに知りたい主体（個人あるいは法人）の公開鍵の発行を依頼する。するとCAは指定された主体の公開鍵証明書を発行する。公開鍵証明書には，被発行者名，被発行者の公開鍵，メール・アドレスなどが記載されCAのデジタル署名がついている。デジタル署名はCAの秘密鍵を使ってつくられている。依頼者はその証明書を受け取ったら，CAの公開鍵を使って，デジタル署名を解読して，間違いなくその証明書はCAが発行したもの

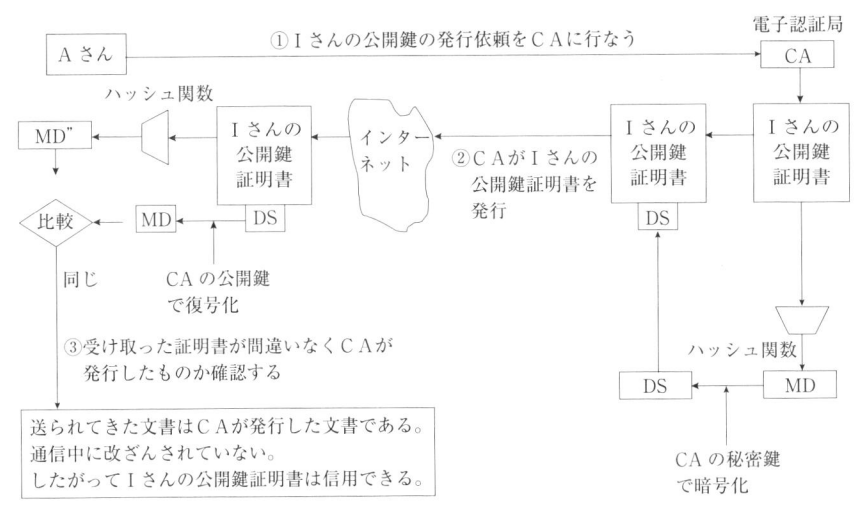

図12.5 電子認証の処理の流れ

で，送られてくる途中で改ざんがないことを確認する。確認が取れればその証明書から知りたい主体の公開鍵を入手することができる。

CAの公開鍵は民間認証機関のWebページにアクセスして入手することができる。このような認証の手続きをふむことでなりすましなどの被害から逃れることができる。電子認証の処理の流れを図12.5に示す。図12.5にAさんがIさんの公開鍵証明書の発行依頼をCAに行い，CAから発行されるようすと受信して確認するようすが示されている。

(4) 安全な電子商取引

通常の商取引では，現金で決済したり，口座振込にしたり，カードで決済したりする。カード決済の場合には，カード会社が絡んでいるので安心して取引ができる。販売店の信用がなければカード会社が取引をしないだろう。顧客についても，その顧客名がカード会社のブラックリストに載っていればカード会社は決済をしない。またカード会社が銀行にアクセスして顧客の口座に支払うべき預金がなければ決済することはない。

このような安全なしくみをインターネットの世界でも実現したのが，電子商取引（SET: Secure Electronic Transactions）である（伊藤，2000）。SETでは，顧客，販売店，カード会社の3者の間で安全な商取引ができるしくみを提供している。取引にあたっては事前に顧客は販売店とカード会社の公開鍵，販売店とカード会社は顧客の公

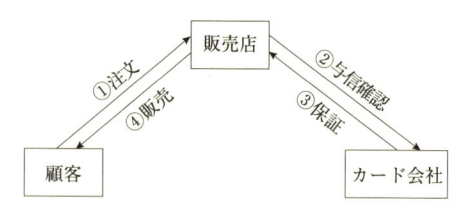

図12.6 取引の流れ

開鍵をCAのお墨付きで入手しておく必要がある。

SETでは，販売店は，顧客の注文の情報をみることができるが，どのように支払うかの情報をみることができない。一方，カード会社は顧客の支払い情報をみることができるが，注文に関する情報をみることができない。このように販売店とカード会社に顧客に関する必要最小限の情報のみを開示できるのがSETの特徴といえる。

SETによる取引の流れを示すと次のようになる。

①顧客から販売店に注文をだす。

②販売店はカード会社に顧客が善良な顧客であるかの与信確認を行う。与信確認とは顧客がブラックリストに載っていないかどうか，顧客の口座に支払いに必要な預金があるかどうかのチェックを行うことである。

③カード会社は販売店に顧客に関する与信確認の結果を知らせる。問題がなければ，すなわち善良な顧客とわかれば，取引を続けるし，問題があれば取引は中止される。

④販売店はカード会社からの保証が得られれば，顧客に注文された商品を販売する。

取引の流れを図12.6に示す。

次にSETにおける顧客，販売店，カード会社の処理を示す。

顧客が注文の情報（O: Order Information）と支払いの情報（P: Payment Information）を作成する。注文の情報とは，たとえばパソコンを10台購入したいという情報である。支払いの情報とは，Visaカードで1回払いというような情報である。そしてこれらのハッシュ値を求める。求められたハッシュ値をそれぞれOH，PHとする。次にOHとPHを連結して，これのハッシュ値を求め，この値をOPHとする。OPHを顧客の秘密鍵で暗号化してデジタル署名（OPHD）をつくる。これを複式署名ともいう。

以上の情報からP，OH，OPHDを取り出して，これらの情報をカード会社の公開鍵で暗号化する。そしてこの暗号化された情報でカード会社宛のデジタル封筒（CDE: Card Digital Envelope）をつくる。同時にO，PH，OPHDとCDEを取り出して，これらの情報を販売店の公開鍵で暗号化する。そしてこの暗号化された情報で販売店宛

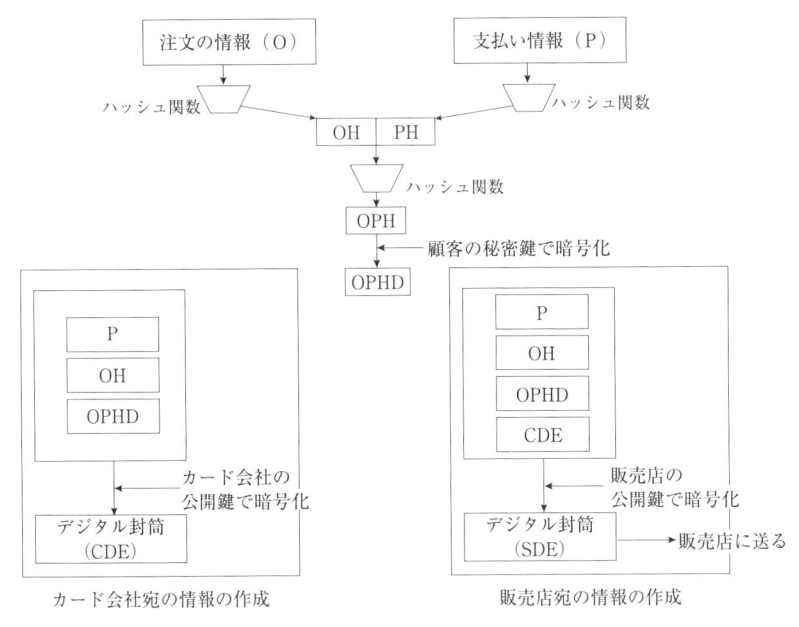

図12.7 SETにおける顧客の処理

のデジタル封筒(SDE: Shop Digital Envelope)をつくる。そしてSDEを販売店に送る。顧客の処理を図12.7に示す。

販売店はSDEを受け取ると，販売店の秘密鍵で復号化して，O，PH，OPHDとCDEを取り出す。Oからハッシュ値を計算して，これをPHと連結してハッシュ値を計算し，OPH"を求める。デジタル封筒から取り出したOPHDを顧客の公開鍵で復号化して求めたOPH値とOPH"を比較して，同じ結果なら，このデジタル封筒は間違いなく顧客から送られ，かつ通信の途中で改ざんされていないことを確認できる。顧客からのデジタル封筒であると確認できたら，CDEをカード会社に送る。この処理で販売店はOすなわち注文情報が入手できる。しかし支払い情報はみることができない。販売店の処理を図12.8に示す。

カード会社は，販売店から送られてきたデジタル封筒CDEを受け取ると，これをカード会社の秘密鍵で復号化して，P，OHとOPHDを取り出す。支払い情報Pのハッシュ値をとり，OHと連結してハッシュ値をとり，OPH"を求める。デジタル封筒から取り出したOPHDを顧客の公開鍵で復号化して求めたOPH値とOPH"を比較して同じ結果なら，このデジタル封筒は間違いなく顧客から送られ，かつ通信の途中で改

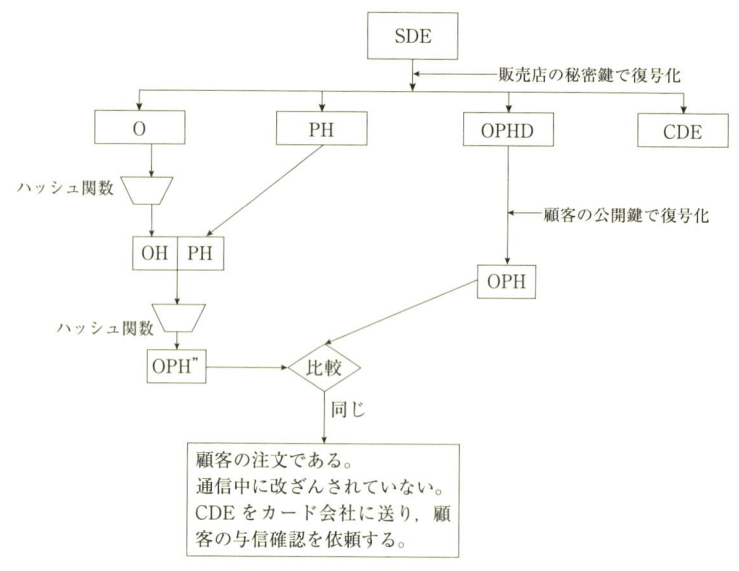

図 12.8　SET における販売店の処理

ざんされていないことを確認できる。支払い情報を確認して問題なければ，その与信状況を販売店に連絡する。販売店では与信情報を受け取った後，顧客から指定された商品を販売することになる。このようにカード会社は，支払い情報はわかるが，販売情報はわからない。

このしくみを使えば，販売店には預金や口座の個人情報を知られることがないし，カード会社には何を購入するかを知られることがないというメリットがある。カード会社の処理を図 12.9 に示す。

(5) SSL による安心・安全な情報通信

クライアントが Web サイトと情報をやりとりするときによく用いられる安心・安全な方法が，SSL (Secure Socket Layer) を利用する方法である。

通信の手順は次のようである。

クライアントが SSL を使用しているサーバに「https://…」という指定をして接続要求を出す。接続要求を受けたサーバはサーバの公開鍵証明書をクライアントに送る。サーバはあらかじめサーバの公開鍵証明書を CA から入手しておく。この証明書には CA のデジタル署名が添付されている。そこでクライアントは CA のブラウザに登録されている CA の公開鍵を入手する。公開鍵証明書のハッシュ値と CA の公開鍵を使っ

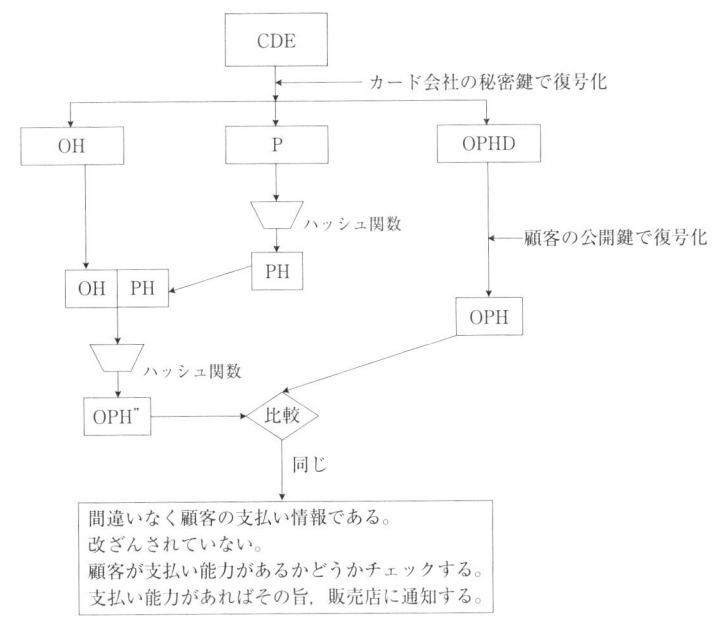

```
                    ┌──────┐
                    │ CDE  │←──── カード会社の秘密鍵で復号化
                    └──┬───┘
          ┌────────────┼────────────┐
        ┌─┴─┐       ┌──┴──┐       ┌──┴───┐
        │OH │       │  P  │       │ OPHD │
        └─┬─┘       └──┬──┘       └──┬───┘
          │           ╲ ╱ ハッシュ関数   │←──顧客の公開鍵で復号化
          │          ┌─┴─┐             │
          │          │PH │             │
          │          └─┬─┘           ┌─┴──┐
        ┌─┴──┬───┐    │             │OPH │
        │ OH │PH │←───┘             └─┬──┘
        └─┬──┴───┘                    │
         ╲ ╱ ハッシュ関数               │
        ┌─┴──┐                        │
        │OPH"│──────────┐             │
        └────┘        ┌─┴───┐         │
                      │ 比較│←────────┘
                      └─┬───┘
                       同じ
         ┌──────────────┴──────────────────┐
         │ 間違いなく顧客の支払い情報である。  │
         │ 改ざんされていない。              │
         │ 顧客が支払い能力があるかどうかチェックする。│
         │ 支払い能力があればその旨，販売店に通知する。│
         └─────────────────────────────────┘
```

図 12.9　SET におけるカード会社の処理

てデジタル署名を復号化した内容を比較して，同じならこの証明書は間違いなく CA から発行されており，通信の途中で改ざんがないことがわかる。このようにしてクライアントは CA お墨付きのサーバの公開鍵を得ることができるのである。

　サーバの公開鍵を入手したクライアントは，時刻などの情報からランダムに鍵（セッション・キーという）を作成する。そしてこのセッション・キーをサーバの公開鍵で暗号化してサーバに送る。これを受け取ったサーバはサーバの秘密鍵で復号化して，クライアントから送られてきたセッション・キーを入手する。

　このセッション・キーを共通鍵として使用して，やりとりする情報を暗号化したり，復号化して，安心安全な情報交換を行う。このしくみが SSL である。要約すると，SSL では，時間がかかる公開鍵暗号は共通鍵であるセッション・キーを暗号化してクライアントからサーバに送るときとサーバがこれを復号化するときだけに使い，クライアントとサーバの間で頻繁に行われるデータのやりとりには時間のかからない共通鍵暗号を使っているのが特徴である。SSL の処理の流れを図 12.10 に示す。

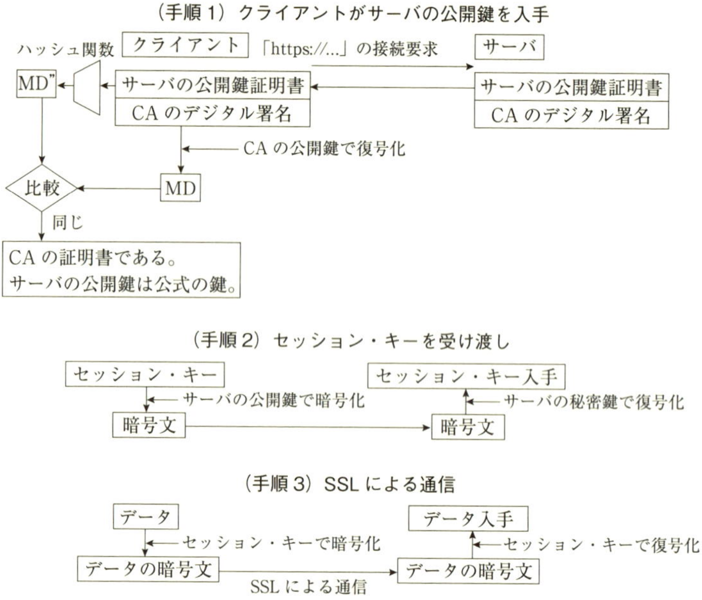

（手順1）クライアントがサーバの公開鍵を入手

```
ハッシュ関数     クライアント      「https://...」の接続要求      サーバ
   MD"         サーバの公開鍵証明書              サーバの公開鍵証明書
              CAのデジタル署名                 CAのデジタル署名
                        CAの公開鍵で復号化
   比較 ← MD
   同じ
  CAの証明書である。
  サーバの公開鍵は公式の鍵。
```

（手順2）セッション・キーを受け渡し

```
  セッション・キー            セッション・キー入手
         サーバの公開鍵で暗号化        サーバの秘密鍵で復号化
     暗号文                      暗号文
```

（手順3）SSLによる通信

```
     データ                     データ入手
         セッション・キーで暗号化       セッション・キーで復号化
   データの暗号文               データの暗号文
              SSLによる通信
```

図 12.10　SSL による処理の流れ

引用文献

伊藤敏幸　2000　なるほどナットク　ネットワークセキュリティがわかる本　オーム社

Kendall, R. 1998 *Solved: The T. J. Beale Treasure Code of 1822.* Omaha, Nebraska: Colonial Press.

小林祐一郎　2006　今日から始める Web2.0 超入門講座　http://internet.watch.impress.co.jp/static/column/web20/2006/01/30/

O'Reilly, T. 2005 http://www.oreillynet.com/pub/a/oreilly/tim/news/2005/09/30/what-is-web-20.html?page=5

Rivest, R., Shamir, A. & Adleman, L. 1978 A Method for Obtaining Digital Signatures and Public-Key Cryptosystems. *Communications of ACM,* **21**, 120-126.

寺島信義　2006　情報社会のビジョン―現実と仮想のコミュニケーション　文芸社

辻井重男・笠原正雄（編著）　1990　暗号と情報セキュリティ　昭晃堂

参考文献

堀部政男（編著）　2006　インターネット社会と法　第2版　新世社

情報教育学研究会情報倫理教育研究グループ（編）　2006　インターネットの光と影 Ver.3　北大路書房

スリーディー　2000　ワークショップ　ハイパーリアリティ　www.ddd.co.jp
Terashima, N. 2002 *Intelligent Communication Systems*. Tokyo: Academic Press.
寺島信義　2006　ウェブ2.0　大手町博士のゼミナール　読売新聞（夕刊）
Tiffin, J. & Terashima, N. (Eds.) 2001 *Hyperreality: paradigm for the third millennium*. Routledge. 寺島信義（監訳）　2002　ハイパーリアリティ―第三千年紀のパラダイム　電気通信協会

13章 情報社会におけるコミュニケーションの展開

1節 社会の発展と情報社会

　情報社会とはいったい何を意味するのだろうか。ダニエル・ベル (Bell, 1976) はアメリカ社会の発展段階を例に，有史以来の社会の発展を前期工業社会期，工業社会期，脱工業社会期の3つの段階に分類した。1800年以前とその後をそれぞれ前期工業社会期，工業社会期に分けた。

　1800年以前の時期は大多数の労働者が農業に従事していた。ジェームズ・ワット (Watt, J.) により1769年に新型の蒸気機関 (Steam Engine) が開発され産業革命の大きな原動力となった。1814年には，スティーブンソンの蒸気機関車が登場した。1825年，ストックトンとダーリントン間の鉄道開通に彼の開発したロコモーション号，1830年のマンチェスターとリヴァプール間の鉄道開通運転ではロケット号が運転され，これ以後，実用化され各地に鉄道が建設されていくことになったのである。鉄道の敷設が工業化のきっかけになった。鉄道が敷設される前は，鉄鉱石などの原料が陸揚げされる港湾地区に原料を加工したり，製品を製造する工場を建設しなければならなかったのに，鉄道で原料を都市部に運送できるようになり，人口の集中する都市部に工場を建設できるようになった。これにより都市人口が工業を支える労働力を担うことになったのである。工業化を推し進めたのは，動力機械の開発による工場の機械化である。機械化によって製品の大量生産が可能となり，工業経済の成長を牽引することとなったのである。そしてしだいに製造業に従事する労働者が大半を占めるようになってきた。このころから社会構造は農業主体から工業主体の構造に変貌を遂げたのである。

　さらに時代が進んで，1960年ごろから銀行，証券，旅行，保険などのサービス業が台頭してきた。このように第3次産業が台頭してきたことから脱工業社会ともいわ

れている。

　脱工業社会についてはさまざまな定義，説明がなされている。たとえば，トフラー（Toffler, 1970）はそれを第3の波（第2の波が工業社会期に，第1の波が前期工業社会期に相当する）とよんだ。一方，カステルズ（Castells, 1997）は1990年代にインターネットが台頭してくることに呼応して，「ネットワーク社会」とよんだ。ネットワーク社会は情報社会と同義語としてこのころから広く使われるようになってきたといえる。

　これらのなかでも特に適切な説は，ドーディックとワン（Dordick & Wang, 1993）の情報社会をインフラ技術との関連で定義するものである。ここでは，情報社会は情報へのアクセスなしには成り立たないとされる。これはまたベルの見地とも一致するものである。1860年以前に確立された鉄道熱なくしてはアメリカの労働人口の大半が工場で働くことはありえなかった。すなわち，鉄道こそが，アメリカ全土を通じて原材料を工場に輸送し，また完成品を市場へと送り出すインフラを提供したのである。そして今やインターネットが同じような役割を担い始めている。つまり，誰もが，地理的場所に依存することなく，労働に従事したり，娯楽を楽しんだり，ショッピングをしたり，学習したりというように，われわれの活動や生活にかかわることがインターネットでできるようになってきたのである。今後，より多くの人びとがインターネットを利用するにつれ，インターネットが，その生活様式やコミュニケーションの形態に大きな影響を及ぼすだろう。このような広範に及ぶ影響こそが，クランズバーグとパーセル（Kranzberg & Pursell, 1967）が指摘するように，技術革新といわれるものの特徴を示唆している。

　工業社会への転換を明確に定義づける時期は，鉄道が町に敷設された時点であるといえよう。これになぞらえて，各家庭がインターネットで接続されるときこそ，本格的な情報社会への転換期とみなすことができよう。しかし，鉄道が，当初の概念からほとんど変化していないのに比べ，インターネットは安定した技術でもなければ安定した概念でもない。さらにはそれがいつ安定したものとなるのか，どのような形態で落ち着くのかも明らかではない。広帯域通信網や情報スーパーハイウェイがインターネットを大幅に変える可能性を指摘されてはいるが，その普及は緒についたばかりである。インターネットの無線，携帯電話，低軌道衛星との本格的な連携はまだ十分ではない。さらにコンピュータと人間との間のインターフェースは，いまだに昔ながらのクワーティ配列キーボードに頼っている。これは数百年前に英文タイプライターのキーを早く打ちすぎて目詰まりが起こらないよう，打鍵をわざわざ非効率にするよう考慮してあみだされたものだといわれている。

蒸気機関車とそれに続く内燃機関車（ディーゼル機関車）が工業社会の物理的側面を築いたとすれば，その精神的背景を築いたのが，マスメディアだったといえよう。今日においても，マスメディアは依然として世界の人びとに現実というパラダイムを提供している。

このように情報社会はインターネットなどの情報ネットワークを飛び交う情報が重要性をもつ社会であるといえよう。情報をお互いにやりとりしながら活動を進めていく。まさにコミュニケーションが情報社会にはなくてはならないものといえる。このコミュニケーションの形態も情報通信技術の進歩で，大きく変貌を遂げていることも疑う余地がない。直接会って商談したり，会話を楽しんだり，プレーをしたりという形態から，インターネットや携帯電話のｉモードを使って，これらの活動が行われる機会がますます増大してきているのである。これは先にも述べたように，第1世代のコミュニケーション Com1.0 から第2世代のコミュニケーション Com2.0 への展開といえるものである。

その中核的な役割をなしているのが，インターネットということができよう。ところでインターネットでの情報通信は現在のところ，文字や図面などの静止画が中心であるが，インターネットの通信速度の高速化で，これらの情報のみならず動画などもリアルタイムに送ることができるようになるであろう。このような時代になれば，テレビ放送などの映像の配信がインターネット上でリアルタイムに行われることになるであろう。またリアルタイムのテレビ電話もインターネットで楽しめるようになるであろう。

◀2節▶ 人とサイバースペースのインターフェースの展開

第2世代のコミュニケーション Com2.0 は，パソコンやインターネットなどのサイバースペース中心に行われることになるであろうとの見通しを述べてきた。そこでここではサイバースペースでのコミュニケーションに重要なインパクトを与えるであろう，人とサイバースペースとのインターフェースの展開についてみてみよう。

人とサイバースペースのインターフェースにインパクトを与えるであろう重要事項を整理してみよう。

(1) マルチメディアからインターメディアへ

文字情報，画像情報，映像情報などが有機的に結合したメディアがマルチメディアである。このようなメディアの融合だけではなく，双方向の情報交換ができるところ

にマルチメディアの特徴がある。たとえばテレビ放送は映像と音声，文字が融合したメディアを各家庭に放映している。しかし各家庭から放送局にリアルタイムにリクエストを送ったり，意見を送ったりはできない。つまり1方向である。これはマルチメディアとはいえない。

しかし前述したように，インターネットが高速になれば，インターネット上で放送番組を配信して，それに視聴者がリクエストしたり，意見を送ったりできるようになるであろう。こうなればこれはマルチメディアということができよう。

ところでインターメディアとは何であろうか。インターメディアとは文字，音声，静止画，動画などのメディアがハイパーテキスト形式で結合されたメディアである。メディアの複合体からなる情報群がリンク情報で結合されている。ハイパーテキストのテキストがメディアの複合からなると考えればよい。一度にすべての情報をつくる必要がなく，必要に応じて詳細化して，関連をつけていくことで，情報が充実していく。つまり知の集積を行うことができる。自分ひとりではなく，多くの人が関連の情報をつくって，それをリンクさせていくことができる。

Wikipediaに代表されるように，インターネットを利用して知の集積が行われるようになった。Wikipediaは誰でもが情報提供をして構築されている百科事典である。一人の天才より百人の素人，三人寄れば文殊の知恵といわれるように，多くの人たちがもっている知識を持ち寄ったほうがいい知恵が生まれるというたとえを実践しているともいえよう。

実際にWikipediaをみてみると，これまでの百科事典にはないようなさまざまな知識が載っている。ただしWikipediaに掲載されている情報を鵜呑みにするのは危険であるという指摘もある。Wikipediaの情報を手がかりとして，百科事典や書籍などでさらなる情報の収集を行うことが望ましいといえよう。

(2) 面の情報から空間の情報へ

今はパソコンのスクリーンに代表されるように，2次元の世界（サイバースペース）で，コンピュータとやりとりしている。しかしコンピュータ技術の発達で，現実世界のように3次元のサイバースペースでやりとりができるようになってきた。またコンピュータ・グラフィックスの発達で3次元モデルを構築できるようになってきた。

われわれはもともと3次元の世界で生活している。コンピュータのサイバースペースも3次元になれば，違和感を覚えることなく，3次元のサイバースペースで活動することができるようになるであろう。バーチャル・リアリティ技術が進歩すれば，現実世界と同じようにサイバースペースでもふるまうことができよう。

(3) GUI から 3 次元のインターフェースへ

パソコンでは，アイコンなどのグラフィック・ユーザ・インターフェース（GUI）を使ったインターフェースが使われている。アイコンはわれわれが容易に連想できる現実のものと結びつけてイメージされている。だから誰でも容易に使いこなすことができる。しかしこれはあくまでも 2 次元のサイバースペースである。ウィンドウが次つぎに開かれると，ウィンドウが重なってしまい，操作が煩雑になる。この問題を解決することができればさらに使い勝手をよくすることができよう。

この 1 つのアイデアがウィンドウの 3 次元の表示である。3 次元空間にウィンドウを表示すれば，重なりはなくなり，見やすくなるであろう。キーボードなども 3 次元空間に表示することができる。このキーボードはソフトウェアで作成できるので，パソコンのキーボードとは違った自分の使いやすいキーボードを表示して，コンピュータとやりとりできるようになる。実際に試作された例として，3 次元空間に平面板のキーボードをつくり，両手で操作できるシステムが紹介されている。片手でキーボードをつかみ，もう片方の手でキーボードの鍵盤にふれることで，コンピュータに指示を送ることができる（Sherman & Craig, 2003）。

(4) コミュニケーションが文字ベースからアバター・ベースへ

今は電子メールによるコミュニケーションがおもに用いられている。最近では，携帯電話を使ったテレビ電話なども利用できるようになってきている。テレビ電話による通信が今後の通信形態を考えるうえでのヒントになるであろう。今は通信回線の速度が低いので相互にやりとりされる映像の表示はぎこちないが，高速になってくれば，もっとスムーズな映像を見ることができるようになろう。

さらに一歩進めれば，相手の動きや表情をリアルに再現するアバター（分身）という形態で表示させることによって現実に面談しているのと同じように対話をしたり，共同作業をすることができるようになる。面談しているのと同じようにという意味は次のとおりである。

①相手の表情や動きがリアルに再現されること。
②現実と同じように任意の位置から相手のアバターを見ることができること。すなわち相手の正面を見たければ正面の位置から，横を見たければ横から見ることができる。
③スクリーンに映し出された仮想物体を一堂に会しているときと同じように参加者がそれぞれ手にとって見たり，操作したりできること。

以上は現実の人間をそのままのイメージで表示するアバターの話をしたが，アバターはコンピュータでつくりだせるという性質を利用して，アバターを変形することによって，自分の容姿を変えたり，自分の好きな洋服を着せたりして相手と対話することもできる。現実の世界で，ピアスをしたり，日焼けをしたりして自分の容姿を変えるのと同じように，アバターを自分好みの容姿で表出することができる。なりたい自分になることもできるのである。

(5) バーチャル・リアリティによるコミュニケーションのしやすさの増大

バーチャル・リアリティ（Virtual Reality）は，パソコンやテレビのスクリーン上に3次元空間を構築し，そこにコンピュータで作成した建物や自動車などの3次元仮想物体を映し出して，手振りの操作で，つかんだり，移動したりすることができる機能を提供する。手振りで操作するには，一般的には，データ・グローブ（Data Glove）を装着して行う。データ・グローブの機能は，手を開いたり，握りこんだり，移動したりといった手の動きを検出することである。3次元空間に映し出された物体にふれたり，つかんだり，離したりといった動きを検出できる。この機能を使えば，マウスを使うことなく，手の動きで物体を操作できるのである。なおデータ・グローブを装着せずに，手の動きを検出する研究も行われているが，まだ実用レベルには達していないのが現状である。

現実世界ではわれわれは手を使って物を持ったり，動かしたりしている。これと同じようなやり方でコンピュータがつくりだした仮想物体の操作ができる。このことの意味は大きい。すなわちわれわれはコンピュータを操作するのに，まずマウスを使った操作法を身につけなければ，コンピュータの操作はできない。これは初心者には負担が大きい。これに対して，手の動きを検出できれば日常行っているのと同じような方法でコンピュータがつくりだした仮想物体を操作できることになり，コンピュータの操作法を知らなくても，操作できることになる。だから初心者から熟練者まで老若男女を問わず，誰でもが，日常行っているのと同じ方法でコンピュータを操作できることになる。サイバースペース上のコミュニケーションが増大する時代にあって，誰でもが違和感なくコンピュータを操作できることで，ますますサーバースペースのコミュニケーションが使いやすいものになるであろう。

3節 匿名性の排除の一方策

第2世代のコミュニケーション Com2.0 の中核的なインフラストラクチャーともい

えるインターネットでは茫漠たる匿名の世界が広がっていることについては第12章で述べた．インターネットでは，ブログにせよ，掲示板にせよ，メールにせよ，匿名で書き込みや送信ができる．この匿名性を悪用して，種々の犯罪やいやがらせ，恐喝まがいの行為が行われている．そして一般の善良なユーザが被害に巻き込まれている．特に子どもが被害にあうケースが多く報告されている．したがって匿名性から脱却する方策を講じていくことが焦眉の急となっているのである．

そのためにどうすればいいのか．現実の世界でも匿名あるいは匿名に近い形で，情報を発信する場合がある．たとえば新聞の投書や放送番組への匿名でのコメントなどがある．しかし匿名での投書であっても新聞社は投書した人物の住所や氏名などを確認できないと，受け付けない．したがって読者には匿名ということになるが，新聞社は本人の確認ができている．だから投書するにあたっては，自己責任において投書することになる．誹謗中傷や猥褻な内容などは，投書したくても投書できないだろう．

一方インターネットではどうか．メール・アドレスの登録では，住所や氏名の申告を求められるが，偽って申告しても登録できてしまう．本当にその住所や氏名が実在するのか，いちいち確認されることはないのである．Webページも架空の住所や名前で開設することができる．これは現実の世界でいえば，ペン・ネームに相当するといえるのかもしれない．しかしペン・ネームの場合でも，出版社は本人の確認ができている．所在不明のペン・ネームはないといっていいのであろう．この点がインターネットの匿名と大きく違う点である．

今インターネットで匿名による犯罪あるいは犯罪まがいの行為が横行し，増加傾向にあることを考えれば，このまま野放しにしておくわけにはいかない．抜本的な対策が必要である．対策は日本にとどまらず，世界的に効力のある形で行うことが重要である．なぜならこの種の犯罪はインターネットを通じて世界規模で行われているからである．

ここでは公開鍵を使った匿名性の排除の一方策について述べよう．インターネットのユーザには，自分の公開鍵と秘密鍵をもつことを義務づける．認証局に公開鍵と秘密鍵を登録するときに，申請者に住民票の提出を義務づけ，住所と氏名の確認をする．必要なら区役所などの行政機関に照会して，たとえば住民票が間違いなく本人のものであるかどうか確認する手続きをとる．

① メール・アドレスの開設

申請者がメール・アドレスをインターネット・プロバイダーに申請するときには，メール・アドレスのほかに，氏名，住所，職業などの必要な情報を作成する．この情報に申請者のデジタル署名を添付した申請書を作成して，この申請書をインターネッ

ト・プロバイダーに提出する。これを受け取ったインターネット・プロバイダーは申請者のデジタル署名から，申請された書類が申請者のものかどうか行政機関に確認する。確認作業にあたっては，申請者の公開鍵を認証局から入手する。そして必要なら申請者の氏名や住所なども確認しておく。このような作業で，申請書が間違いなく申請者の書類であれば申請を受け付ける。そうでなければ申請を却下する。

②ブログの開設

①と同様に，申請者はブログ名，氏名，住所，職業などの必要な情報を作成して，これに申請者のデジタル署名を添付してインターネット・プロバイダーに申請する。インターネット・プロバイダーは①のメール・アドレスの開設時に行うのと同じ方法で，受け取った情報が間違いなく申請者の書類かどうかを確認して，申請者の書類なら申請を受け付ける。そうでなければ申請を却下する。

ブログを開設したら，ブログ上に作成者の公開鍵を載せておく。アクセスした利用者は必要なら公開鍵の所有者を，認証局に確認することができる。ただし所有者の問い合わせがあったときには，個人情報保護の観点から認証局が慎重な情報開示を行うべきである。すなわち問い合わせをしてきた利用者に公開鍵の所有者の氏名，住所，職業などの個人情報をみだりに公開すべきではない。あくまで所有者の意向に沿った情報開示をするべきである。通常では，その公開鍵の所有者が善良な市民であることを保証すれば十分であり，不特定の利用者に個人情報を開示する必要はないことである。ブログへの書き込みにあたっては，必ずメール・アドレスを添付することを義務づける。

③Webページの開設

①と同様に，申請者はWebページのサーバーの開設の申請をインターネット・プロバイダーに行う。インターネット・プロバイダーは申請書が申請者の書類かどうか，添付されているデジタル書名で確認する。Webページを開設したら，Webページ上に作成者の公開鍵を載せておく。Webページにアクセスする利用者は，公開鍵の所有者を認証局に問い合わせて，確認することができる。

Webページの書き込みにあたっては，必ずメール・アドレスの添付を義務づける。

このような処理を行うことで，匿名性は排除できることになる。このほかにもいろいろな方策が考えられるであろう。

4節　安心・安全なコミュニケーション環境構築のヒント

12章で述べた，第2世代のコミュニケーションCom2.0の課題を解決して，安全

で安心して利用できるコミュニケーション環境構築のヒントについて述べることにしよう。インターネットなど情報通信で行われる悪意に満ちた行為を防止するにはどのようにしたらよいであろうか。

すでにみてきたようにインターネット上ではなりすまし，否認，インターネット詐欺やフィッシング詐欺などによる被害の報告が後を絶たない。この1つの原因として，インターネット上では相手の顔が見えないという問題がある。

現実の世界なら，買い物にしても商談にしてもお互いに会ってから始めるというのが一般的であろう。相手と対面して，場合によっては自己紹介し，名刺を交換して商談を始める。相手の表情や人となりを観察し，対話しながら，お互いに信頼がもてたところで商談に進んでいく。この際必要なら相手の所属する企業に相手について照会する。さらに必要があれば実際に相手の企業に出向いて相手の確認を行う。場合によっては，相手の企業についての評判を第三者に問い合わせるなどの確認作業を念入りに行う。ところがインターネットではENTERボタンを押しただけで注文書がでてきて，注文するか，やめるかの選択を迫られる。相手をじっくり確認する暇もないのが実情である。

もちろんじっくり商品の仕様をチェックしてから注文するのがふつうだが，相手の顔は見ることができない。せいぜいアバターがでてきて誘導する程度である。見かけ上は何も問題がなくカード番号や氏名などを入力して注文し，後で詐欺にあう場合もある。注文したのに一向に注文した商品が届かない，代金が銀行の口座から引き落とされてしまっている。商店にメールで問い合わせても返事がいつまで待っても来ない。そこで初めて詐欺にあったことに気がつく。代金をだまし取られてしまって後の祭りである。

インターネットでは，商店のWebサイトにアクセスしてほしい商品を検索し，注文するのは居ながらにしてできる一方，詐欺などの被害にあう危険もある。このような被害をなくして安心・安全に商品の購入ができるシステムが求められている。その1つが前述した安全な商取引である。

ここでは現実と同じようなコミュニケーションの環境をインターネットなどのサイバースペースに構築して安心・安全に対話や商取引ができるシステムについて述べる。これがハイパーリアリティである（Tiffin & Terashima, 2001; Terashima, 1995, 2001; 寺島，2006）。

この概念は，現実世界と仮想世界を融合させ，この融合された世界のなかで，現実のコミュニケーションと同じようなコミュニケーションができるヒューマン・フレンドリーなコミュニケーションの環境を提供するものである。ハイパーリアリティは筆

者が中心となり，ジョン・ティフィン博士，ビクトリア大学のラリタ・ラジャシンガム博士（Rajasingham, L.）らの共同研究で提案された新概念である．提案の後，この概念に関心のある専門家が共同研究を行い，その成果を文献（Tiffin, & Terashima 2001）にとりまとめた．

またこの新概念に基づくプラットフォーム・ソフトウェア（HyperReality）も開発されている（スリーディー，2000）．これは Windows や Unix のうえで動くミドルウェアである．建設会社などに導入されて活用されている．これまで景観設計や遠隔教育などに利用されている．

ネットワークのインフラとしては，インターネットから専用線まで多岐のネットワーク環境で利用することができる．

(1) ハイパーリアリティの概念

ハイパーリアリティ（HyperReality）は，現実世界とインターネットなどで構築された仮想世界をシームレス（seamless）に融合して，現実の人間と仮想の人間（実際には遠隔地にいてその映像がインターネットなどの通信回線で送られてきて，パソコンのスクリーンや大型のスクリーン上に3次元の映像として映し出された分身像（アバター：Avatar という）あるいはコンピュータがつくりだしたエージェントがお互いに相手の顔を見ながら対話したり，商談したり，共同で作業をしたりできる機能を提供する概念である（Tiffin & Terashima, 2001）．ここで映し出された分身像が間違いなく本人かどうかを確認できないと，やはり匿名性の問題は解決できない．そこでハイパーリアリティでは，アバターが本人かどうか確認する方法として次のような方法を考慮している．

コミュニケーションを始める前に，お互いにアバターが間違いなく本人のものであるというデジタル署名つきの証明書を交換しておく．入手した証明書が間違いなく本人かどうかをお互いに確認して，問題がなければコミュニケーションを開始することになる．デジタル署名を解読するために必要な公開鍵の入手は，先にも述べたように認証局に依頼して行う．この手続きによってお互いに相手のアバターが本人であることが確認でき，安心・安全にビジネスなどのコミュニケーションを行うことができるのである．このようにサイバースペースでお互いに本人確認したうえで，商談や共同作業ができるコミュニケーション環境を，本章では安心・安全なコミュニケーション環境とよんでいる．したがってハイパーリアリティのアプリケーションは安心・安全なコミュニケーション環境で動作するアプリケーションということができる．

この手続きは，現実のビジネスで，名刺をお互いに交換したり，胸に着けた名札を

確認したうえで商談を行う手続きに似ている。ここで仮想の世界とは，パソコンのスクリーンや大型スクリーン上に映し出された世界のことである。このように現実の世界と仮想の世界が融合した世界をハイパーワールド（HyperWorld）と定義する。

そしてこのハイパーワールドに対話したり，商談したり，共同で作業ができるフィールドを定義して，これを共働の場（Coaction Field）ということにする。共働の場は会議室であったり，店舗であったり，実験室であったりする。人びとが対話や商談や実験といった目的をもって集合してきたときに，共働の場はつくられる。そしてそれが終われば，みなそれぞれのところに帰っていく。ここで共働の場は消滅するのである。このように共働の場は必要なときにつくられ，目的を達し，離散するときに消滅するダイナミックな特性をもっているのである。

(2) ハイパーリアリティのイメージ

理解を助けるために，具体的な例（寺島，2006）を用いてハイパーリアリティの概念を説明しよう（図 13.1）。ここに示すのは概念であり，これを実現するための技術開発が行われている。技術開発の一端については後述することにする。

図の中央に現実の世界があるとしよう。そのまわりに 3 面のスクリーンがある。スクリーンにはバーチャル・リアリティ（Virtual Reality）で構築された 3 次元の仮想の世界があるとしよう。そしてこの 3 次元の仮想の世界には遠隔地の公園の風景が映し出されている。したがってこの図で表示されている世界は現実と仮想の融合された世界（ハイパーワールド）である。

このハイパーワールドに円で囲まれた空間（左から A, B, C としよう）が 3 つある。

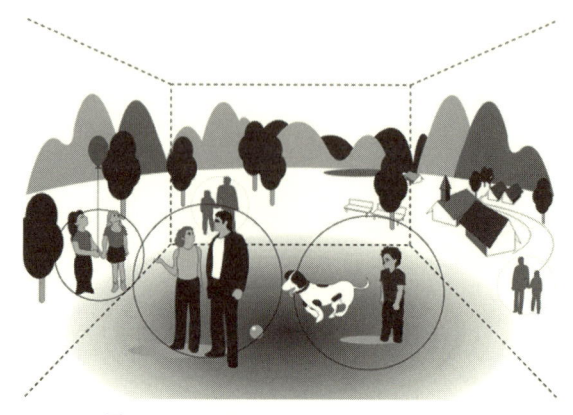

図 13.1　ハイパーリアリティのイメージ

これらが共働の場である。共働の場Aでは2人の女の子が風船で遊んでいる。1人は現実の人，もう1人はエージェントとしよう。2人で風船を見ながら「よく浮いているわね」と喜んでいる。共働の場Bでは，現実の男性と仮想の女性が話をしている。旅行の話で盛り上がっているとしよう。共働の場Cでは現実の男の子が愛犬とボール遊びをしている。このように女の子どうしが共同してプレーしたり，男性と女性があるトピックスについて対話できるためには，お互いにプレーしたり，対話できるための知識を共有していなければならない。つまりプレーするにはプレーの仕方やルールをお互いに共有していなければならない。旅行の話をするには，旅行先，たとえばハワイについての知識がないと，話はスムーズには進められないであろう。また対話や共同のプレーができるためには2つ以上の主体（人どうしあるいは愛犬も含めて）が必要である。また共働の場Aでは人とエージェントが言葉を交わしながら遊んでいる。ということはお互いに言葉を共有していることになる。このように言葉を含めた通信の手段を共有できなければコミュニケーションはできない。また風船が仮想の風船とするなら，現実の世界で風船を飛ばすような重力の法則が仮想の世界でも効力をもたねばならない。

以上のことをまとめると次のようになる。
- 共働の場には2つ以上の主体（人や愛犬，エージェントなど）が存在していることが必要である。
- 共働の場には言葉などの通信手段が与えられる。

通信手段としては言葉のほかに，ジェスチャーや図やイメージなど通信に役立つ手段がある。共働の場には，重力の法則などの物理法則が定義できる。このほかに人が成長したり，花が咲いたり散ったりといった生物の法則，マッチ棒に火をつけたり，化学反応を起こしたりといった化学の法則，スイッチを入れれば電気が点灯するといった電気の法則，景気がよくなったり悪くなったりといった経済の法則などが定義できる。

(3) ハイパーリアリティの適用例

ハイパーリアリティを適用すれば，種々のアプリケーションを構築できる。それらのいくつかについて示そう。

① 自動車設計者と顧客の共同作業

現実の世界では，自動車の設計は自動車工場の設計室で行われる。顧客は自動車を求めてディーラーに行って自動車を見せてもらい，気に入った自動車があれば購入する。自動車の設計と販売は別べつに行われる。顧客は販売されている自動車のなかか

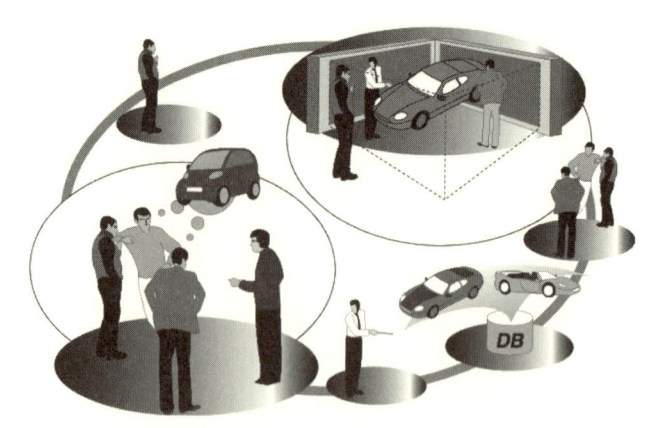

図 13.2　自動車設計者と顧客の共同作業

ら気に入った自動車が見つかれば購入できるが，見つけることができなければ購入することができない。しかし自動車がどうしても必要なときには，販売されている自動車のなかから購入することになる。自動車というのは高い買い物なので，本当は自分が気に入った自動車を購入したい。このような希望を実現してくれる1つの方法がハイパーリアリティを利用した自動車の設計である。

　ハイパーリアリティを利用して自動車の設計者も顧客もアバターとなって一堂に会すればよい。そうすれば設計者はその場で顧客の意見を聞いて自動車を設計できる。設計した自動車を顧客に見せて顧客が気に入れば，その設計図を自動車工場に送って実際に自動車を製造してもらえばよい。こうすれば顧客は自分好みの自動車を購入することができる。アバターの本人確認はできているので，安心・安全に共同作業に参加することができるのである。このイメージを図13.2に示す。なおDBは自動車の3Dモデルなどが格納されているデータベースである。図の左下のサークルでは，お互いに離れた場所にいる顧客がアバターとなって一堂に会して，ほしい自動車について話し合いをしている。右上のサークルでは，設計者がアバターとなって，自動車の設計作業をしている。設計者は顧客の意見を聞きたい。このとき左下の顧客のアバターと右上の設計者のアバターが一堂に会して，意見の交換をする。設計者は顧客の意見を聞いたあとで，顧客の好みに応じて自動車に改良を加える。そしてそれを顧客にみてもらい，顧客が満足したところで設計図を完成させ，自動車の製造ラインに送付して，自動車の製造に着手する。このような段取りを経て，顧客好みの自動車が製造されることになるのである。

②**仮想美術館**

　世界中の美術館に行って，自分が見たい作品を心ゆくまで鑑賞したいというのは誰もがもつ願望の1つであろう。ノールウェーの美術館に行って，ムンクの叫びの絵を鑑賞したい，パリの美術館でピカソの絵を見たい。しかし現実に見ようと思ったらそこに行かなくては見ることができない。

　ハイパーリアリティで構築された仮想美術館なら，そのような夢を居ながらにしてかなえてくれる。ハイパーリアリティの共働の場に美術館を構築すれば，世界中のどこからでもアバターとなって参集して，美術作品を鑑賞することができるのだ。ただしここでいうところの美術作品はあくまでもハイパーリアリティーの共働の場に表出された仮想の美術作品であり，実物でないことは明らかである。仮想美術館に仮想の美術作品を展示することで，疑似体験ができるということである。疑似体験することで，やはり実物を見たければ美術館を実際に訪問して美術作品の鑑賞を楽しめばよい。仮想美術館をつくって美術作品を展示する意義は，どのような作品があるのかについてあらかじめコンピュータで確認できること，作品を3次元のイメージでいろいろな視点から鑑賞できること，美術作品の予備知識を得ることができることなどである。もちろん実物そっくりの仮想の美術品のモデルをつくるには，美術品を所蔵している美術館の承諾を得なければならない。ヒントとしては美術館が発行している美術作品集が参考になろう。閲覧にあたっては対価を払うことが必要になるかもしれない。いずれにしても必要な処置を施した後に公開ということになる。

　これを図13.3に示す。この図の左下の男性と女性，右下の男性2人はそれぞれ離

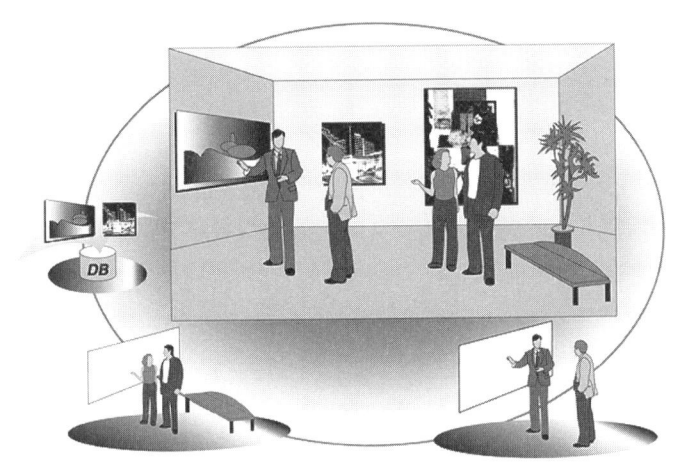

図13.3　仮想美術館

れた場所にいる人物である。ハイパーリアリティによって，4人の人物がアバターとなってセンターに表示されている仮想美術館に集まってくる。そして美術館のなかに掲示されている作品を鑑賞することができる。また美術館のなかを自由に動き回ることができる。

③ 仮想リゾート

ハワイのノースショアで真っ青な空の下で打ち寄せる波を観賞したり，ニュージーランド北島のほぼ中央部に位置する世界遺産のトンガリロ公園に行って，手付かずの原生林のなかを小鳥のさえずりを聞きながら散策したいという思いは誰もがもつ願望であろう。しかしそうたやすく行けるものでもない。ハイパーリアリティの共働の場にこのようなリゾートを構築すれば，われわれは誰でもこのなかに入って，リゾートの疑似体験を楽しむことができる。そのイメージを図13.4に示す。この図に表示されているのは，あくまでもイメージである。この図の説明を補足しよう。

左下に現実の女性がいて，仮想のビーチ・ボールをついている。その前に四角い大型スクリーンがある。右下に男性がいてビーチ・チェアーに休んでいる。その前にやはり大型スクリーンがある。真下にはデータベースがありハワイのリゾートの映像が格納されている。データベースから取り出されたハワイの映像がそれぞれのスクリーンに映し出されている。その表示画像が中央上の楕円のなかに表示されている映像である。この映像には，左の女性と右の男性のアバターがVR（バーチャル・リアリティ）

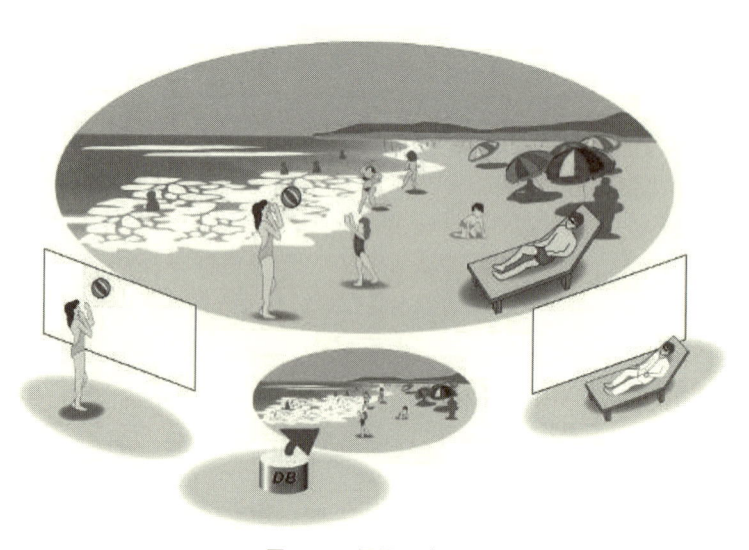

図13.4　仮想リゾート

でハワイの映像のなかに映し出されている。コンピュータがつくりだした女性のアバターが左の女性の傍に映し出されて，2人で，ビーチ・ボールでプレーしている。そのほかにも何人かのアバターが表示されている。このようにしてハワイのビーチの疑似体験ができるのである。実現技術の詳細は省略するが，3次元立体視ができるメガネをかけたり，仮想のビーチボールを操作するためにVR用のデータ・グローブを装着して疑似体験を楽しむことができる。

④ **仮想教室**

インターネットなどの通信回線を利用した遠隔教育やeラーニングが盛んに行われている。このシステムではインターネットに端末を接続しさえすれば，どこからでも授業に参加することができる。eラーニングで単位が取れるインターネット大学なども設立されている。これらのシステムではパソコンのモニターやテレビのスクリーンを見ながら授業を受ける形態であり，実際に教室で行われる授業とは違う。教材のみが表示されるシステムから，教師の像が映し出されるシステムや受講生がマルチウィンドーで映し出されるシステムなどとさまざまである。

このことからも明らかなように現状のeラーニングは実際の教室の風景とは違う。小窓から教室を見ているような雰囲気である。ハイパーリアリティを使えば，教室を共働の場に構築して，教師も学生もみなアバターとなって教室に参集して現実の教室で授業を受けるようにできる。これを図13.5に示す。3地点から参集したアバター

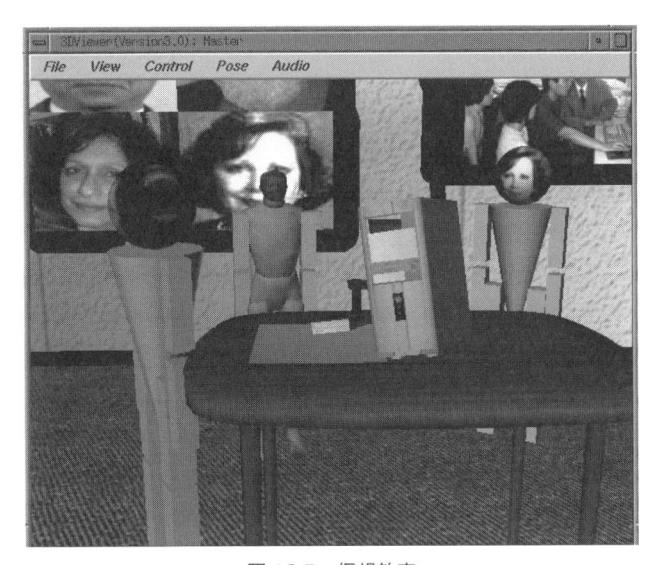

図13.5　仮想教室

が一同に会して，コンピュータの組み立てを行ったようすが示されている。これは2000年に早稲田大学とビクトリア大学，クイーンズランド・オープン・ラーニング機構をインターネットで接続して行われた実験の1こまである。

この図では，3体のアバターが表示されている。左のアバターはビクトリア大学のラリタ・ラジャシンガム博士，中央のアバターが筆者，右のアバターがクイーンズランド・オープン教育機構のアン・グーリー女史（Gooley, A.）である。

この実験では，代わるがわるコンピュータの組み立て作業を行った。奥には左と右にスクリーンがあり，参加者の映像を表示したりすることができる。

⑤ 町並み設計の共同作業

町並みの設計にあたっては，市民，行政，開発企業，市民団体などが一堂に会して情報や意見を交換しながら，進めていくことが求められている。行政や開発企業が一方的に町づくりを進めれば，市民の反発を招くことは明らかである。しかし，関係者が一堂に会するといっても，関係者の人数が多くなってくると，お互いに時間の調整に手間取るなど，そう簡単にできることではない。そこでハイパーリアリティを利用して共働の場に町並みのモデルを設計すれば，関係者がアバターとなって参集して，それぞれの意見を述べることができるし，好きなときに町並みのなかに入り町並みのようすをチェックすることもできる。チェックした結果のコメントを事務局にメールなどで連絡することもできる。また関係者全員が一堂に会する手間を省くこともできる。

実際に町並み設計に利用した一例を図13.6に示す。この図では，街路の設計のシーンが表示されている。街路樹をいろいろ変えてみたり，道路の広さを変えてみたりし

図13.6　町並み設計

て設計を行うようすが示されている。これらを関係者が自分の端末から確認して、みんなが了解できたら、実際に町並みの設計がスタートすることになる。ハイパーリアリティで一堂に会するメリットを次に示す。

①参加者がどこにいるのか、お互いに確認できる。
②参加者のそれぞれが、自分の位置から町並みのようすを見ることができる。
③町並みのなかにある建物を移動させたり、建物のサイズを変えたときに、お互いの位置からどのように見えるか確認できる。

したがって1人で自分の場所をいろいろ移動して、町並みや建物のようすを確認する手間が省けるだけではなく、参加者全員の視点から確認することで、見落としをなくし、客観的に判断することができる。

5節　今後のコミュニケーションの発展シナリオ

4節で述べた安心・安全なコミュニケーションの発展のシナリオを順にみてみよう。第2世代のコミュニケーションCom2.0では、コミュニケーションがサイバースペースに移行していくことを述べた。情報通信技術の進歩でコミュニケーションの形態も大きく変貌を遂げていくであろう。

時代は変わっている（The times they are a-changing）のである。このような時代は、迅速に経済も社会も変わる時代ということがいえるのかもしれない。このような時代背景のなかで、グローバル化の波や高齢化の波が押し寄せてきている。このようななかにあって安心・安全なコミュニケーションがますます求められてきていることも、誰もが認めるところであろう。そこでここでは、コミュニケーションの環境がどのように発展していくかについての展望を述べる。

(1) 平面ディスプレーを用いた安心・安全なコミュニケーション環境

ハイパーリアリティが実用化され、人びとがその恩恵に浴するためには、処理能力が高く、かつ身につけることができる超小型のコンピュータとマルチメディアをリアルタイムに伝送できる情報ハイウエーとリアリティを映し出せるディスプレーの実現が必要である。これらの機器やシステムの実用化の進展を参考にして、安心・安全なコミュニケーション環境の発展を予測してみよう。

まず現状はどうであろうか。現状はパソコンを利用したり、平面ディスプレーを利用したコミュニケーション環境の構築が一部実用化されている段階である。

また安心・安全なコミュニケーション環境の一例として、早稲田大学で開発された

インターネット環境で動作するハイパーリアリティのプラットフォームがある。このシステムはLinuxとWindowsのOSで動作するシステムである。構成要素としては，パソコン，液晶シャッター・メガネとデータ・グローブと位置センサーからなる（スリーディー，2000）。パソコンとマウスのみで動かすこともできる。このシステムでは，パソコンのスクリーンに映し出された3次元の物体を好きな角度から立体視したり，データ・グローブを手に装着してスクリーンに映し出された3次元仮想物体を操作することができる。またアバターやエージェントとスクリーンのなかに構築された共働の場で，部品の組み立てや町並みの設計などの共同作業を行うことができる。共働の場はコンピュータのスクリーンに限定されるため，空間への没入感という意味では限界がある。しかし，早稲田大学と高知市が共同研究を進めてきた町並みの設計や環境設計などのアプリケーション（Terashima et al., 2004）や，ニュージーランドのビクトリア大学などと共同研究を進めてきた仮想教室であるハイパークラス（Terashima, 1998, Terashima & Tiffin, 1999; Terashima et al., 1999, 2003）には十分適用できることが実証されている。このシステムはインターネットでの接続により，誰でもが共働の場をとおして参加できるので，地理的に分散して行う共同作業には大いに威力を発揮することが確認されている。

このシステムでは，遠隔地にいる人がアバターで参加したり，コンピュータがつくりだしたエージェントをスクリーンに表示して，われわれに代わって種々のタスクを実行させることもできる。エージェントの開発事例として，Webにアクセスして，利用者が要望する情報を取得したり，スケジュールの管理をしたり，会議の手配をしたり，メールの仕分けをしたり，メールの緊急度を知らせたりといった補助的な役割を果たすエージェントがある。

ところで，今や大型の液晶ディスプレーやプラズマ・ディスプレーが実用化され，利用できるようになってきている。さらに100インチ以上のスクリーンも市場に出回ってきている。したがってパソコンのモニターの代わりに，大型のフラット・スクリーンをコミュニケーション環境のスクリーンとして用いることもできる。このように大型スクリーンを用いれば，より快適なコミュニケーションの環境を構築することができる。

大型のスクリーンを用いた安心・安全なコミュニケーション環境の代表例としては，ATR通信システム研究所（京都）で筆者の開発した臨場感通信会議システムがあげられよう（Terashima, 1994a, 1994b）。臨場感通信会議システムでは，参加者が2面の大型スクリーンの前にある椅子に腰掛けて，会議に参加することができる。そして3か所の離れた地点を結ぶことが可能であり，参加者は神輿の組み立てをデータ・

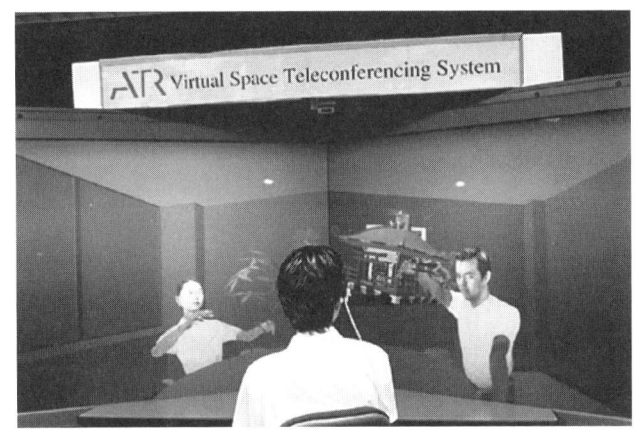

13章　情報社会におけるコミュニケーションの展開

図 13.7　臨場感通信会議システムの一こま

グローブで行うことができる。スクリーンに表示されるアバターもリアリティがあり，誰を表現しているかすぐわかる。アバターはあらかじめ本人の顔の形状や肌の色を3次元スキャナーで獲得し，再構成してスクリーンに映し出したものである。3面のスクリーンを用いた臨場感通信会議システムのスナップ・ショットを図13.7に示す。中央のうしろ向きの人物がここにいる実際の人物で，シャッター・メガネとデータ・グローブを装着している。またシャッター・メガネには眼の位置を検出する位置検出センサーがついている。一方2枚のスクリーンに映っている左の女性と右の男性はお互いに離れた場所にいる人物のアバターで等身大に表示されている。右のアバターが神輿を手で持って操作している。アバターで参加している遠隔地の人物もシャッター・メガネとデータ・グローブなどを装着している。

　アバターの動きは実際の人物の動きに合わせて動く。シャッター・メガネを装着しているので，スクリーンに映し出されたアバターや仮想物体は立体的に浮き出て見える。うしろ向きの人物が，右のアバターの横顔を見たいと思ったら，アバターの横に行けばよい。このように表示されたアバターや仮想物体を現実世界と同じように見たい位置から見ることができる。テレビのスクリーンでは，テレビに映った正面を向いた人物の横顔を見ようと思っても，見ることはできない。あくまでカメラのアングルの画像しか見ることができないからである。このように現実と同じように見たい位置から見ることができるのが，臨場感通信会議システムの大きな特徴である。パソコンをベースとしたシステムと比べて，大型平面スクリーンの使用によって，その世界に没入した感覚が得られ，より臨場感を増す環境が構築できる。このシステムでは，こ

のような没入感だけではなく，聴覚，視覚，触覚といった五感に近い感覚に訴えるインターフェースが実現できていることも大きな特徴である。

(2) 家屋のインフラとして組み込まれたコミュニケーション環境

大型スクリーンを使ったコミュニケーション環境の次に実用化されると思われるのが，部屋の壁に組み込まれたコミュニケーション環境である。この段階になると，室内の壁にコンセントが設けられているように，部屋の壁や天井に情報網が張り巡らされることになるであろう。音声や手振りなどがマン・マシン・インターフェースに取り入れられるようになると，部屋の仕切りの壁が情報処理の機能を果たすようになるであろう。

図13.8にイメージを示す。壁や，天井，床にスクリーンが埋め込まれ，ここにアバターやエージェントや仮想物体が映し出される。壁の前の空間と壁のスクリーンに映し出される空間は，実在の人間や物体とバーチャルな人間（アバター）と仮想物体，人間とエージェントなどの人工知能がコミュニケーションする場になるということである。ここには仮想教室，仮想クリニック，仮想リゾート，仮想美術館，仮想店舗などの場（共働の場）が設定され，目的に応じた共同作業が行われる。これは現実の学校，クリニック，リゾート，美術館，ショッピングモールなどとは違って，搭載するソフトウェアを入れ替えることで自由に変更できる。設備投資もいらない。しかもどこからでも通信回線を通じてアクセスできるので，世界中の誰でもがアバターとなって自由に参加できる。家庭の壁に埋め込まれたスクリーンには，このような種々の場がつくられ，共同で，人びとは種々の活動を行うことができるようになるのである。寝床

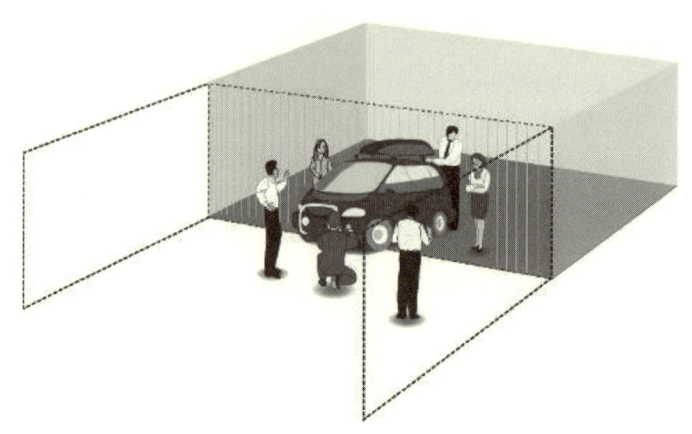

図13.8 部屋の壁に組み込まれたコミュニケーション環境（寺島，2006）

に横たわっている病人がハイパークリニックにアクセスして，診断してもらったり，学生が自宅から仮想教室に参加して授業に参加することができるようになろう。さらに技術が進歩すると，人工知能をもったエージェントが，看護師となって，患者のようすをみに行くこともできるだろう。教師エージェントが学生の学習の支援をしたり，医者エージェントが患者に適切なアドバイスをすることもできるようになるだろう。

SIMATIONの代表者であった故カール・ロフラー氏（Loeffler, C.）によると，この段階のエージェントは，秘書がやっているような補助的な業務を一歩進めて，より高度な機能をもつことになるだろうと予測している。たとえば言葉の認識能力や対象についての知識をもち，限られた対象とはいえ，われわれと意思疎通ができるようになるだろうということである。

(3) 装着形のコミュニケーション環境

次のステップのコミュニケーション環境として予想されるのは，知的スーツを着て，場所に依存しない，どこでも利用できるシステムの登場である。インフラ形のコミュニケーション環境の特徴は，特定の場所に限定されたものであるということである。すなわちそのインフラの設備がある場所でなければ利用することができない。身体に装着した機器なら，ソニーのウォークマンや携帯電話のように，それを持ち歩けばどこにいてもコミュニケーションできるようになる。このように自由に移動しながらどこからでもコミュニケーションができる時代が来るだろう。身につけることができるウェアラブル・コンピュータがこれを可能にするだろう。そうなれば，コミュニケーション環境は場所に依存した技術ではなく，人に依存した技術となる。まずはじめは，ラップトップコンピュータとアンテナによってこの機能を実現することも考えられるが，そこではユーザはスクリーンを覗き込まなければならない。このシステムはすでに実現されている。ところがマイク，イヤホーン，メガネ，グローブなどの組み合わせによって，バーチャルリアリティと現実世界を分け隔てなく融合することが可能になれば，どこにいてもコミュニケーション環境の恩恵に浴することができるようになる。それまでの段階とは大きな変化が生まれるだろう。そうなると，この装置を身につけて，このコミュニケーション環境に入り込んだ人びとは，携帯電話のように歩きながらバーチャルな相手と会話を楽しんだり，表示された物体を操作することができるだろう。ただし，携帯電話との違いは，相手の声だけではなく，3次元の像として相手の姿も見ることができる点である。もちろんそばにいる人にはバーチャル人間の声を聞くこともできなければその姿を見ることもできない。それができるためには，共働の場に参加していなければならないからである。

■■■ 第3部　将来のコミュニケーションに向けて

　この段階になると，身体を完全に包み込む知的スーツには，並列処理コンピュータや広帯域通信ネットワークが張り巡らされているようになるだろう。シースルーのメガネをかけることによって，現実世界とコンピュータから表示された映像がメガネに表示される。イヤホーンをつけた片耳からはコンピュータからの音声が，片方の耳には現場の音声が入力されてくる。またマイクの音声をコンピュータに伝えることもできる。このように現実世界の情景とコンピュータからの映像，また現実世界の音声や音響とコンピュータのつくりだした音声や音響が人間の感覚器官に入力され，現実と仮想の世界のなかでコミュニケーションができるようになるのである。

図 13.9　装着するコミュニケーション環境

　図 13.9 に装着形のコミュニケーション環境のイメージを示す。マイク，イヤホーン，メガネ，知的スーツを装着することで，種々の情報が人間の身体に入ってくる。まさに知的スーツなどは外部からの情報の入力のゲートとなるのである。知的スーツなどから入力されたすべての情報が人間の感覚器官へと伝達される。そして現実世界の情景や音声・音響などが同時に感覚器官に伝えられ，知的スーツなどから通信機能によって伝えられた情報と融合される。このように融合された情報はさらに身体の中枢へと伝達され，バーチャルと現実の情景や音声などをシームレスに統合したような効果を生むことになるのである。知的スーツはそれを身につけている人の声や動きを，共働の場に参加している相手に伝達することができる。ドレクスラー（Drexler, 1990）によると，知的スーツは柔軟性があり，それを身につけている人を物理的に支えたり，その人の体型にフィットするように伸縮性にも富んでいるといわれる。すなわち知的スーツは外部情報の知覚やコンピュータからの情報の表示などの情報処理機能をもつだけではなく，それを着ている人物を保護する機能をももつことになるのである。知的スーツは情報通信と同じように表情，声，体温などの情報伝送を行うだけではなく，場合によっては，伝える声や表情を，それを身につける人のもつ声や表情とは違うようにすることも可能なのである。いずれにせよ，われわれ人間は衣服を着るのと同じような感覚で知的スーツを着ることができるのである。知的スーツを着ただけで，われわれは安心・安全なコミュニケーション環境に入ることができる。そして自由自在

に会話を楽しんだり，共同で作業を行ったりすることができるようになるのである。

　このように，コミュニケーション環境は技術の発展とともに大きく進歩していくことが予想される。同時にパソコンの価格やインターネットの利用料金はますます安くなっていき，それにつれてこのようなコミュニケーション環境もわれわれの生活のなかに普及していくだろう。また最近は，安全対策のために監視カメラが交通の要衝，店舗や公共機関の要所に配置されている。それらが数多く設置されるようになればなるほど，カメラはより小型化し，めだたないものになろう。電力や携帯電話の送信機と同じように，監視カメラも個人のプライバシーの侵害や監視活動の強化につながらないのだという人びとの了解や法的な保障が得られた暁には，一般に容認されコミュニケーション環境のインフラの一部となるだろう。このカメラこそが，この段階のユビキタス・コミュニケーション環境の基盤を築くことになると思われる。すなわち方々に設置されたカメラを情報通信ネットワークに組み込むことで，あらゆる場所の映像が，知的スーツなどを着ていればいつでも見ることができるようになるのである。世界中のどこの映像も，リアルタイムに入手できるのである。これがコミュニケーションの効果をいっそう有効なものとするだろう。外国の町並みに設置されたカメラに切り替えれば，居ながらにして，その町の映像を見ることができるだけではなく，その町をアバターとして訪問して，町の散策やショッピングが楽しめるのである。またテーマパークにカメラを切り替えれば，そこのイベントに参加したりもできるようになるだろう。監視カメラは今のところ治安維持が目的ではあり，その利用には十分な注意が必要であるが，上述したような利用をすることで，われわれ人間に多くの光明をもたらすことも期待できるのである。

引用文献

Bell, D. 1976 *The Coming of Post-Industrial Society: a Venture in Social Forecasting.* New York: Basic Books. 内田忠夫・他（訳）　1975　脱工業社会の到来―社会予測の一つの試み　ダイヤモンド社　＜本書は原著の 1st.（1973）の訳＞

Castells, M. 1997 *The Power of Identity.* Malden, MA: Blackwell.

Dordick, H. S. & Wang, G. 1993 *The Information Society: A Retrospective View.* Newberry Park, CA: Sage Publications.

Drexler, E. K. 1990 *Engines of Creation.* London: Fourth Estate.

Kranzberg, M. & Pursell, C. W. 1967 *Technology in Western Civilization.* New York: Oxford University Press.

Sherman, W. R. & Craig, A. B. 2003 *Understanding Virtual reality: Interface, Application, and Design.*

San Francisco, CA: Morgan Kaufmann.

スリーディー 2000 ワークショップ ハイパーリアリティ www.ddd.co.jp

Terashima, N. 1994a Virtual space teleconferencing system. Proc. 3rd International Conference on Broadband Islands.

Terashima, N. 1994b Virtual Space Teleconferencing System: A Distributed Virtual Environment. Proc. IFIP World Congress 94.

Terashima, N. 1995 HyperReality. Proc. International Conference on Recent Advance in Mechatronics.

Terashima, N. 1998 HyperClass-an advanced distance education platform. Proc. IFIP Teleteaching '98.

Terashima, N. & Tiffin, J. 1999 An experiment of virtual space distance learning systems. Proc. Annual Conference of Pacific Telecommunication Council.

Terashima, N., Tiffin, J. & Rajasingham, L. 1999 'Experiment on a virtual space distance education system using objects of cultural heritage. Proc IEEE Computer Society Multimedia Systems 2: 153.

Terashima, N., Tiffin, J., Rajasingham, L. & Gooley, A. 2003 HyperClass: Concept and its Experiment. Proc. PTC2003.

Terashima, N., Tiffin, J., Rajasingham, L. & Gooley, A. 2004 Remote Collaboration for City Planning. Proc. PTC2004.

寺島信義 2006 情報社会のビジョン─現実と仮想のコミュニケーション 文芸社

Tiffin, J. & Terashima, N. (Eds.) 2001 *Hyperreality: paradigm for the third millennium.* Routledge. 寺島信義（監訳） 2002 ハイパーリアリティ─第三千年紀のパラダイム 電気通信協会

参考文献

Beniger, J. R. 1986 *The Control Revolution: Technological and Economic Origins of the Information Society.* Cambridge, MA: Harvard University Press.

Eco, U. 1986 *Travels in Hyperreality.* London: Pan Books.

Terashima, N. 2001 *Intelligent Communication Systems.* Academic Press.

14章 第2世代のコミュニケーションCom2.0を支える情報インフラ

1節 コミュニケーションのインフラストラクチャー

　インフラストラクチャー（infrastructure）とは，社会全体やわれわれ人間の生活にとって不可欠な設備系統であり，あまねく誰にでも利用できるものということができよう。具体的には，電気設備，配電設備，上下水道，道路，空港，港湾，学校，医療機関，電気通信網，放送網などがある。ところで情報インフラは，道路網のインフラになぞらえてつくられた言葉で，画像，映像，音声などのマルチメディア情報を大量に瞬時に流すことができる通信網のことである。これは，さかのぼること1993年9月に，当時の米国のゴア副大統領がNII（National Information Infrastructure）の名称で提唱したことに端を発する。これは，ユーザを第1に考え，技術やニーズの変化に対応できるオープンシステムであり，どんなユーザでも使うことができるプラットホームであること，そして，どんなハードでもソフトでも相互乗り入れができるインターオペラビリティ（相互運用性）を保障することなどを目的としたコンセプトである。その後，各国から同様の情報インフラの提案が相次いでなされたことで，1994年に，米国は，各国の提案を統合してGII（Global Information Infrastructure）を提唱した。そして，1994年9月に京都で開催されたITU（国際電気通信連合）全権委員会議で，その発表がなされたのである。

　GIIの基本理念は，企業の投資を促進すること，自由な競争，技術の進歩や市場の変化に柔軟に対処できること，誰でもが参加できること，誰でもがサービスを享受できることなどである。すなわち世界中の人びとが情報インフラGIIを利用して，情報の発信，受信や交換が自由自在にできることである。

　そしてGIIに関連して，1994年6月にドイツのハンブルグで開催された第3回ブロードバンド・アイランドの会議で，欧州における高速広帯域情報通信網の取り組みや技

術的展望などが議論された。そしてこの会議では，ベルリンとハンブルグとケルンのドイツの3都市を結んだ情報スーパーハイウェー伝送実験が行われ，基調講演がベルリンのブンデルポスト（郵電省）のオフィスからハンブルグの国際会議の会場にライブでテレビ中継された。また全体セッションでは，2地点を結んだCSCW（コンピュータを利用した共同作業）の実験が行われた。

その後多くの国や機関でGIIの実現に向けた取り組みが積極的に行われてきた。日本でもNTTが中心になって高速広帯域通信網ISDN（Integrated Service Digital Network）の構築が進められてきた。その1つが全国規模の光ファイバー・ネットワークの建設である。

GIIは地球規模の情報インフラであり，全世界を1つのネットワークでつなぐためには，グローバルな視点で共通の通信規約（protocol）を決めることが必要である。そこでITU（国際電気通信連合）が中心になって，高速広帯域通信網の通信規約の制定作業が行われてきているのである。

2節　情報インフラの意義

このような高速広帯域通信網からなる情報インフラの意義を考えるにあたって，これまでの産業の流れをみておくことが重要である。

1960年代，わが国では，造船・鉄鋼などの重工業が隆盛になった。そして，1970年代に入ると，テレビ，自動車に代表されるように家電・自動車などの電子機械工業が興り，空前の高度経済成長ともてはやされた。そしてこれと並行して起こってきたのが，コンピュータに代表される情報化の進展である。情報化社会というキーワードがいわれだしたのもこの時期からである。情報化の流れに乗って，情報サービス，情報通信サービス，ホテル・旅行業，などのサービス産業が台頭してきた。各国間の自由競争の激化で，特に工業製品の熾烈な低価格競争が行われてきた。低価格化を進めるため労働賃金の低い中国やインドなどに生産の拠点を移す企業がふえてきている。この傾向は，日本の企業だけではなく，米国企業でも起こっている。米国では，この現象はExporting America（アメリカを輸出する）として報じられ，技術や製造などのノウハウの流出だけではなく，国内の労働機会の消失として深刻な問題を提起するまでになっているのである。

このような低価格競争のサイクルから脱却するためにはどうしたらいいのか。そのための新産業として知識産業へのシフトや知識資本主義などへの移行が取りざたされている。それから深刻な問題となっているのが，エネルギー資源の枯渇問題である。

その解決のためには，エネルギーを消費する従来形の産業からのシフトをしなければならない。この候補として有望なのが，情報インフラを活用した情報産業や知識産業であるといわれている。

今各国で進められている情報インフラの実用化の状況をみてみよう。各国ともに中継線が2ギガビットの通信速度，加入者線が156Mbpsの通信速度が1つの目標とされている。この回線を使うと，たとえば，新聞（朝刊）が1秒間に約600頁送れるくらいの高速通信が可能となる。さらに，このように高速通信回線をポイント・ツー・ポイントで結ぶことにより，種々のアプリケーションの可能性が考えられるのである。前に述べたような個人個人の好みにあった自動車の設計や家の設計サービスなどがネットワークで行われることになるであろう。

◀3節▶ 情報インフラの進展

これまでの情報インフラの進展の状況をふり返ってみよう。

まず，1880年代に電話サービスを行うためアナログ電話網が構築された。アナログ電話網は，音声を運ぶ通信網である。帯域は3.4KHzである。振幅変調方式や周波数変調方式が利用される低速のアナログ通信網である。これが長い間使われてきた。

1970年代に入り，コンピュータどうしをネットワークで結び，コンピュータで処理するデータをやりとりするデータ通信網が構築された。コンピュータで処理するデータは0，1からなるデジタル情報であり，これが通信回線を流れることになる。しかし当初は既設の電話網を利用することが多く，コンピュータのデジタルデータをモデムでアナログに変換して電話網を使って伝送された。コンピュータで処理されるデータ量の飛躍的な増加に対応するためには電話網に代わって，高速のデジタル専用回線が敷設された。データ通信網と相前後してファックス情報をやりとりするファックス通信網や画像情報をやりとりするビデオテックス通信網が開発されたのもこの時期である。

このように，通信網はそれぞれの用途に合わせて，個別に開発されたために，通信網の改良や保守に膨大な費用がかかることになったのである。そこで，当然の帰結として，目的別に構築されてきた通信網を統合しようという動きがでてきた。アナログ網の電話網とデジタル網のデータ通信網はそのままでは統合できないので，デジタル化により一本化を図ることにしたのである。これを実現するため，1980年代にサービス総合デジタル網（ISDN）が提案された。こうすれば，通信網が一本化されるため，設備投資や保守の経済化が図れるだけでなく，サービス間の相互乗り入れも可能となる。

■■■ 第3部　将来のコミュニケーションに向けて

　画像・映像などの情報をリアルタイムに送ったり，交換したりするためには，大容量の通信回線や広帯域 ISDN 用の交換機（ATM 交換機）の開発などが必要である。大容量通信回線の実現手段として，NTT が 2001 年 6 月に家庭まで光ファイバーを敷設する FTTH（Fiber To The Home）サービスを発表し，フレッツ光などのサービスとして実現されてきている。これにより，今のテレビやビデオなどのマルチメディア情報を，ISDN を利用してポイント・ツー・ポイントで通信することができるようになるのである。すなわち，テレビ局と各家庭が高速広帯域回線で接続され，情報のやりとりがリアルタイムにできるようになるのである。

　そうなれば，これまでのように，テレビ局から番組に沿って家庭に送られてくるテレビ映像を視聴するというやり方から，自由にテレビ局にリクエストして，見たい映像を送ってもらうことも夢ではない時代が来るのである。

◀4節▶ 情報インフラのキーテクノロジー

　さてこのような情報インフラを構築するための基幹技術についてみてみよう。先ほど述べたように，情報インフラは，画像，ビデオ，音声などのマルチメディア情報をポイント・ツー・ポイントで高速に伝送する通信網である。これを実現するために，光ファイバー網が最も有力である。この実現と同時に情報をあて先によって，行き先の回線に振り分ける交換機能（スイッチング）の高速化も達成しなければならない。このために，ATM 交換機の導入が行われている。ATM 交換機ではスイッチングを高速に行うためにスイッチングの単位になる情報ユニット（これをセルという）を固定長 53 バイトとして処理の高速化を行っているのである。ATM 交換機が実用化される以前は，交換機能はパケット交換で行われていた。

　パケット交換では，スイッチングの単位となる情報ユニット（パケットという）が可変長で，処理するのに時間を要していた。ATM 交換では，この欠点をなくし，スイッチングの高速化を実現したのである。

　高速広帯域通信網 ISDN のもう 1 つの特徴は，通信網を流れるすべての情報をデジタル化し，多重化によりサービスの統合を達成したことである。ISDN では，ファクシミリ通信，ビデオテックス通信，データ通信，電話，電信などのサービスを 1 つのデジタル通信網に集約した。このため ISDN では，すべてのサービスを 1 つのデジタル通信網で通信できるために，ファクシミリ通信で送られてきた情報をデータ通信網のコンピュータのデータベースに格納することができるし，データ通信のデータをファクシミリ端末に出力することもできる。このようにサービスの相互乗り入れも実

現されたのである。

　一方，インターネットは大学やオフィスのなかに構築されてきたローカル・エリア・ネットワーク（LAN）を通信回線で次々と接続して，構築されてきたネットワークである。

　ここでは，ATM交換，LAN，インターネット，OSIプロトコル，TCP/IP通信についてみてみよう。

(1) ATM交換

　ATM交換はAsynchronous Transfer Mode交換の略で高速にマルチメディアデータの交換を行う。先に述べたように，パケット交換ではデータを可変長のパケットに分割して，それにあて先を付与して交換していた。しかし，この方式では交換されるパケットが可変長のために処理に時間を要していた。すなわちパケットごとにいちいちパケットの長さをチェックしなければならなかったためにこの処理に時間がかかっていたのである。この欠点を補うために，セルとよばれる固定長（53バイト）のデータに分割して，これにあて先を付与して交換する方式が実用化された。この方式がATM交換である。これにより処理の高速化が達成されたのである。

(2) LAN

　オフィスビルのなかや大学内のネットワークにはローカル・エリア・ネットワーク（LAN）が利用されている。そこでここではLANの形態（トポロジー）についてみてみよう。LANの形態としては，バス形式，リンク形式などがある。

　1970年代のはじめ，米国のゼロックス社が自社のワーク・ステーション（work station）を相互接続するため同軸ケーブルを利用したイーサネット（Ethernet）を開発した。これはバス(bus)形式のLANの創始である。1980年代に入り，IBMが光ケーブルを使った新しいトークンリング形式（token ring）のLANを発表した。これらがベースとなり，国際標準が検討され，標準仕様が作成された。

　イーサネットの通信方式はCSMA/CD（Carrier Sense Multiple Access/Collision Detection）方式といわれる。イーサネットに接続されたワークステーションが自由にメッセージを送信する。自由に発信するので，複数のワークステーションが同時に発信する場合もありうる。これを衝突（collision）という。この場合には，時間をおいて発信を繰り返す。時間をおく方法として，お互いの衝突を避けるために乱数を用いる方法などがある。

　これはテーブルを囲んで複数の人が会議をする場合に似ている。誰かが発言する。

発言すれば他の参加者は発言者の発言が終了するまで待つことになる。発言が終わったら，次に発言する。この場合，同時に発言を開始することは，よくあることである。このような発言の衝突が起こったら，一方がゆずって，相手の発言が終わるのを待って発言する。このようにして会議が進行していく。CSMA/CDは，このような会議の進行と似ている。

CSMA/CDのほかに，トークンリング方式がある。トークンリング方式はリング上を空のトークンが回っている。発信したければ，このトークンを捕捉する。そして通信文を空のトークンに乗せて，このリンクに送出する。あて先に指定された受信者はこのトークンから通信文を取り上げ，応答文をこのトークンに乗せて返す。発信者は，この応答文を受け取り，空トークンをリンクに送出する。次に発信したい人が，この空トークンを取り上げ，通信文を送り出す。このようにして通信が進行していくのがトークンリング方式の通信である。

(3) インターネット

世界中の大学やオフィスや家庭のLANが高速広帯域通信網，電話網や専用線などで接続されたLAN間ネットワークが，インターネット（The Internet）であり，世界中に1つしかない。世界中に1つしか存在しないネットワークだからThe Internetといわれている。したがってインターネットは「ネットワークのネットワーク（network of networks）」ともいわれている。インターネットは世界中の大学，研究機関，企業体などのLANがルータ（router）や関門交換機（gateway）を介して，広域ネットワークで接続されたグローバルネットワークということもできる。ここにルータは通信されるパケットの方路選択機能を，関門交換機は種類の異なる，あるいは通信事業者が異なる情報通信網の接続にともなうプロトコルの変換処理や料金計算の機能をもっている。インターネットでは，TCP/IP通信が用いられている。TCP/IP通信で用いられているプロトコルは，ITUやISOなどの国際標準機構が制定したものではなく，業界のなかから提案されて，世間一般に広く利用されるようになったものであり，業界標準（de facto standard）とよばれている。これに対して，OSIプロトコルは国際標準（international standard）とよばれている。

インターネットの番号計画（アドレス付与）はIPアドレスにより行われる。IPアドレスの付与はSRI（スタンフォード研究所）のNIC（ネットワーク情報センター）が管理し，加入をしたい機関からの申請により付与する。

LANでは48ビットのアドレスのうち16ビットはマシンアドレスとして使用するため，残りの32ビットをIPアドレスとして使用する。加入するLANの種類によりA，

B，Cの3つのクラスに分類されている。LANの端末アドレスの付与は，LANの管理者に任されている。

(4) OSI プロトコル

ISO（国際標準化機構）で，通信に関するソフトウェアやハードウェアの体系が，機能別に7階層の参照モデルとして標準化された。このモデルは，オープン・システム・インターコネクション（open system interconnection）とよばれ，OSI 参照モデル（OSI reference model）ともよばれている。OSI 参照モデルの構成と機能を次に示す。

①アプリケーション層（application layer）（第7層）

ファイル転送（file transfer）やジョブ転送（job transfer）などのサービスをユーザに提供する。ユーザは端末利用者であってもよいし，プログラムであってもよい。

②プレゼンテーション層（presentation layer）（第6層）

データの変換や加工を行い，端末利用者やプログラムの処理に役立てる。

③セッション層（session layer）（第5層）

データの流れについて，コネクション（connection）の確立や解放を行う。意味のある情報を互いに同期をとりながら転送する。情報の送信法（半二重，全二重など）やプロセス（process）間の同期，非同期の管理を行う。

④トランスポート層（transport layer）（第4層）

セッション層のデータを相手のプロセスに送り届ける。1つのネットワークコネクションに複数のトランスポートコネクションを多重化し，通信の効率化を図る。

⑤ネットワーク層（network layer）（第3層）

トランスポート層のデータをネットワーク上の経路を選択して相手のノード（node）に送る。経路がトラヒックなどで利用できなくなったら，他の経路の選択を行う。

⑥データリンク層（data link layer）（第2層）

隣り合ったノード間に通信のための通路を設定し，となりのノードにデータを転送する。エラーが発生したら，再送を要求する。

⑦物理層（physical layer）（第1層）

データを表現するビット情報を回線に送り出すための電気交換などの処理を行う。

(5) TCP/IP 通信

TCP/IP 通信は，インターネットや LAN などで業界標準として用いられているプロトコルである。TCP は Transmission Control Protocol の略で OSI のトランスポー

ト層に相当し，発信元（source）のプロセスから送信先（destination）のプロセス間にパスを設定し，データを送り届ける。

IPはInternet Protocolの略で，複雑に組み合わされたネットワーク上で，データの伝送サービスを行う。TCP/IP通信で最も重要なことはIPアドレスの付与とIPネットワークの論理的な分割に関する知識である。

OSIの第5層から第7層に相当するプロトコルには，TELNETプロトコル（仮想端末アクセス），SMTPプロトコル（メール転送），FTPプロトコル（ファイル転送）などがある。

(6) ユビキタス・ネットワーク

前にも述べたように，第2世代のコミュニケーションCom2.0の特徴の1つは，携帯電話や移動端末を使ってどこからでもコミュニケーションできることである。電車のなかでも街中でも携帯電話を使ってメールを打ったり，メールをチェックしたりする光景がみられる。まさにユビキタス・コミュニケーションといわれるゆえんであろう。

当初は，自動車に移動体用の受信機と発信機を装備して，自動車のなかから電話をするシステムが登場した。かなり大型で重量も重いものであった。その後，われわれ人間が持ち歩くことができる携帯電話が登場した。そして小型化，軽量化が進み，手のひらにのせても，違和感のない携帯電話として発展してきた。そして今やワンセグの地上波デジタル放送を受信できるまでに進化を遂げてきたのである。また一方では，筐体の小型化とはうらはらに，スクリーンの大型化もみられる。

このように進化を続ける携帯電話こそ，13章で述べた装着するコミュニケーション環境の中核の機器になることが予想されている。ここではユビキタス・ネットワークの構造について述べることとする。

図14.1にユビキタス・ネットワークのゾーン構造を示す。

亀の子状の区画をゾーン（zone）という。そして1つのゾーンに7個のセル（cell）が収容されている。一つひとつのセルに周波数が割り当てられている。それぞれが同じ周波数にならないように，F1からF7まで割り当てられている。このように割り当てるのは隣り合ったセルどうしで干渉が起こらないようにするためである。

ゾーンどうしでは，それぞれ同じ周波数が割り当てられている。よく見るとゾーンが違う隣り合うセルどうしをみても違う周波数が割り当てられていることがわかる。

このように周波数を割り当てることによって，周波数の有効活用を行っていることがわかる。地上を飛んでいる周波数には限りがある。だからこのような効率的な周波

14章　第2世代のコミュニケーション Com2.0 を支える情報インフラ

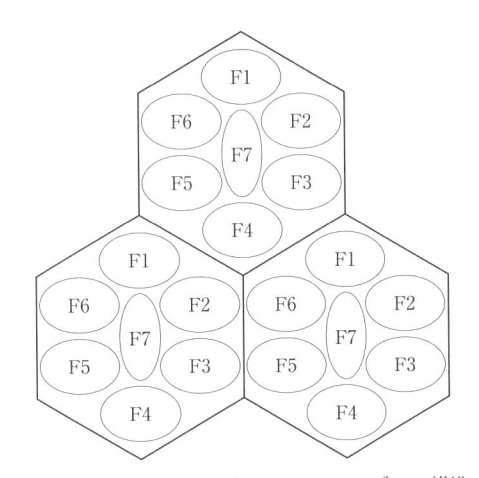

図 14.1　ユビキタス・ネットワークのゾーン構造

数の割り当てが必要なのである。

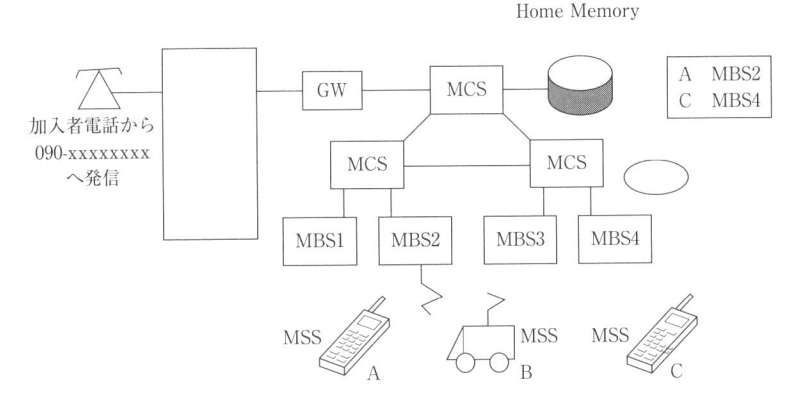

図 14.2 には，ユビキタス・ネットワークのシステムのイメージを示す。

図の左側から，システムの構成要素を順に説明しよう。左の機器が家庭に設置されている加入者電話機である。その右の四角のボックスは電話網である。MCS と MBS1-MBS4 のネットワークがユビキタス・ネットワークである。電話網とユビキタス・ネットワークを接続しているのが GW（関門交換機）である。関門交換機の役割は，電話網とユビキタス・ネットワークの間でプロトコルの変換処理を行うことと料金の計算である。料金の計算をして，電話網とユビキタス・ネットワークの料金の割り振

図 14.2　ユビキタス・ネットワークのシステムのイメージ

りを行う．MCS（mobile control station）は，モバイル制御局で，呼の制御と管理を行う．MCSは携帯電話の現在位置を管理するホーム・メモリー局（home memory）を管理している．MBS（mobile base station）は，モバイル基地局で，携帯電話からの発信や携帯電話の呼び出しの機能をもっている．MSS（mobile service station）は，モバイル・サービス局で，一人ひとりが所有している携帯電話や自動車電話である．

次に携帯電話から携帯電話を呼び出したり，加入者電話から携帯電話を呼び出すやり方について述べる．まず携帯電話MSSAの電源を入れると，携帯電話から位置登録の電波が発信される．MSSAはMBS2のセルにいるとする．するとMBS2はその電波をキャッチして，MCSに知らせる．MCSはMSSAが登録されているホーム・メモリー局にアクセスして，MSSAの現在の位置MBS2を登録する．もしもMSSAが移動して，MBS1のエリアに入ったら，ホーム・メモリー局のMSSAの現在の位置をMBS1に変更する．このようにホーム・メモリー局には，常に携帯電話の現在の位置が管理されている．

さて加入者電話から携帯電話MSSAを呼び出す場合を考えてみよう．図の左の加入者電話からMSSAの番号を入力したとしよう．するとこの電話番号は携帯電話であるので，電話網からGWを経由してユビキタス・ネットワークに呼が転送されてくる．そしてMSSAの現在位置のセルMBS2をホーム・メモリー局にアクセスして求める．そしてセルMBS2を含むゾーンからいっせいに呼び出しをかける．MSSAは呼び出しに応じて応答する．このようにして加入者電話と携帯電話の間で話ができることになるのである．

携帯電話から携帯電話を呼び出す場合はどのようになるだろうか．携帯電話MSSAが携帯電話MSSCを呼び出すとしよう．MBS2がMSSAの電波をキャッチして，MSSCへの呼び出しだとわかる．MCSがMSSCの現在位置のセルをホーム・メモリー局にアクセスして調べて，MSSCがいるセルMBS4のゾーンからいっせいに呼び出しをかける．MSSCが応答して通話が始まる．

参考文献

岡田博美　1994　電子・情報工学講座　情報ネットワーク　培風館

松田浩司　1996　移動体通信—パーソナルモバイルが開く世界（NIKEEI INFOTECH）　日本経済新聞社

末松安晴・伊賀健一　1976　光ファイバー通信入門　オーム社

おわりに

　本書で述べたように，われわれにとってコミュニケーションは生きていくうえで欠かすことができない。このことは，誰もが認めるところであろう。バフチン（Bakhtin, 1986）がコミュニケーションを「未完の対話」と形容したように，われわれ人間は，日々，コミュニケーションを行い，生涯にわたってコミュニケーションをし続ける。

　コミュニケーションの手段は，情報通信技術の飛躍的な発展によって，面談などの直接のコミュニケーションから，ネットワークを介したサイバースペースでのコミュニケーションに移行してきている。この変化を，本書では第1世代のコミュニケーション Com1.0 から第2世代のコミュニケーション Com2.0 への移行としてとらえた。このように手段が様変わりしているだけではなく，コミュニケーションの機会もインターネットやiモードの普及で増大傾向にある。

　コミュニケーションの手段が変化し，機会が増大しつつある今，このような時代にふさわしいコミュニケーションとは何かについて考え，コミュニケーションのしくみやあり方を見つめなおすことは重要なことと考えられる。本書はこの認識に立って執筆された。このように執筆をしている間にも世界のどこかでコミュニケーションが行われている。日々繰り返し行われているコミュニケーションだから，われわれは空気や水のようにあたりまえと思って何気なしに行っている。あたりまえだからこそ，いつもコミュニケーションの意味を考えて，よりよいコミュニケーションを心がけていくことが肝要といえるだろう。

引用文献

　Bakhtin, M. M. 1986 *Speech generes and other late essays*. Trans. by McGee, V. W. Austin, T X: University of Texas Press.

事項索引

●あ
RSA暗号　155
eye gaze　59
アイ・コンタクト　15, 58
愛情や所属のニーズ　24, 27
曖昧性　11
iモード　17
アサーション・トレーニング　133, 134
アタッカー　148
アタッチメント（attachment）　84
あて先（destination）　32, 41
アナログ通信網　193
アバター（分身）　170
アプリケーション層（application layer）　197
暗号方式　152
暗示的意味（connotation）　12
安心・安全のニーズ　23, 27

●い
逸脱者　111
異文化コミュニケーション　69
意味（signifié）　11, 12
意味論　53
インターネット　17, 196
インターネットの番号計画　196
インターメディア　169
インフラストラクチャー（infrastructure）　191
韻律素性　57

●う
Wikipedia　141
ウイルス　145, 152
Web2.0　141
Webページ　18
受け手　9
ウチ（in-group）　74

●え
エージェント　18
ATM　18
ATM交換機　194
API（Aplication Program Interface）　142

SHA（Secret Message Algorithm）　156
S-M-C-Rモデル　34
SSL（Secure Socket Layer）　156
NII（National Information Infrastructure）　191
FTTH（Fiber To The Home）　194
MSS（mobile service station）　200
MCS（mobile control station）　200
MBS（mobile base station）　200
円形　106
援助行動（help）　96

●お
OSI参照モデル（OSI reference model）　197
オープン・システム・インターコネクション（open system interconnection）　197
送り手　9
オピニオン・リーダー　121
音声言語コミュニケーション　49
音声非言語メッセージ　57
音調学（vocalics）　58

●か
外延　12
外形・表現（significant）　11
外見　15
外見的特徴　58
改ざん　152
解釈項　34
概念フィルター（conceptual filter）　40
会話スキル　129
鏡に映った自我（looking-glass self）　39
課題設定理論　122
感覚チャンネル　36
環境（environment）　44
関係のニーズ　25
換字法　152
感情の浄化機能　98

感情の統制　128

●き
記号　11
記号体系　49
欺瞞（fraud）　96
嗅覚学（olfactics）　60
業界標準（de facto standard）　196
協調　73
共通鍵暗号法　154
共働の場（Coaction Field）　176
共有（Sharedness）　39
近接学（proxemics）　62

●く
空間　58
鎖形　107
クラッカー　148
グラフィック・ユーザ・インターフェース（GUI）　170
グローバル　18
グローバル・ウォーミング（global warming）　66

●け
形式　73
携帯電話（ケータイ）　11, 17
ゲス・フー・テスト　131
言語　11, 49
言語獲得装置（language acquisition device）　51
言語形式　44
言語コミュニケーション　35, 49
言語体系　50
現実空間　17
顕出性モデル　123

●こ
公開鍵　155
公開鍵暗号方式　154
攻撃行動（attack）　96
高コンテクスト・コミュニケーション（high-context communication）　71, 72
構造　36
構造言語学　50

202

公的距離　63
行動文化　69
コーチング　133
コード　36
国際標準（international standard）　196
個人主義　73, 74
個人的距離　63
個人レベル　117
コミュニケーション　9
コミュニケーション行動　74
コミュニケーション・スキル　32, 35, 40
コミュニケーション・ネットワーク　105
コミュニケーションの特徴　13
コミュニケーションの2段階の流れ（The two steps of communication）　120
コミュニケーター（Communicator）　38
語用論（Pragmatics）　54
根拠となるデータ（date）　57
コンテクスチャル（contextual）　44
コンテクスチャル環境　44
コンテクスト　71

●さ
サービス総合デジタル網（ISDN）　193
サイバースペース　17, 169
詐欺　152
雑音源（noise source）　32, 33
参画者　10, 41
参照モデル　197

●し
GII（Global Information Infrastructure）　191
CSMA/CD（Carrier Sense Multiple Access/Collision Detection）　195
CMM（Coordinated management of memory）　54
GW（関門交換機）　199
ジェスチャー　58
時間　58
時間学（chronemics）　62
しぐさ　11
刺激（stimuli）　40
自己（Self）　38
自己開示（self disclosure）　96, 97
自国民中心主義　71
自己実現のニーズ　24, 29
自己呈示　98

自己呈示行動（self presentation）　96
自己の明確化機能　98
自己防衛的自己呈示　99
自然観察法　131
自然時間　62
社会的規範の強制機能　119
社会的距離　63
社会的スキル　127, 129
社会的スキル尺度　132
社会的立場　35
社会的妥当化機能　98
社会的地位の付与機能　119
社会レベル　118
謝罪スキル　129
車軸形　107
集合の知　141
修辞（style）　56
集団主義　73, 74
集団成極化　113
周辺言語　57
受信機（receiver）　32
受信元　34
主張（claim）　57
主張スキル　129
主張的自己呈示　99
少数派の影響（マイノリティ・インフルエンス：Minority influence）　111
情報源（information source）　32
情報処理機構　10
情報処理機能　34
情報ユニット（パケット）　194
処置　36
信号（signal）　32, 33
深層構造　50
シンターム（syntagm）　50
身体接触　58
身体動作　58
シンボリック相互作用論的モデル　10
シンボル　10
心理学的モデル　10

●す
スキル因子　129
スパム・メール　148
Speaker oriented　72

●せ
成極化現象　112
制限コード（restricted code）　92
精神文化　69
生存のニーズ　25
成長　83
成長過程　83

成長のニーズ　25
精密コード（elaborated code）　92
生理的なニーズ　23, 26
接触学（haptics）　58
セッション・キー　163
セッション層（session layer）　197
説得行動（persuasion）　96
説得者　102
説得の根拠理論　113
説得内容の配置（arrangement）　56
説得の内容（invention）　56

●そ
送信機（transmitter）　32
送信元　41
挿入法　152
ゾーン（zone）　198
ソシオグラム　109
ソシオメトリック・テスト　130
ソト（out-group）　74
尊敬・承認のニーズ　24

●た
第1世代のコミュニケーション Com1.0　17
第3の勢力（the third force）　23
対人関係　97
対人感情の生起　127
対人行動　96
対人コミュニケーション（interpersonal communication）　95
対人心理　96
対人説得　99
対人態度　96
対人認知　96
対人反応の解釈　127
対人反応の解読　127
対人反応の決定　128
対人反応の実行　129
対人反応の知覚　127
対人目標の決定　128
対人欲求　96
態度　35
態度変化の3過程理論（Theory of Three Processes of Attitude Change）　100
第2世代のコミュニケーション Com2.0　17
対物学（objectics）　58
対話　18
多義性　11
他者（Other）　38
多数派の力　110

203

■■■ 索引

建前　73

●ち
知識　35, 42
知識レベル　35
知的スーツ　188
知の集合　141
チャンネル（channel）　32, 44
沈黙螺旋理論　121

●つ
通話路　9

●て
DESC法　134
TCP（Transmission Control Protocol）　197
低コンテクスト・コミュニケーション（low-context communication）　71, 72
データ・グローブ　171
データリンク層（date link layer）　197
出来事時間　62
デジタル署名（DS: Digital Signature）　156
手振り　15
電子商取引（SET: Secure Electronic Transactions）　159
電子認証局（CA: Certification Arthority）　158
転置法　152
電話　17

●と
統語論（Syntactics）　52
動作学（kinetics）　60
同胞感情（nation's unity）　79
トークンリング方式　196
匿名　19, 172
独立　73
時計時間　62
トポロジー　195
トランスポート層（transport layer）　197
トレーニング　129
トロイの木馬　145

●な
内的イメージ　50
内包　12
内容　36, 73
なりすまし　146, 152

●に
匂い　58
認知モデル　123

●ね
捏造　123
ネットワーク層（network layer）　197

●の
ノイズ（noise）　10, 33, 44

●は
バーチャル・リアリティ　169
ハイパーリアリティ（Hyper Reality）　175
ハイパーワールド（HyperWorld）　176
破壊　146
バス形式　195
ハッカー　148
バックアップする事実（backing）　57
ハッシュ関数　156
発信者　34
発達の最近接領域（zone of proximal development）　86
発話者　54
パラダイム（paradigm）　50
パロール（parole）　50
反抗期　91
反応（response）　40
汎用システム理論（General Systems Theory）　36
汎用システム論的モデル　10

●ひ
非音声言語コミュニケーション　49
非音声非言語メッセージ　58
非言語　11
非言語形式　44
非言語コミュニケーション　35
非言語的　16
被説得者　101, 102
被説得性　102
否認　147, 152
秘密鍵　155
表情　11, 58
表層構造　50

●ふ
ファーミング（pharming）詐欺　151
ファックス　17
フィードバック（feedback）　44
フィードバック・モデル　10
フィッシング（phishing）詐欺　150
face gaze　59
復号機　34

符号機　34
物質文化　69
物理層（physical layer）　197
物理的な環境　44
普遍文法（Universal Grammar）　50
プラグマティック（Pragmatic）　37
プラットフォーム　141
プレゼンテーション層（presentation layer）　197
ブログ　19
文化　69
文化的背景　14, 35
文明　69

●へ
ベータ・サービス　142
変形規則　50
変形生成文法（Transformational Generative Grammar）　50
返事（response）　44

●ほ
ホーム・メモリー局（home memory）　200
ポリクロニック（polychronic）　18, 64
ポリクロニック文化　63
保留の条件（rebuttal）　57
本音　73

●ま
麻酔的逆機能　119, 120
マスコミ強力説　120
マス・コミュニケーション　116
マス・メディア　117
マルチメディア　168

●み
密接距離　62
身振り　15

●め
明示的意味（denotation）　12
命令行動（order）　96
メール・アドレス　19
メール・サービス　19
メタ（meta）　16
メッセージ（message）　10, 32
メッセージ・ダイジェスト（MD: Message Digest）　156
メッセージの意味の共有　42

●も
モスコビッチの方略　112
モノクロニック（monochronic）

18, 64
モノクロニック文化　63

●や
やらせ　123

●ゆ
優先順位モデル　123
ユビキタス・コミュニケーション　198

●よ
要請行動（request）　96

要素　36

●ら
螺旋収束モデル　10, 41
ランガージュ（langage）　50
ラング（langue）　50

●り
Listener oriented　72
リッチ・インターネット　143
リッチ・コンテンツ　143
理由づけ（warrant）　57
リンク形式　195

臨場感通信会議システム　184

●れ
レトリック（修辞学）　56

●ろ
ローカル　19

●わ
ワーム　145
Y字形　107
話題（topic）　38
ワンクリック詐欺　150

人名索引

●A
Adelman, L.　155
相川 充　133
Alderfer, C. P.　25
Anderson, P. A.　72
Argyle, M.　127

●B
Baron, R. S.　113
Barwise, J.　54
Becker, E.　129
Becker, S. L.　117, 122
Berlo, D. K.　34
Bernstein, B.　92
Birdwhistell, R. L.　49, 60
Blumer, H.　10, 15, 37, 39
Bolstad, O. D.　131
Bond, M. H.　74
Bowlby, J.　84
Brown, L.　105, 112
Burnstein, E.　113

●C
Chomsky, N.　50
Cooley, C. H.　37, 39
Cronen, V. E.　54

●D
Davis, K.　28
DeVito, J. A.　95
Dordick, H. S.　167

●E
Elis, A.　134
Erikson, E. H.　83

●F
Ferraro, G. P.　69
Festinger, L.　110
Fisher, B. A.　10, 15, 37, 39
Freud, S.　23
深田博己　85, 105
福田浩之　56
船津 衛　120

●G
Globe, F. G.　23
Griffin, E.　43
Gudykunst, W. B.　73

●H
Hall, E. T.　62
Harper, R. A.　134
Hartshorne, H.　131
橋本満弘　71
林 進　11, 12, 50
Heath, P. L.　49
平木典子　135
Hojat, M.　28
堀毛一也　132
Humboldt, W. V.　49

●J
Jandt, F. E.　62

Johnson, S. M.　131
Jones, W. H.　28

●K
Katz, E.　119
Kelly, C.　133
Kelman, H. C.　100
菊池章夫　132
小林祐一郎　141
小坂貴志　69
Kranzberg, M.　167

●L
Ladd, G. W.　133
Lasswell, H. D.　118
Lazarsfeld, P. F.　119
Lazarus, A.　133
Leavitt, H. J.　105, 106
Lebra, T. S.　74, 78
Lewin, K.　111
Lewinsohn, P.　128
Liber, J.　127
Lucas, S. E.　56

●M
丸山真純　65
Maslow, A. H.　22
McCombs, M. E.　122
Mead, G. H.　37, 39
Mehrabian, A.　49, 60
Mills, C. W.　120
南 博　116

Mize, J. 133
Moore, L. 28
Moreno, J. L. 109
Moscovici, S. 112, 113
牟田武生 85

● N
Narem, T. R. 28
Nelson-Jones, R. 130
Noelle-Neumann, E. 121

● O
織田一朗 65
小野寺敦子 85, 112
大田信男 105
O'Reilly, T. 141

● P
Perry, J. 54
Pursell, C. W. 167

● R
Rajasingham, L. 175
Rivest, R. 155
Roberts, C. L. 117, 122

Rogers, E. M. 10, 41

● S
境　忠宏 121
Samovar, L. A. 43, 69
Sanders, G. S. 113
Saussure, F. 50
Schachter, S. 111
Schramm, W. 10, 34
Shamir, A. 155
Shannon, C. E. 10, 33
Shattuck, R. 28
Shaw, D. L. 122
Shaw, M. E. 108
渋谷昌三 85, 112
清水英夫 117
Smith, P. B. 74
Stoner, J. A. F. 112
末田清子 56

● T
託摩武俊 85
Tiffin, J. 174
Toulmin, S. 56
Trenholm, S. 10

津村俊充 133
Turner, J. C. 105
Tylor, E. B. 69

● V
Vinokur, A. 113
Vygotsky, L. S. 86

● W
Wang, G. 167
Wang, H. 72
Watson, J. B. 23
Watzlawick, P. 10, 36
Weaver, W. 10, 33
White, S. 80
Wilson, J. A. R. 28
Wolpe, J. 133
Wood, J. T. 14-16

● Y
依田　明 85, 89

● Z
Zavalloni, M. 113

●著者紹介

寺島　信義（てらしま　のぶよし）
コミュニケーション科学者　工学博士
早稲田大学大学院教授

　NTT，ATR通信システム研究所を経て早稲田大学。NTTではデータ通信システム，人工知能応用などの研究実用化。ATR通信システム研究所では，所長として臨場感通信会議でコラムなどの次世代通信の研究を主導。先進的成果をあげ，内外から多くの講演や論文発表の依頼をこなす。
　IEEE（米国電気電子学会）50周年記念感謝状，IEIP（世界情報処理機構），Silver Core賞などを受賞。3次元映像のフォーラム代表幹事などを歴任。
　インターネット時代におけるコミュニケーションの姿を内外の研究者と共同研究を行い，ハイパーリアリティの新概念を提案し，共同実験や実用化研究を進めている。
　大学院・学部では，サイバースペースとコミュニケーション・インターフェース設計法，ハイパーリアリティ，コミュニケーション学，マルチメディア通信工学，人工知能などの講義を行っている。

【主な著書】
知的通信システム　電気通信協会　1997
Intelligent Communication Systems　Academic Press　2002
ハイパーリアリティ（翻訳）　電気通信協会　2002
情報社会のビジョン―仮想と現実のコミュニケーション　文芸社　2006
人工知能の基礎概念と理論　DTP出版　2009　など

情報新時代のコミュニケーション学

2009年3月10日　初版第1刷印刷
2009年3月20日　初版第1刷発行

定価はカバーに表示してあります。

著　者　　寺島信義
発行所　　㈱北大路書房
〒603-8303　京都市北区紫野十二坊町12-8
電　話　(075) 431-0361㈹
Ｆ　Ａ　Ｘ　(075) 431-9393
振　替　01050-4-2083

©2009　　制作／見聞社　　印刷・製本／㈱太洋社
検印省略　落丁・乱丁本はお取り替えいたします。
ISBN978-4-7628-2667-2　　Printed in Japan